声をかける

高石宏輔

晶文社

装画＝岡藤真依
装幀＝佐々木暁

声をかける　もくじ

近くて遠い肉

僕は二十五歳だった。

六本木の交差点から西麻布の方へと向かう途中、人気がなくなってくる辺りに小さな入り口だけの大きな建物があった。週末になるとそこには若者たちが列をなしているのを遠目に見ながら通ることがあった。

金曜日の夜、僕はその列に一人で並んでいた。周りに一人で並んでいる人はいない。男女数人のグループや、同性同士のグループばかりだった。

そこには、僕が普段接することのない明るく賑やかな若者たちが集まっていた。彼らの話し声のリズムは速い。誰かが話せば、間髪入れずに他の誰かがもっと大きな声でなにかを言う。その声の一つ一つに萎縮し、窒息しそうになりながら、彼らの声を聞いていた。彼らは自分たちの声が他人にどのような影響を与えるかを考えたことがあるのだろうか。それとも、それは考え抜かれた結果に選択しているものなのだろうか。彼らのそばにいるだけで体が重く、息苦しくなった。
僕は指先でもう一方の手や腕の表面をなぞりながら、その肉の感触を確かめた。幼い頃からの癖だった。周りの人たちが盛り上がって話しているとき、なにをしていいかわからず、しかし、その場を去るわけにはいかず、いつもこうして自分の体を触っていた。肌をそっとなぞったり、肉を押したり、爪を軽く立てたりした。なんの楽しみもない一人遊びだったが、その感触に没頭しているといつのまにか時間が経っているのだった。

列は進み、入り口に差しかかった。カッチリとしたスーツ姿のセキュリティが、並んでいる人たちの身分証をチェックしている。セキュリティは彼らを静かに睨んでいた。その間、彼らも心なしか少し大人しくなるのだった。
僕も身分証を差し出した。この列の中で孤立していた僕にとって、この男性とのやりとりは救いのように思われた。しかし、違った。彼は僕を感情を込めずにじっと睨み、身分証を返し、邪魔だとばかりに僕を前に進むように手で促した。ここには甘えられる場所はどこにもない。それをわかって、僕はここに来たはずだった。

受付の女性に四千円を渡し、ドリンクチケットをもらう。彼女は客の女性たちと比べると落ち着いていた。この場を取り仕切る側に回った人間の自信だろうか。孤立した人間は、聞かれてもいないのに自分のことをペラペラとよく喋る。彼女に笑顔を向けられると、それが接客上のものだとわかっていてもそうなってしまいそうだった。

入り口を通ると、突然音が大きく聞こえ始め、外に漏れていた音の中に入っていくようにフロアに足を踏み入れた。鳴り響く音楽に、周りの人たちの話し声、叫び声が溶け合いながら空間を埋め尽くしている。音がひしめき合い過ぎていて、隙間がなく、声を出すことができなくなりそうだった。

そのとき、僕の体は乱暴に、横を通る男性の手で押しのけられた。その手が僕のことを力ない存在であると告げてくる。自分が小さく、か細くなって、消え入りそうになる。周りの人たちすべてが、僕を嘲笑《あざわら》っているように思える。自分だけがこの場にそぐわない気がして惨めだった。この現実から逃げようと体が告げているのか、目の前が霞み始め、体からさーっと血の気が引き始めていた。

バーカウンターでテキーラを頼んだ。強い酒をあおるしかなかった。一気に飲むと、テキーラ特有の目の方にアルコールが抜けていくような感覚にクラクラとした。

人で溢れ返る中を歩いたが、声をかけられる相手はいない。みんな誰かと一緒にいて、どうすればいいかがわからない。その中で、一人の女の子を見つけた。白いワンピースに、目元が強調された濃い目の化粧。ワンピースの裾からのぞく足。腕につけられた金色のアクセサリー。彼女はどこを見ているというでもなかったが、周りから見られていることは意識しているようだった。彼女が目に入ると鳩尾《みぞおち》がギュッと苦しくなるのが感じられた。

僕はこういう人間に声をかけるためにこの場所に来たのだ。しかし、足がすくんで動けない。とっさに彼女を見なかったことにした。まだ来たばかりだ。もう少し話しやすそうな人がいたら声をかけたらいい。そう自分に言い聞かせた。

その間にも、僕の周りを人が通り抜けて行った。僕は人々が楽しそうに動く中で、一人だけ止まっていた。僕にとっては、この中に楽しみなどなに一つない。それでもわざわざお金を払ってまでも来たのはなぜだろうか。本心では、楽しそうにしている彼らのことを愚かだと思っていて、自分の方が勝っていることを確かめに来たのではないだろうか。

ショットグラスを持ったままの僕の手に、柔らかい肉がヌメリと生々しくめり込んだ。ノースリーブを着た女性がすれ違うとき、彼女の二の腕が僕の手に当たったのだ。そんなことは気にもかけていない彼女の後ろ姿を見つめながら、その感触のあとを追っていた。あの肉、あの体、彼女はこんなに近い距離にあったのに途方にくれるほど遠くにあった。

テキーラをもう一杯飲み、またフロアの中を歩き回った。そして、またテキーラをもう一杯飲んだ。緊張のせいか、自分が酔っているのかどうかがわからない。僕は最早フロアの中をなんの目的もなく、歩き続けているだけだった。そこには踊っている人たちもいれば、男女で楽しそうに話す人たちもいた。

一人、挙動不審な男性が目に入った。だらっとしたTシャツに、小汚いチノパンを穿いていた。髪もボサボサだった。このクラブ内を周りの人たちよりも、速く動き回っていた。彼も僕と同じような気持ちでここに来たのだろうか。もしそうなら、彼が成功することはないだろうと思った。僕はそれなりに綺麗な格好をしていたが、彼は明らかに異質だった。しかし、彼の気がおかしくなっていることは理解できた。服装こそ違うが、彼と僕は同じであるとしか思えなかった。

もう声をかけられるとは思えなかった。外に出るために人の波をくぐった。彼らの体にグニュグニュと当たり、ときには強くグッと押し返され、押し返されるがままになりながら出口へと泳いでいくようにふらふらと向かった。

外は静かだった。さらりとした空気が汗ばんだ顔に当たって涼しかった。ほっと一息ついたとき、急に視界がぐらぐらと揺れ始めた。なんとかタクシーをつかまえ、家に帰った。

家に着くと、着ているものをすべて脱いでベッドに倒れた。酔いが苦しく吐きそうだったが、自分以外に誰もいない部屋のベッドの柔らかさに沈み込むと眠っていた。

＊

二日酔いの苦しさと体にしみついたタバコ臭さで目を覚ました。なにも達成していないにも関わらず、僕は興奮していた。

起きてからすぐにインターネットで声のかけ方を調べた。そこには「そのブーツかわいいね」と言う代わりに「そのブーツ、強そうだね。誰倒しにきたん？」と言った方がインパクトがあると書いてあった。あの場所で通用するのは、こういうことなのだろうか。自分にはそんなことは言えない。それを言う必然性がないからだ。言えそうだと思い浮かぶのは「こんばんは」くらいだった。

そして、その日の夜にまた同じクラブに行った。話しかけるのに、なにかよい案が浮かんだわけではない。それでも行かなければいけない気がした。

昨日と同じようにテキーラを一杯飲んだ。この場所の様子がどんなものか、昨日よりは落ち着いて見ることができた。この場所に溶け込んでいる自信のありそうな男性もいれば、この場所に慣れていなさそうな男性もいた。女性も綺麗な人はそんなにいない。彼女たちをよく見ると、ゴテゴテに化粧が施されて、表情がなく不気味だったり、傲慢そうな笑みを浮かべたりしている。自信のありそうな柔らかい表情の女性もいた。こんな人と知り合えたらいいのにと思うと気持ちが柔らかくなるが、彼女が他の人と話しているのを見ると苦しくなった。

何人か一人でキョロキョロと周りを見渡している男性がいた。スーツ姿の人もいれば、ギャル男風の格好の人もいる。彼らも僕と同じ目的で来たのだろう。しかし、自分が女性なら、彼らのような男性たちとは話したくない。なんだか余裕がなくて怖い感じがした。すぐに動かないと僕も彼らと同じようになってしまう。

三十代前半の女性がカウンターの端に一人で立っているのが目に入った。若い女性と比べれば話しやすそうだった。地味な人だった。この人に声をかけることができなければもうあとはないと、直感的に思った。

彼女に目を据えたまま動けなくなった。それまで僕を圧迫していた周囲の音が消え、人々の姿も風景のようになった。彼女の姿しか見えない。鳩尾が締めつけられ声をかけるのは無理だと思うとそのあとすぐに、これがチャンスなのだと一瞬昂ぶった。それからすぐにまた鳩尾が締めつけられ、そのあとに昂ぶった。すごい速さで自信のまったくない鬱状態と、確信に満ちた躁状態とが繰り返されていた。徐々に締めつけが強くなっていき、昂ぶりは消えそうになっていた。このままだと鳩尾が締めつけられたまま完全に動けなくなってしまう。次に確信を持てたときに動き出さなければ。

消え入りそうになっている昂ぶりを感じた瞬間、一歩を踏み出した。そのまま体は勝手に動いた。静かだった。ほんの一、二秒ほどの時間だったが、そのときだけ真っ白で時間の流れていない世界にいるようだった。


「すいません。」

声を発したとき、真っ白な世界はなくなり、一気に周りの騒音が聞こえた。止まっていた時間の流れが、急にとてつもない速さで進み始めた。

「なにー?」

彼女の表情が瞬時に陽気に変わり、僕の方に顔が向けられた。意外だった。拒絶されると思ったが、すんなりと会話が始まってしまった。僕のこれまでの他人に対する怯えはどこか間違っていたのだろうか。次の言葉が見つからない。もうなんでもいいと、言葉をひねり出すように言った。

「一人ですか?」

「聞こえない!」

彼女は体を近づけてきて叫んだ。

「一人ですか!?」

自然と彼女の耳元に近づいて話した。彼女もまた同じようにして、僕に近づいた。彼女は魅力的ではなかったが、出会ったばかりの女性が体を近寄せてきてくれたことにほっとした。

「二人だよ。友だちはトイレ行ってるから待ってるの。」

「そうなんですか。」

これから先、なにを話していいかわからず、彼女の近くで立ち尽くした。彼女が気まずそうにグラスを口に運ぶのを見て、さらに固まった。動いてくれと自分に念じた。口に出すべき言葉が見つからない。彼女は僕がなにも言わないからか、つまらなさそうな、少し落ち着かなさそうな様子をしていた。

「あれ？　どうしたの？」

現れたのは、長身の綺麗な女性だった。少しウェーブのかかった長い黒髪に、体の線を強調しているベージュのワンピースが目に入った。化粧は薄くても、もともとの顔立ちが整っているために、色気があり、立ち姿には品があった。僕はお辞儀をした。

「あ、はじめまして。今、お話ししてて……」

「かわいい！　こんな子もいるのね。」

「ありがとうございます。二人でなにかしてたんですか？」

彼女の好意的な反応に、すっと言葉が出た。

「今日、合コンだったの。その反省会。ね。」

「うん。」

二人が向き合い、どちらも僕の方から視線をそらした。またなにを言っていいかわからなくなった。しかし、彼女の美しさに引っ張られるように僕は言葉をひねり出していた。

「あの、どこか一緒に、三人で行きませんか？」

「今日は二人で飲むの、ごめんね。」

たしなめるような優しい声だった。

「じゃあ……今度、一緒に飲んで欲しいです。」

稚拙なお願いだが、それ以外に思いつかなかった。

「いいよー。」

彼女は笑顔で言った。あまりにあっさりと受け容れられたことに気が抜けた。

連絡先を交換すると、たったそれだけなのに、彼女のワンピース、化粧、麻衣という名前……それらを手に入れたような感じがした。

もう一人の女性とも交換をしたが、それはその女性の機嫌を損ねないようにするためだった。なぜこのような機転が利いたのか、自分でもわからなかった。

「ありがとうございました。」

彼女たちにそう言ってお辞儀をすると、「うん、じゃあねー」と麻衣さんが軽く手を振ってくれた。


それからも声をかけようと中を歩いてみたが、初めての成功のおかげで抵抗感は薄れているものの、誰に声をかけていいのか決められず、外に出ることにした。出るときに遠くから麻衣さんたちの姿を探した。彼女たちは変わらず二人で話していたが、その近くには彼女たちに話しかけようと考えているのか、二人を見ている二人組の男性がいた。僕は遠目に彼らがどうするのかを見ていたが、結局彼らは動かなかった。外に出ると、さっきまでの喧騒が徐々に遠くなり、視界がパッと広がった。


クラブを出たところでは、スーツ姿の二人の男性が、同じく二人の女性に声をかけていた。

「ねぇねぇ、どこ行くのー?」

男性の一人が馴れ馴れしく、にやつきながら声をかけた。

「待ち合わせ。」

女性は彼をバカにするように、無表情で拒絶するように答えた。

「俺らと?」

「違うって。」

女性は少し笑った。彼らはそのまま歩いていった。僕は立ち止まってその四人を見ていた。彼らのようになりたいとは思えなかった。しかし、彼らのようにできないことが悔しかった。その悔しさを偽れば、僕に先はないことだけは確かだと思った。

獣

次の日の夜十時に麻衣さんに電話をした。

「麻衣さんですか？」

「はい。誰ー？」

少し酔っている感じのある明るい声だった。

「あの昨日、六本木のクラブでお話しした……」

「あー！」

「覚えてます？」

「うんうん。覚えてるわよ。」

「あの、今度デートしてもらえませんか？　たぶん、麻衣さんはいろんな人に誘われていると思うんですけど……」

あらかじめ自分の本心を探って見つけた、最も気持ちを込めて言える言葉だった。

「あら、うれしいこと言ってくれるのね。」

彼女の声が弾んでいた。

「うん。そうかなと思って。」

「ふふ。」

「いいですか?」

念を押すように聞いた。

「いいわよー。」

僕の重々しさとは対照的に、彼女の声は軽快だった。

彼女はよく語尾を伸ばす。それは不思議とだらしなさを感じさせない、心地好い響きだった。彼女は自分が美人であることを知っている。その自信をさらっとお裾分けしてもらっているような感じがした。

＊

平日の夜、新宿で彼女と会った。仕事終わりの彼女は六本木で会ったときとは違い、デニムにグレーの少し大きめのセーターというシンプルな服装だった。しかし、赤いハイヒールとゆるく広がった長い黒髪が艶やかだった。髪の揺れる様子に僕は目を奪われた。以前読んでに印象に残っていた、ボードレールの「髪」を思い出した。女性の豊かな黒髪の中に顔を埋めて恍惚とするというような一編の詩だった。

そんな恍惚を僕はずっと夢見ていた。

「髪……綺麗ですね。」

「ふふ、そう?」

 彼女の笑顔が僕の切実な欲求に反してあまりに軽かったために、僕の夢はより現実味のあるものに変わりつつあることを感じた。


予約しておいた、新宿の少し高めの居酒屋に入った。地下に入るとカウンターがあり、適度にうるさく、照明も程よく暗い感じで話しやすいところだった。

彼女のことを聞いた。三十五歳で看護師をしていて、少し前に離婚をしたばかりだった。離婚した旦那さんは大手の広告代理店で働いていて、結婚している間は比較的派手な暮らしをしていたという。

「あぁそうそう、今日ね、ロッカールームの整理があったんだけどね。私のロッカーが下の段になってたの。信じられないでしょ。」

僕はなんのことを言われているのかわからなかった。

「下だとなにかいけないんですか？」

「取りづらいじゃない！」

「あぁ……。」

理由はわかったが、彼女がなぜそこまで感情的になるのかが理解できなかった。困惑しながら聞いた。

「前は上だったんですか？」

「そうよ。」

「なにか理由があって下になったんですか？」

「そうなのよ。病院のおばさん女医が私のこと嫌ってるのよ。だから、その女医がきっとそうしたの。」

それから、彼女は女医との軋轢について僕に話した。それは端から見ればただの愚痴だったが、彼女の口からそれがこぼれてくると永遠に聞いていたいと思えた。美しい女性の声が僕の体に注ぎ込まれていく。聞くごとに僕の体は快楽と自信に満たされていった。


「ねぇ、君はなにしてるの？」

「僕？」

「そう。僕のことよ。まだなにも聞いてないじゃない。」

それから僕自身の話を少しした。

「へぇー。」

特になにを言うわけでもなく、彼女は興味深く僕の話を聞いていた。自分の話をこんな綺麗な女性に聞いてもらえるなんて思っていなかった。彼女は意見を言わなかった。今後なにをしていくかについて悩んでいることを言うと、彼女は穏やかに笑みを浮かべて言った。

「もっと悩んだらいいのよ。」

彼女に「あなたは心配いらない人よ」と言われているような感じがあったが、一方でいつも年下との会話で彼女が使っている常套句であるようにも感じられた。

居酒屋を出たのは十一時くらいだった。日本酒で酔ったのと、彼女と三時間ほど話して慣れたのもあってか、甘えた言葉がポロっと出てしまった。

「麻衣さん、あのさ……」

僕がためらいながら言うと、彼女は少し心配そうに聞いた。

「どうしたの？」

「今日一緒に帰っていい？」

「えー、どうしようかなー。」

彼女は悪戯っぽい笑顔で言ったが、それを聞いて僕は胸が苦しくなるほどの寂しさを感じていた。この寂しさを癒せるのは、目の前の彼女との肉体的な接触だけだった。彼女には今の僕のような苦しみがないのだろうか。僕がこの苦しみを避けるためにいま、必死に彼女を求めていることを、彼女が理解していないのが憎かった。どうにかして彼女と一緒に過ごせるようにするために、必死に言葉をつなげた。

「麻衣さんの家は？」

「それはダメ！」

断られることはわかっていた。

「そうだよね……じゃあ僕の家かホテルだったらどっちがいい？」

「うーん……じゃあ家かな。」

「え！　いいの？」

まるで幼いときに母親におもちゃをねだっているように僕は必死になっていた。

「いいわよ。仕方ないわね。」

彼女の返事を聞くと、すっとさっきまでの苦しさがなくなっていった。


彼女と家に帰ると、途端に緊張し始めてしまった。

「シャワー……使う？」

「うん。入ろうかな。」

たどたどしく、シャンプーとボディソープはこれだということ、タオルはこれ、寝る用の着替えの服はこれ、と説明をした。僕がバスルームを出ると、「じゃあね」と言って彼女はその扉を閉めた。カチャと、丁寧な音がした。

ソファに座って彼女を待っていた。なにをしてよいかわからず、ただじっとしていた。これから彼女とセックスをするのだろうか。できるかどうかはわからないし、したいかどうかさえわからないが、しなければいけないような気がした。しかし、さっきまでのあの切実な寂しさは消えており、僕は先に進むための原動力を失っていた。これからどうすればよいかわからないという不安と緊張に襲われていた。


彼女が出てきた。僕のTシャツに、下はスウェットを着ていた。

僕もシャワーを浴びに行った。自分の体を丁寧に洗いながらも、洗い終わってしまうのが怖かった。

リビングに戻ると彼女はこちらを向いて、腕を枕にしながらソファで眠っていた。違和感があった。一体、彼女がこうしている夜と、いつもの一人きりの夜と、どちらがいいかわからなくなっていた。あれほどさっきは彼女と過ごすことを求めていたのに。

化粧を落としていてもさっきまでと変わらず美しい彼女の顔を、ほんの少しの間見つめた。

「麻衣さん……」

そっと呼ぶと、

「ん？　ちょっと寝ちゃってた。」

と言いながら、彼女は目をふわりと開けた。

「ベッドで寝る？」

「そうしようかな。」

彼女は僕に背を向け、リビングから見えているベッドの部屋にすっと向かった。その後ろ姿を追った。彼女は僕に背を向けてベッドに入った。

「一緒に寝ていい？」

そう聞くと、

「いいよ。」

と彼女は言った。僕はその隣に仰向けになった。なんとかしなければいけない気がしていたが、怖くて触ることができなかった。

「もう寝た？」

そう聞いた。

「ちょっとだけ。」

「そう……」

どうしていいかわからず、気持ちが挫けて悲しくなっていた。

「なに？」

彼女の声は明らかにきつくなっていた。

「あ、いや……」

「なんなの？」

その声の冷たさは僕を突き放した。このまま動けなくなりそうだった。恐怖が募り、もうどうにでもなれとなにも考えずに彼女に馬乗りになり、両肩を押さえつけて上からキスをした。無理にセックスをする人を演じているような気分だった。

「ぁ…」

彼女からかすかに声が漏れた。儚く、艶のある響きだった。それから急に激しくなった彼女の呼吸は、セックスしたいと思い切れていない僕には動物のように荒々しく感じられた。とにかく早くセックスらしいことをしなくてはいけない。彼女の部屋着のズボンと下着を脱がそうとすると、彼女は激しい呼吸を続けながらもずっと腰を浮かした。その瞬間、なんだかそのことが滑稽に感じられた。そして彼女の性器を一心不乱に舐め続けていると彼女が「あぁ！」と叫び始めた。なにか別人になっているようだった。きっともう怒っていないのだろうと、僕は安心した。彼女が「早く入れて！」と言ったので、ベッドの下に置いてあったゴムをつけてペニスを入れた。

正常位でしていると、彼女は僕の背中に爪を立ててきた。痛くて、ペニスが萎えかけていた。

「あー！　いく！」

彼女は自ら激しく腰を動かしたので、ペニスを入れたままにすることが大変だった。まるで僕のことなど気づかずに、ペシャリと踏みつけて進んでいく大きな獣のようだった。それから、彼女はいってしまったのか、ぐったりとしていた。僕も射精した方がいいと思い腰を動かすと「まだ動かさないで、ちょっと休憩」と言われたので、彼女を見下ろしながらじっとしていた。

「ねぇ、少し抱きしめて。」

僕が言うと、

「えー？」

と彼女は面倒そうな顔をした。それから僕の方を見ると、僕が寂しそうな顔をしていたからか、背中に手を回してくれた。彼女に覆い被さり、しばらくじっとしていた。

「動いていいわよ。」

「あ、うん。」

僕はペニスを彼女の膣で摩擦して射精に至った。

「あー、気持ちよかった。」

彼女はそう言うと、僕に背を向けて眠りにつこうとした。僕がまた甘えるように後ろから抱きつくと、

「もうしたでしょ？　寝るよ。」

「うん。」

それでも抱きついていると、

「もうダメ。やめなさい。」

彼女の少しきつい口調にビクッとして、僕は反射的に彼女から離れた。それから仰向けになって目を閉じたが、眠れなかった。

彼女の眠りを妨げないように、ベッドの上で音を立てずにじっとしていた。

声をかけた女性、それも麻衣さんのように綺麗な女性とセックスができたことに興奮をしていたが、それと同時に、なにか大きな虚しさ、満たされなさが自分の中にあるのが感じられた。

＊

朝、水の音がした。麻衣さんが起きて身支度をしているのだろう。昨晩、僕は知らないうちに眠っていた。たくさんの夢を見ていたような気がした。

彼女が身支度を済ませるまで、目を閉じていた。

「帰るね。」

彼女が僕にそっと声をかけた。

「あ、うん、ごめんね。寝てた。帰れる？」

「大丈夫よ。またご飯行こうね。」

「うん。」

彼女を玄関まで送った。

「じゃあね。」

靴を履いて、彼女はこちらを向いて軽く僕の唇にキスをした。その様子からは、僕とセックスをしたことへの後悔は認められなかった。彼女のために扉を開けると、彼女は背を向けて歩き出した。

「気をつけてね。」

彼女がマンションの廊下を十歩ほど歩いていったときに言うと、彼女が振り返った。笑顔だった。それを見て安心した。


その日、外に出ると、歩いている女性をいつもよりチラチラと目で追ってしまうようになっていた。もし声をかけたらどうなるだろうか。彼女たちを見るとその考えが止まらなかった。一度できたことだ。もう不可能なことではないような気がした。そう思っていると、気になった女性の後ろを少し離れてついていったりしていた。麻衣さんとのときのようにうまくいくかもしれないというぼんやりとした大きな期待があり、鳩尾の辺りには燃えるような痒みがもぞもぞとし続けていた。しかし、同時に強い恐怖もあった。僕は結局声をかけることはできなかった。

街で声をかける

渋谷のセンター街の入り口の辺りにはたくさんの人たちがいる。人々は、そこを通り過ぎていったり、誰かを待っていたり、誰かと話したりしていた。これまで、僕にとっては、この人の多い場所はできるだけなにも考えずにすぐに通り過ぎる場所だった。しかし、今はじっと立ち止まっている。声をかけるべき相手が洪水のように流れてくるのだ。

女性たちの揺れる長い髪、アイラインとシャドウの引かれた目元、突き出すように膨らんでいる胸、衣服によってシルエットが強調されている腰と尻の線、ヒールによって艶やかな緊張感が与えられた脚……それらに視線が向かってしまうたび、彼女たちに僕はすでに拒絶されているような気がした。声をかける相手を探すために見開き続けた目は緊張したままになり、誰に声をかけていいのかますますわからなくなっていった。

声をかけられないことへの自己嫌悪が募っていく。ただ声をかければいいだけだ。それだけのことができない自分が情けなかった。鳩尾の辺りの燃えるような痒み。鳩尾に手を当て、それを掻き毟《むし》ろうとしたが、その痒みは奥の方にあり手で触れることはできなかった。

体は動き出せずに固まっていた。知らぬ間に組んでしまっていた腕をほどこうとしてもほどけない。組んで脇の下に隠れた手を動かそうとしたが、動かし方がわからなくなっていた。周りに見られている気がした。もし少しでも動かせばそれを誰かに見られて、笑われてしまう気がするのだ。じっとりとした汗が滲み出していた。

近くを人が歩いていく。近づいてくる彼らの腕や脚の動きに応じて、僕の鳩尾は圧迫された。時折発せられる周囲の人々の声は僕の体の中で反響し、増幅していき、幻聴のように響き続けていた。頭の中、体の中がかき回されて、ぐらんぐらんとしてきた。周りの人々がどんどん怖くなっていった。いつからか、彼らと目が合わないようにしながら、盗み見るように僕は人々を見ていた。

誰かが僕の前をすっと通り抜けた。それも人であることには違いなかったが、僕を圧迫しなかった。物がすっと通り過ぎていったようだった。それは居酒屋のキャッチだった。渋谷駅からセンター街の方へ流れ込んでくる人たちに次々と声をかけている。持っている店のメニューのようなものを通行人の前に出して見せ、「居酒屋いかがですかー」と声をかけていた。無視をされたら、気にせずにまた別の人の方へ行く。彼はその動きを繰り返していた。眼球は力なく固定されたままで、他の人々とは違い、他人をじっとりと見定める感じがなかった。不安もなく、期待もなく、苛立ちもなく、ただ淡々と声をかけているだけのように見えた。そんな風に人に声をかけることは失礼ではないのかと思ったが、彼に声をかけられた人たちは彼のことを気にかけていないようだった。

気を取り直して、再び周りを見た。長い髪、スカート、ハイヒール、露出された肩、目の辺りに強く施された化粧。女性と識別できるものに視線が向かう。それらを見た瞬間に、鳩尾がぎゅっと締め付けられて疼いた。それからその人の顔、体全体を見る。それが声をかけるべき女性だったら、疼きがより一層激しくなる。それが声をかける対象とならないような容姿や年齢の女性であると、疼きが消えていき、ほっとした。

鳩尾の疼きはまるで体の中に生まれてしまった別の生き物のように、僕に「彼女に声をかけろ」と伝えてくる。「お前、今見ただろ、あいつに声をかけようと一瞬思っただろ」と。この疼きの声をなかったことにしたら、僕はもう先には進めないような気がした。

目を閉じた。目を閉じたまま、次の疼きに従おうと決めた。周囲には様々な音が溢れていることに気がついた。スピーカーから流れている音楽、車の音、歩いている人たちの足音……それらを背景に、時折人々の話し声や、若い男女のキンキンとした声が鋭く突き刺すように響いてくる。自分の呼吸に気がついた。呼吸によって内蔵が動くごとに、鳩尾の疼きの萌しが感じられた。

目を開けた。茶色い長い髪が目に入った瞬間、疼きが強くなった。ピッタリとしたデニムにハイヒール。疼きはより強くなった。今動かなければ。とっさにそう思った。右拳を爪が食い込むくらいに強く握った。爪の程よい痛みは、自分の決意を強固にしてくれていた。

彼女に近づいた。その数秒間、頭の中が真っ白になった。クラブで声をかけたときと同じだった。彼女の斜め前で彼女の横顔を見たとき、一気に車の走る音が聞こえ始め、我に返った。そのまま体がバラバラになりそうだった。さっきまで気にならなくなっていた疼きが一気に全身を駆け巡った。動けない、でもやるしかない。声を出した。

「こんにちは。」

緊張して力み、それでいて力のない弱々しい声だった。彼女はビクッと体を震わせ、不審者を見るように僕の方へと視線を鋭く向けた。さほど美人ではなかったが、濃いメイクの中で生々しく動く彼女の目が僕を軽蔑しているように見えた。もう耐えられない。瞬時に彼女から離れ、逃げるように人の歩いている流れの中に入った。息が上がり、目が霞んでいた。周りの人たちと足並みを合わせ、どこかに向かうような人のふりをして歩いた。体全体が開いたばかりの傷口になったように、周りの人々の動きをヒリヒリと過敏に感じた。

*

流れの中にいながら、周りの人たちを見渡した。女性を見ると、また鳩尾の疼きが起こった。もうこの疼きに屈したくない。疼きは「どうせ怖くてできないんだろう」と僕に意地悪く聞いてくるようだ。それを憎々しく握り潰すように右拳を握り、爪を手のひらに食い込ませると、一瞬恐怖が消えた。そのまま力任せに、前の方を歩いていた女性に声をかけに行った。

その女性に近づくにつれて、彼女の後ろ姿が大きくなる。髪の毛や肌がよく見えてくるほどに、彼女が他人であるという実感が増していく。そして、彼女の斜め後ろからさらに近づこうとすると、なにかに弾かれているかのように速度をあげられなくなった。無理矢理強く一歩を踏み込み、彼女に追いついた。

彼女の顔を見た。この僕の不安とはまったく無関係に、彼女はただその道をいつもどおりに歩いているだけであるような表情だった。

「こんにちは。」

無視された。彼女は前を向いたまま、僕などいなかったかのように進んでいった。僕は人の波の中から無理矢理外に出て、建物の壁に背をつけて立った。

疲れ切っているせいか、興奮のせいか、一人目に声をかけたときの躊躇《ちゅうちょ》は消えていた。このままやるしかないと思った。すぐにまた周りに視線を向けると女性が目に入り、疼きが生まれた。声をかけなければ疼きはどんどん大きくなり、体が疼きに満たされたときにはまた動けなくなってしまいそうだ。そうなりたくない一心で、また右拳を握り潰し、声をかけた。

「こんにちは。」

今度は女性を見ないで、声を出してしまった。それが自分に言われたことだと気づかずに彼女は去って行った。

気味の悪い薄ら笑いを自分がしていることに気がついた。声をかけるたびに、自分がおかしくなっているのがわかったが、もうどうとでもなれと自暴自棄になっている心地好さがあった。

「こんにちは。」

僕の声はそれまでよりも強く、乱暴になっていた。

「なんですか？」

女性は僕の方を向いた。逃げるでもなく、怒るでもなく、ただ僕を見ていた。それまでの攻撃的な昂ぶりが瞬時に消えた。自分の矮小さが、一人の人間によって簡単に暴かれてしまった。

「え、と、あの。」

「はい？」

女性の調子はまったく変わらなかった。

「あ、いや、なんでもないです。すいません。」

僕はさっと後ろに振り返って逃げた。彼女の進行方向と逆に向かう人々の流れの中に入って歩き続けた。疲れがどっと押し寄せてきた。目はさらに霞んで、周りの人たちの声は汚くぐちゃぐちゃに混ぜられながら耳に突っ込まれてくる。他人と一瞬目が合うことすら怖くて、俯いて歩いた。もし誰かと目が合ったら、その人が僕を嘲笑うように見ている気がしてならなかった。

＊

帰ってからすぐに風呂に入った。温かい湯の中に体を浸してじっとしていると、街の中で起きたことが次々に思い出された。その中でもとりわけ、声をかける瞬間に訪れる真っ白な感覚が強く印象に残っていた。怖いが、その時間はこれまで感じたことのない、癖になるものだった。そのときのことは細かくは思い出せなかったが、やるべきことに取り組んでいるという感覚があった。

「こんにちは。」

湯船の中で小さく声を出してみた。

「知らない人にいきなり話しかけられて……困りますよね。」

もし自分が彼女だったらどう答えるだろうかと想像した。

「いや、そんなことないですけど……」

「そうですか？　そんなことないってどういうことですか？」

この流れでは続かないだろう。


「いや、そんなことないですけど……」

「そうですよね。綺麗だから声をかけられること多いですよね。」

相手は笑った。

「今から帰るとこですか？　よかったら、ちょっとだけお茶しませんか？」

「どうしようかな……」

「いいカフェがあるから、ちょっとだけでも。」

それからも、長い間空想に入りながら、会話のパターンを探っていた。

＊

朝起きた。これまでずっと生きている中ですることがないように感じていた。閉塞感ばかりがあり、なにをしても満足を得られず、このままこんな感じで死んでいくのだろうかとふと思うことがあった。知らない女性に声をかけることで、その閉塞感を打ち壊せるような気がした。

また渋谷に出かけた。家から最寄りの駅までの道のり、駅、電車の中……家の外に出れば女性がいる。目についた女性に対して、彼女になんて声をかけたらいいのだろうかとつい考えてしまう。しかし、言葉が思いつかないまま、気づいたらじっと女性を見つめてしまっていた。

昨日風呂場で考えたとおりにやってみるしかないと思い、街を歩き、声をかけた。

「こんにちは。」

無視された。昨日考えた台詞を言った。

「知らない人にいきなり話しかけられても、困りますよね。」

「は？　別に。」

彼女は鬱陶しそうに言った。予想外の答えを受けて、僕はまた固まってしまった。

声をかけることは怖かったが、もう躊躇はしなかった。声をかけられずに動けずいることに比べれば、拒絶されることは着実に新たな経験を僕にもたらしていた。

「こんにちは。」

無視された。

「知らない人にいきなり話しかけられても、困りますよね。」

彼女は僕の方をじっと上から下まで見た。それから「ふん」と言って、正面を見て立ち去っていった。

こうした反応を、僕は風呂場で想像できていなかった。現実が厳しく突きつけられたが、その生々しさゆえに僕は喜んで受け容れた。彼女たちは僕とわざわざ話したいとは思っていない。誰だって、特に理由もなく、楽しくもない相手と話したいとは思わない。考えてみたら当たり前のことだが、その事実を身を以て確認できたことがうれしかった。


「こんにちは。」

「はい。なんですか？」

反応が来た場合に用意していた台詞を言った。

「優しいですね。ちょっと話したくて。」

「いや、いいです。」

「あ……」

その先は準備していなかった。なんとか言葉を絞り出した。

「いや、ちょっとだけでも。」

彼女は立ち去った。その台詞で引き止められるとは思わなかった。しかし、他に言うことが見つからなかった。そもそも、僕は別に話したいことがあるわけではない。セックスできたらいいのか。それもなにか違う。声をかけて自分がどう他人に反応されるかを知りたいだけだった。


目の前を五十代の、素朴な格好をした女性が通りかかった。声をかけ過ぎてしまっていて、声をかけることに抵抗がなくなってしまっていたせいか、なぜか彼女に声をかけてしまった。

「こんにちは。」

「ん？　なに？」

「あ、いや、優しいですね。返事してくれるなんて。」

「あはは。そう？　なにか用かしら？」

彼女との会話には、それまで声をかけていた女性との間にあった、異性に対する緊張感がなかった。僕はどうやら他人に声をかけることはできるようになっているようだった。しかし、彼女にも特に話したいことがあるわけではない。

「いや、特に用はないです。すいません。」

そう言って僕は怪訝そうな顔をした彼女から離れた。

そして、道の中でぽつんと一人、立ち尽くした。

街にいるのに不思議と開放感があった。周りには歩いている人たちがいる。僕の視線にも気付かず、淡々と歩き続けている。僕がぼんやりと彼らを見続けていても、誰とも目が合わなかった。

ふと、道の脇に座っている浮浪者を見たとき、彼と目が合った。僕の口元にはうっすらと笑みが浮かんだが、彼は表情を変えずに僕をじっと見ていた。こんなことをしていて意味があるのだろうかと我に返りそうになったので、僕はとっさに視線を街の人たちに戻した。

帰宅して風呂に入ると、やはり今日声をかけたことが思い浮かんだ。昨日と同じように、風呂に浸かりながらなにか別の言葉をかけられるのではないかと想像すると、次第にそれを試してみたくなった。

風呂からあがり、それらをノートに書き出した。無視をされたときになにを言うか、返事をされたときになにを言うかというように。そして、また僕が言ったことに対して想定できる反応をいくつか書き出し、またそれらの反応に対する返答も樹形図にして書き加えていった。

*

次の日も渋谷に行った。


声をかけることに疲れ、ハチ公前の植え込みの脇に座っていた。隣には女の子が座っていた。ぼんやりとしていて、声をかけやすそうな雰囲気だった。そのとき、すっと僕と反対側の彼女の隣に男性が座った。

「ねぇ、なに型？　B型でしょ。」

急に隣の女性に話しかけた。勢いのある声だ。しかし、彼女は返事をしなかった。

「あれ？　違う？」

男性は彼女を少し覗き込むようにしながら言った。

「違いますよ。」

彼女はポツリと言った。

「えー、絶対Bだと思ったのに。」

彼女が返事をすると、間髪入れずに彼が言った。

彼の方を見ると、今度は覗き込まずに余裕を持った態度で女の子の目を見つめていた。女の子は彼の方ではなく、前を向いているが、嫌そうな顔はしていない。

「待ち合わせ？」

「うん。」

「彼氏？」

「いや……」

「彼氏じゃないの？　こんな可愛いのにもったいない。」

彼女の雰囲気が少し緩んだ気がした。

「わかった。０だね。そうでしょ？」

「なんで？」

「当たってるんでしょ？」

「えー！　なんで⁉」

女性の声は少し弾んでいた。

「会話に付き合ってくれてるから。協調性があるっていうか。優しいよね。」

「そんなことないですよ。」

「へー、またまた。友だち来ないね。こんなとこで待ってたら暑いから、ちょっとだけお茶しようよ。」

「まぁお茶するだけならいいですよ。」

「じゃあ行こう。」

二人は歩いて行った。

軽いノリの中身のない会話だと思った。これまではこういう会話をする人間をバカにしていた。しかし、見ず知らずの人間と話せることがどれだけ大変なことかを身をもって感じているので、感心せずにはいられなかった。この会話のカギは、彼が彼女のことについて言及し続けていることだ。それはこれまでの僕の発想にはまったくないことだった。僕はただなにも考えずに話しかけているだけだった。しかし、彼は、彼女に考える暇を与えないスピードで、彼女が反応しそうな言葉を投げ続けていた。

どこかヒントを得たような気がして、また声をかけ始めた。無視されるばかりだったが、大して気にならなくなっていた。それよりも、どうすればさっきの彼のように会話を展開できるのか、試行錯誤したかった。彼がやっていることは簡単そうに見えたが、実際にやるとなるとどうすればいいのか思いつかず、前と変わらず用意した台詞を言っては会話が止まっていた。

女の子が目の前を通った。比較的ゆっくりと歩いていたので、声がかけやすかった。

「こんにちは。」

無視された。そのとき、ふと彼女が持っている伊東屋の袋が目に入った。ちょうどこの前、伊東屋に万年筆のインクを買いに行ったのを思い出した。

「あ、伊東屋ですね。」

自然と言葉が出た。用意していない台詞を言ったのは初めてだった。

「え?」

彼女は自分の袋を見た。

「僕も最近万年筆のインクを買ったんですよ。なに買ったんですか?」

「ノート買ってきたんです。ふふ、ナンパして伊東屋の話するなんて面白いですね。」

彼女が笑った。

「なんか目に入ったから。話せてうれしいです。文房具好きなんですか?」

勝手に口が動いていた。

「えぇ。」

「どんなノートなんですか?」

「え、普通のですよ。」

「普通のって?　見てもいいですか?」

彼女は恥ずかしそうに取り出して見せてくれた。僕はそれを受け取り、ノートを開いてみた。それを彼女は隣で見ていた。直感的に、今自分が彼女にとって嫌な人間には映っていないと思った。

「いいノートですね。なんか、可愛いなと思って声をかけたからうれしいです。」

「そうやっていろんな人に声かけてるんでしょ。」

彼女の声が弾んでいるのがわかった。

「いや、かけたことないですよ。人と話すのは苦手だし。」

彼女がじっと僕を見ていた。本当にそうなのかどうか、疑いを持って見ているのだろうか。その視線は僕の中に入り込み、彼女の関心がぞくぞくと流し込まれているようで快楽があった。このまま人見知りを演じ切ることが得策であるような気がした。そう判断ができるほど僕は冷静になっていた。

「あの……嫌かもしれないんですが……もしよかったら連絡先教えてもらえませんか？」

「いいですよ。」

「え？　いいんですか？」

「自分で聞いといて、なんで驚いてるんですか？」

「だって教えてもらえると思わなかったから。」

「やめときます？」

彼女は僕のとまどった演技を真に受けたのか、余裕を持ち始めていた。

「あ、いや、教えてください。」

彼女と連絡先を交換した。

「今日はもう帰るんですよね？」

「えぇ、今から用事があるので。」

「じゃあまた今度誘っていいですか？」

「はい。メールしますね。」

「なんか……ありがとうございました。気をつけて。」

「それじゃ。」

彼女と別れ、彼女の後ろ姿を見ていた。初めて連絡先を聞けた高揚感からか、周りを歩いている男性たちを見ると、彼らにできないことを自分だけができるのだというような気持ちになっていた。

今ならいくらでも声をかけられると思い、また声をかけることを再開した。

「買い物ですか？」とか、「その服の柄って葉っぱですか？　いいですね。」とか、「しょんぼりしてますね、なにかあったんですか？」とか、なにも用意していなくても、一言目を発することができた。それは高揚感のなせる業だった。怪訝に見られることもあれば、会話になることもあった。無視されることは明らかに減っていた。夢中になって声をかけたが、連絡先を聞いた人の中には、麻衣さんほど綺麗な人はおらず、結局僕から連絡をすることもなければ、相手から連絡をもらうこともなかった。

他人の家

麻衣さんとはまた次に会う約束をしていた。彼女にメールをすると、毎日寝る前に少し返事をしてくれた。街中で声をかけて無視をされ続けている中で、彼女との日常的なメールのやりとりは僕を安心させてくれた。

二度目の待ち合わせに彼女は仕事で少し遅れてきた。急いで来てくれたようだった。

「ごめんね、待たせたね。」

「うん。大丈夫だよ。」

僕の前で息が上がっている彼女の様子はなんだか恋人のようで、居心地がよかった。しかし、彼女を恋人だとは思わないようにしていた。彼女は美人で、彼女と一緒にいられるというだけで自信が持てたが、なんとなく決定的なところではわかり合えない気がしていた。

お酒を飲みながら、街で声をかけ続けたこの数日、彼女に聞いてみたいと思っていたことを聞いた。

「なんでクラブでちょっと話しただけなのに、僕と会おうと思ってくれたの？」

「なにー。また変なこと聞くわね。」

「麻衣さんってどういうこと思ってるのか知りたくて。」

「そうねぇ……あなたはセックスしたいって顔してないんだもん。他の人ってそんな顔してるじゃない。」

「そうなんだ。そういうのって自分じゃわからないから。」

クラブで見た、他の男性たちのことが思い浮かんだ。麻衣さんは彼らのような人とセックスをしてきたのだろうか。

「僕だって、セックスしたいと思ってるよ。」

「あら、そうなの。へぇー。」

彼女の語尾はまた優しくのびた。確かに僕はあのとき、セックスしたいとは思っていなかった。ただ、麻衣さんのような人と話してみたかっただけだった。


食事のあと、初めて麻衣さんの家に行った。小田急線沿いの閑静な住宅街の中にあった。だだっ広い部屋と風呂とトイレだけの変わった家だった。部屋の隅にはソファがあり、ソファの背の上には小さな額縁が並んでいた。額縁の中には、おそらく父親だと思われる人の若いときの写真、猫の写真、藤田嗣治の猫と竹久夢二の猫を抱く女性のポストカードがあった。

古い木の棚には、いくつかの骨董品と思われるお皿と、可愛らしいガラスのコップがあった。部屋の趣味のよさと整理されている様子から、きっといい奥さんだったのだろうと思った。

「ウイスキー飲む？」

「あ、うん。」

「そのコップとって。」

彼女が氷と水とウイスキーの山崎をちゃぶ台に持ってきた。広い部屋の真ん中に置かれたこの木製のちゃぶ台は相当古いもののようで、深く黒みがかっていた。僕はウイスキーを飲むのは初めてだった。それを告げると彼女はコップに氷、ウイスキー、水の順に入れ、人差し指でさらっと掻き混ぜてくれた。

「なんか、メロンの味がするね。」

「んー？」

彼女は一口飲んで確かめた。

「そう？」

「うん。美味しいよ。」

僕が初めてウイスキーを飲む様子を、彼女はなにも言わずにニコニコと眺めていた。

彼女が風呂を入れてくれた。入ろうとすると、

「これ、ニキビにいいのよ。」

外国製の高そうな洗顔料を渡してくれた。僕の肌が少し荒れているのを見て、言ってくれたのだ。

「こうやって泡立てるの。」

手のひらに洗顔料をのせて、少し水を含ませて、もう一方の手でさわさわと彼女がそれをさすっていくと、みるみるうちに泡立っていった。彼女の綺麗な手が優しく動いているのを、彼女の顔越しにぼんやりと見つめていた。

「それでね、これを顔につけて優しく洗うの。ゴシゴシやっちゃダメよ。」

「うん。」

なんだかとても安心する場所に落ちていってしまう感じがして、なぜか悲しくなった。僕は彼女と六本木の騒音の流れるクラブで知り合った。あのとき彼女は体にぴったりとくっついたワンピースを着て、ハイヒールを履いていた。あとでわかったが、胸を大きく見せるためにパッドも入れていた。

僕が今求めているのはそういうものだ。

あの場所や、街で知らない人に声をかけないと自分の人生はまだまだ先に進まない。悲しくなったのは、そんなふうに思って、彼女の優しさを十分に受け取ることができないからだとわかった。

「これ、うちにたくさんあるから一本あげるね。持って帰っていいよ。」

「ありがとう。」

セックスは前と同じだった。彼女は僕の背中に爪を立てていってしまう。そのあと、僕もいくためにに腰を動かすが、彼女はいったあとは僕のために渋々付き合っているという様子だった。ただ、終わったあとは僕に背を向けなくなり、彼女に抱きついても、嫌がらなかった。

「よしよし。こうして欲しいんだよね。」

彼女はそう言って、僕の頭を撫でた。僕は彼女に甘えているうちに眠っていた。

次の日、彼女は朝から仕事で、僕よりも早く起きていた。僕が目覚めると彼女が言った。

「鍵置いていくから、ゆっくり寝ててね。鍵はポストに入れといて。」

「うん。ありがとう。」

ベッドに横になったまま、着替えを済ませた彼女が鏡のある小さなテーブルの前の椅子に座って化粧をしている様子を見ていた。彼女の化粧はもともと薄いが、目元に片方ずつ化粧をしていった。化粧をした目ははっきりとして艶《なま》めかしくなり、それを見ていると街で声をかけた女性たちと同じように、彼女の目もまた僕を拒絶するのではないかと思われた。彼女はさっきまでの麻衣さんではなく、出勤を前に鏡に向かう三十代の女性だった。僕はこのとき、初めて彼女に強い性的興奮を覚えた。

「ねぇ、今少し舐めていい？」

「舐めるって？」

彼女のそばに行った。なにを考えているのかわからないというような顔で僕を見ていた。

「ちょっとこっち向いて。」

「どうするの？」

彼女は戸惑っていた。椅子に座っている彼女の足元に跪《ひざまず》き、スカートに手を入れ、足を開かせた。

「なーに。やめなさい。」

声には幾分穏やかさが残っていた。僕は下着越しに性器に口をつけ息を吸い込んだ。柔軟剤のいい香りがした。

「はい。一口だけでしょ。もう終わりよ。」

彼女の仕方なく付き合っているような声が聞こえた。それが許せない。僕は彼女の下着を手でずらし、性器に思い切り舌をねじ込んだ。柔軟剤の香りの中、酸味が舌先に感じられた。それが僕の唾液と混ざり合って中和されていった。奥の方から少しずつ漏れてくるその酸味を夢中になって啜り、味わった。彼女はまたあのセックス中の激しい声をあげ、僕の頭を彼女の方へと両手で押さえつけ、腰を前に突き出した。母乳を飲む赤ん坊のように、僕は無心にそれを味わい続けていた。一分ほどして、彼女が手の力を抜いたときに僕はちょうど満たされていた。彼女のスカートから顔を出して言った。

「美味しかった。」

「もう……行けなくなっちゃうでしょ。」

僕をたしなめる彼女の顔は落ち着いた優しさに満ちていた。

「ギラギラしてた？」

「バカ。変なとこ大胆よね。」

彼女はストッキングを履き始めた。

「行っちゃうの、ちょっと寂しいね。」

「あら、そんなこと言ってくれるのね。今度会うときまでいい子にしてるのよ。」

「うん。」

彼女が出て行くのを玄関まで送った。
「またね。」
「行ってきまーす。」
彼女の声は潑剌としていた。

扉を閉めて一人になったとき、舌にさっきの液体の味を探していた。ぼんやりとそのときのことを思い出しているとき、衣装簞笥が目に入った。下段の引き戸には下着があることは昨日見て知っていた。

開き戸を開けると、彼女のワンピースやコート、シャツがかけてあった。その中には、彼女がクラブで会ったときに着ていたベージュのワンピースもあった。そのワンピースを取り出して、開き戸の把手にかけた。もし初めて会ったときにこれに触ることができていたなら……そう思うとワンピースの腰の辺りに手が伸びて静かに触っていた。ジャージー生地の少しシャリシャリした触感だった。撫でながら、その奥に、彼女の肉の柔らかい反発を想像した。

あのとき、僕は彼女の友だちにしか声をかけられず、彼女にもパニックになりながらしか話すことができなかった。でも、今の結果を思えば、もっと自信を持って、彼女に声をかけてもよかったのではないか。

そう思いながら、下段の引き出しを開けた。丁寧に折りたたまれた下着が、整然と詰められていた。その中から触り心地がよく、装飾が目を引くものを探した。レースの黒のTバックだった。興奮で少し目が霞んで、呼吸も浅くなっていた。把手にかけたワンピースの胸の辺りに頰を寄せつけて、下着をペニスに擦りつけた。すぐに射精をしそうになったので、とっさに下着を落として自分の手に出した。

射精すると、部屋の静けさが急に重く感じられた。静かで、虚しくて、自分でもなにをしているのかよくわからなかった。彼女のさっきの優しい顔が思い浮かんだ。それは僕に向けられているのに、僕からは遠く隔たった場所にあるようだった。

＊

麻衣さんとはそれからも頻繁に会った。あるとき、セックス中に今まで思っていたことを言ってみた。

「麻衣さん、背中に爪立てたら痛いからダメだよ。それに自分だけすぐ勝手にいかないで。」

正常位でいつものように声をあげていた彼女は、これまで見たことのない困惑した表情を浮かべ、「えーー!?」と言った。彼女はまったく怒っておらず、ただ恥ずかしそうにしていた。

「そんなこと言われたことないもん。」

可愛らしい中学生の女の子のようだった。

「美人だから甘やかされてたんだね。」

「えー。なんなのー。」

伸ばされた語尾の響きは、いつものそれとは違っていた。彼女の中の女の子に触れたような感じがして、彼女を愛おしいと思った。

「手を優しく僕の腰に当てて。」

「こう？」

「そう。麻衣さんは動いたらダメだよ。腰の力は抜いてて。」

彼女は動かなかった。動くのを我慢しているのがわかった。彼女の体がわずかに震えているのが感じられた。その震えるリズムの波の中にすっと入り込むように腰を動かした。奥まで自分のペニスを入れていくと、波は崩れて、また新たな波が生まれる。ペニスを引き、そしてまたその波の中に入り込むように入れていった。

彼女の手にはまた力が入り、爪が僕の背に触れた。それを僕はなんだか、自分を無視されているように感じて、

「ほら、手は優しくして。」

と言った。そうすると、彼女はまた柔らかく僕を抱いてくれた。彼女に覆い被さり、彼女の背中に手を回した。皮膚にピタリと手を合わせた。彼女の膣から漏れるじんわりとした温かさに、僕のペニスが包まれていた。

「中に出して。」

「え!?　いいの？」

「うん。今日は大丈夫だから。」

僕はとっさに、もし彼女が妊娠して彼女と一生を過ごすことになってしまったらと、怖くなった。それでいて、彼女が僕に気を許してくれ始めていることを、それを受け容れるつもりがないのに自信にしている自分もいた。欲しいものだけを得て逃げていく自分の卑怯さを感じながら、僕は彼女

の中に射精した。そうすると、彼女は僕の体を優しく、強く抱きしめた。彼女のその気持ちに応えようとせずにただ抱かれたままでいることを彼女が気づきはしないだろうかと思いながらも、そうしてくれたことがとてもありがたかった。そして、このひとときだけ彼女に身を任せようと力を抜いた。

初めて食事をしたときのような、彼女にどうしても甘えたいという気持ちは消え始めていた。それに代わって、このまま彼女と過ごしていれば、彼女と一生を終えてしまうような気がして怖くなっていた。彼女も僕のそうした気持ちをどこかで悟ったのかもしれない。それから、彼女とは徐々に疎遠になっていった。

潜入

一日に数時間、変わらず渋谷に声をかけに出ていた。わずかに電話番号を聞くことはできるようになってはいたが、メールをしても無視されたり、返事があっても彼女たちとなにを話していいかわからなくて改めて会おうとは思えなかった。

誰に声をかけようかと女性たちを見ていると、彼女たちは個々に特別な魅力を持っているというよりも、いくつかある線のうちの一本に並んでいて、その線の中でどれだけ高得点を出せるかを競い合っているように見えた。

その線上の個体差は、同じようなメイク、服装でも、顔の整い方、着ているもののシルエットやサイズ感、色の合わせ方などによって表れ、その差は少ししかない。

そのように見えてくると、声をかけるのは誰でもいいような、誰であっても違うような気がして、誰に声をかけていいのかがわからなくなっていった。

少し先を歩いている女性に視線がいった。二十代半ばくらいで、大きくてはっきりとしているが主張しようとしているわけではない目元に、控えめな艶やかさがあった。グレーのツイードのワンピースに黒の革のバッグを持っていた。そのワンピースのシルエットは、胸元が張り出していて腰は絞られ、そこから下の方へふわりと少し広がっていた。

彼女を見るといつものように鳩尾の疼きがあったが、それは僕を躊躇させるものというよりは、その疼きによって彼女に引き寄せられていくような感覚があった。

「こんにちは。」

「はい？」

街で声をかけていて初めて、美しいと思える女性に返事をしてもらえた。それは麻衣さんと初めて会ったときと感触が似ており、もしかしたらうまくいくのではないかという予感があった。

「あの…」

一瞬言葉が詰まった。緊張のせいで用意していた言葉を忘れてしまったが、言葉を捻り出した。

「……綺麗ですね。」

とっさに出たのは凡庸な言葉だった。

「ナンパですよね？　小さいときから知らない人について行ったらいけないって言われてるから。」

彼女はニコリとして答えた。その笑顔は僕に、彼女に食らいつく余地があることを示していた。

「そうですよね。僕は知らない人ですしね……」

次はなにを言うべきか。なにか言葉を捻り出さなければ。彼女に向けられた関心が、僕をその場から逃げさせなかった。ふと前夜に観た『モード家の一夜』のナンパのシーンが思い浮かんだ。

この映画の中に、内気で生真面目な主人公が、金髪の綺麗な女性に必死に声をかけるシーンがある。そのとき、彼は「なんて言ったらいいかわからないけど、君と知り合いたい」と女性に言っていた。

「……なんて言ったらいいかわからないけど……」

彼女が不思議そうにこちらを見ていた。

「君と知り合いたいと思って。」

僕を見たまま、彼女は固まっていた。彼女が拒絶しようとしていなかったせいか、僕はこの先行きのわからない会話の中で落ち着きを持ち始めていた。

「なんか変ですよね。でも、正直に言うと、知り合えたらいいなと思って声をかけただけです。」

彼女は下を向いて笑った。反応を見て、このままいけるはずだと思った。

「今なにしてるんですか？」

「友だちの誕生日プレゼントを買ってたの。」

「なに買ったの？」

「それがいいのがなかなか見つからなくて。」

「そっか……真剣に選んでるってことは大事な友だちなんだね。」

彼女は前を向いて、少し物思いに耽っているような表情を見せた。

「うん。そうなの。」

彼女の歩調は少しゆっくりになった。もう僕を引き離そうという感じは、その歩みからは消えていた。その歩みに寄り添った。十五秒ほどの沈黙。それから、彼女が僕の方を向いた。

「ねぇ、なにしてる人なの？」

自分の話をした。それから、彼女の話を聞いた。彼女は私立のそれなりにいい大学を出て、聞いたことのある有名な企業に勤めていた。電話番号を聞いて、デートをする約束をした。それから、少し話を続けた。

「どんな食べ物が好き？」

「食べ物？　フレンチとかイタリアンとかかかな。」

「じゃあ、好きなビストロがあるからそこに行くのはどうかな？」

「そんなの知ってるんだ。」

「野菜が特に美味しくて、それぞれの野菜特有の味が丁寧に感じられるんだよね。」

「美味しそう！　野菜好きなの。」

彼女との約束を確実にしたくて、自然と話をしていた。声をかけた女性とこんなに積極的に話すのは初めてだった。いつもは連絡先を聞いたら、話すことがなくなるのが怖くてすぐに別れていた。

「名前はなんて言うの？」

「亜子。」

誰かもわからない人間に名前を言う抵抗感からか、彼女の口から小さく発せられた声は、とりこぼしてしまいそうな微かな響きだったので、「亜子ちゃんね」と彼女の方を見て小さく呟いた。

僕の名前を言う番になると小さな違和感があった。その名前はどこか自分のものではないような気がした。

＊

デートは彼女に話していたビストロに行った。対面は緊張するので、カウンターの席をとっておいた。

彼女の服装はこの前よりも装飾が多くなっていた。声をかける前だったら、僕はそんな服を選ぶ女性が怖かっただろう。

特にショートブーツの足を入れるところから出ている白いフワフワしたものが気になった。彼女の欲望がそのショートブーツに根を下ろして、そのフワフワとしたものとして開花したようだった。

「ブーツの、フワフワだね。」

それがどうしても気になり、うっかり口にしてしまった。

「うん。かわいいでしょ。」

彼女はうれしそうに答えた。

「あ、うん、かわいいね。亜子ちゃんぽくて。」

鳩尾がじわりと疼いた。声をかけるときの怖さとは違う。なにかその疼きが、自分はここにいていいのだろうかと、僕を弱気にさせるような感じがあった。

「なに食べようか?」

僕は落ち着かず、とっさにメニューを開いて言った。

食べながら、彼女の話を聞いた。彼女のような女性が一体なにを考えているのか、僕は興味があった。

仕事のこと、大学でしていたこと、家族のことを聞いた。それから、「私ばかり話してごめんね」と彼女は僕の話も聞いてきた。そういうときに向けてくるのは、優しい、邪気のない表情だった。彼女は徐々に体を近くに寄せてきた。拒絶はしなかったが、僕は固まった。こんなとき、僕も体を寄せて、彼女の体に軽く触れられればいいのだろうか。そんなことはあからさま過ぎてできなかった。しかし、体を強張らせながらも、このままうまくいくだろうと思った。

食事のあと、彼女を家に送って行った。歩いていると彼女の手が僕の手に何度か当たった。三度手が当たったあとに、手を繋いだ。彼女の手は拒まないどころか、それを待ち受けていたように軽く握り返してきた。

「信用していいの?」

「どうしてそんなこと思うの?」

「だって外で知り合ったばかりだし……」

「そうだよね。なかなか信用できないよね。そんな感じでしか会えなかったけど、会えてよかったなと思うよ。」

押せば引かれてしまうと直感的に思い、口が勝手に動いていた。

亜子には、麻衣さんに感じたような、甘えたいという気持ちはまったく湧いて来なかった。それよりも慎重に、彼女とのセックスを成立させることだけに意識が向いていた。一度でいい。亜子とセックスができたら、もう彼女のような女性に怯《ひる》まずにいられるはずだと確信していた。

彼女の家は、大通りから少し入ったところにある小綺麗なマンションだった。道には人通りがなかった。

「ここだよ。ありがとう。」

彼女がそう言ったとき、僕は繋いでいた手を解いて、そっと反対側の肩に手を当て、抱きかかえるように体を対面させた。彼女は動かなかった。そのまま唇を、彼女の唇に近づけると、彼女は目を閉じた。彼女が抵抗をしないことにほんの少しだけ苛立ちを覚えた。自分があれだけ怖がりながらも声をかけていた労力に対して、彼女のこの反応はあまりにも軽かったからだ。彼女は僕のことを理解していない。しかし、それは当然だった。僕はなにも彼女に話していないのだから。そんな小さな苛立ちは喜びの中に深く隠れていった。僕は望んでいたことができるようになりかけていることを祝うようにキスをした。

亜子の唇は彼女が体現している社会の内部への入り口だった。それなりの大学を出て、それなりの企業に就職をし、それなりに見栄えよく暮らしている人々の社会。入り口を通って、僕の舌が彼女の口内に入り、彼女の舌に触れると僕はその社会の中へと一時的に入り込めたような気がした。僕が感じていたのは、恋愛というよりは潜入の緊張だった。彼女に僕が部外者だと判断されないかどうかに注意深くなっていた。それは彼女だけではなく、外で声をかけた人々、麻衣さんに対してもそうだったかもしれない。

彼女は意識のない人形のように身動きもせずに目を閉じていた。僕は潜入に成功したことに恍惚として、彼女に言った。

「もう少し一緒にいていい？」

僕がそう聞くと、

「まだダメ。いけないことしちゃうでしょ。」

そう彼女が言ったとき、彼女はどこか翳りのある表情をしていたような気がした。

「じゃあまた今度だね。」

「うん。」

強引にいけば、拒絶されると思った。軽く「また会おうね」と言って別れた。その目論見が当たっていたのか、彼女からすぐにメールが来た。

「今日はありがとう。もっと一緒にいたかったけどごめんね。」

「うん。でも、ゆっくり亜子ちゃんのことを知りたいと思ったから。」

そう返事をした。そして、また次に会う約束をした。

＊

次の日の夜九時に亜子からメールがきた。

「こんばんは。なにしてるの？」

僕はまた外で声をかけていた。

「喫茶店で本を読んでるよ。亜子ちゃんは家？」

「そうだよ。」

彼女からメールが来るだけで、それまで声をかけては拒絶をされることで溜まっていた自己嫌悪が消えていった。拒絶をされ続けても、一人の女性に受け容れられているというだけで、自信を持つことができるのだ。普段は躊躇してしまうような、派手な服装の女性、自信がありそうな女性にも楽に声をかけることができた。

「早く会いたいな。」

彼女がそう送ってきた。

「そんなこと思ってくれてるんだ。うれしいよ。付き合う?」

「付き合うならちゃんと告白されたいな。映画とか観に行って、好きって言われたいの。」

「いいね。じゃあ今度はゆっくりデートしよう。」

もうなにか働きかけを彼女にする必要はないように思われた。彼女と次に会う日を決めた。

メールをし終わってからも声をかけ続けた。きつい態度をとる人もいれば、誰かと話したかったのか、僕と話すことを楽しむ人もいた。彼女たちの反応は、悪いものもよいものも、その人の過ごした今日の気分を表しているようだった。

十二時頃、数人から連絡先を聞けて満足し、ハチ公前の広場の端に立って人々を眺めていた。今日はもう声をかけなくていいと思うと、次第に気持ちが落ち着いてきて、さっきまでの興奮が洗い流されていった。

広場も、人が次第に少なくなってきて、人々の歩みは個々の特徴をはっきりと示し始めていた。急いでいる人もいれば、ゆっくりとぼとぼと歩く人、気持ちよさそうに歩く人もいた。人々の歩みのリズムから、一人一人の生活の様子が想像された。様々な一日の終わりがある。僕は満足をして一日を終えられそうだった。

亜子からは「おやすみ」とメールが来ていた。帰りの電車の中で返事をした。

＊

前のデートから三日後の週末、六本木に亜子と映画を観に行った。ありきたりな娯楽映画だった。映画館の暗闇の中、うっすらと光る彼女の横顔を横目で見た。彼女はこの映画を面白いと思っているのだろうか。観終わったあと、映画の話はしなかった。その後、六本木ヒルズの辺りを少し散歩した。手を繋ぐと、前のような柔らかい握り返しはなかった。彼女と過ごす時間は徐々につまらなくなっていた。しかし、この機会を逃したくなかった。自分の人生が変わる大切な機会だ。僕は彼女に付き合って欲しいと伝えると、「私も」と彼女は言った。

つまらない返事だった。

それからしばらく歩いて、大通りに出た。平日の夜で、空車のタクシーがたくさん走っていた。

「一緒にうちに帰る？」

ほんの少しの間のあと、彼女は頷いた。今の雰囲気にどこか不満はないのだろうか。僕は退屈だった。彼女と出会ったときのような、緊張の中での直感的な発想は失われていた。ただ、やるべきことを、つまらないと思いながらこなしていた。

彼女とタクシーに乗り、座ると、背もたれの柔らかさが、溜まった疲れを感じさせた。彼女を見ると、彼女は緊張し、前を向いていた。その姿が哀れに見えた。

家につき、玄関を入ったところで、彼女にキスをした。ミスは許されない。うまくいきそうなときに最後までいくのだ。彼女はまた目を閉じて、人形のように動かなかった。そのまま、着ていたワンピースを脱がせた。背中のファスナーに手をかけた。ゆっくりと、静かに、一切の抵抗を生まないように。あたかもファスナーが突っかかることが、彼女の気持ちの抵抗を生んでしまうかのように、慎重に下ろした。彼女の足元にスッと生地が落ちていき、彼女の肉体が露わになった。ピンクの下着には、縁に化学繊維のひらひらとした装飾がついていた。彼女は目を閉じたままだった。僕はほんの少し顔を離して、彼女の全身を目に焼き付けるように数秒観察した。それから後ろに手を回し、ブラジャーのホックに手を触れ、はずした。金庫に忍び込んで錠前を外す泥棒の姿が思い浮かんだ。

下着だけになった彼女の体をキスをしたまま触った。肩、背中をゆっくりと通り、彼女が触れられている部分に集中するように。それは彼女に気持ちよさを味わってもらうためというよりも、捕えた獲物に麻酔をかけるかのようだった。彼女の声が小さく漏れる。尻と胸を柔らかく摑んで、刺激を強めた。さらに声が漏れた。そのまま、下着に手を入れて、性器を触った。濡れていた。木偶人形のようになっているのに濡れていた。

そのままベッドに行った。彼女は意志を失った人のように、なんの抵抗もしない。そのまま動かないので、ベッドの下に置いていたゴムをつけて、僕は自分のペニスを挿れた。

ペニスで突いても彼女は動かなかった。少し顔を歪めて、声を漏らすくらいだった。僕は腰を動かしながら、目を閉じたまま動かない彼女を見つめた。

初めてのキスをしたとき、彼女の口は社会への入り口だった。しかし、今や彼女はただの一人の人間だった。僕には興奮はなく、ときどき、彼女の性器の入り口から立ち昇ってくる尿の匂いを我慢しなければいけないことが苦痛だった。それを吸い込まないように、腰を動かし、射精をするために自分の性器を摩擦した。これ以上、この時間の中ではなにも生まれない気がした。

これで二人目か、と思った。知らない女性に声をかけて会話をする。必ず正解の言葉がある。その正解を出し続ければうまくいく。腰を動かしながら、街の中で目にした、印象に残った女性たちを思い浮かべた。これから彼女たちに声をかけるのだと思うと興奮し、射精をした。彼女は最後まで動かなかった。射精をした直後、顔を合わせるのが嫌で、彼女に覆いかぶさって、自分の顔を枕に埋めた。そして起き上がって、性器を抜いて、コンドームをとった。

「一緒に横になって。」

彼女が言った。射精をしたあと、なにか彼女に申し訳ない気持ちになっていた。彼女の横に寝ると、彼女は抱きついてきた。麻衣さんと初めてセックスをして、彼女に抱きついたときに拒否されたことを思い出し、僕は彼女の頭を撫でた。

＊

それからも亜子からは連絡があった。僕から返すことは少なくなっていったが、なんとなく関係を切るのがもったいない気がして続けていた。

つまらないと思いながらも、彼女との関係性を切ることができない理由ははっきりとしていた。

他の女性を見たり、声をかけたり、話したり、食事に行ったりしているときに、欲情してしまったとき、いつでもまた亜子の体には触れられるという保証があるだけで冷静でいられるからだった。

亜子と食事に行くと、会社の愚痴ばかり聞くことになった。それを聞いて、また動かない彼女とつまらないセックスをした。会うときは寂しさから連絡をし、実際に会うとなると憂鬱になった。

その日も、長々と会社の愚痴を聞かされた。そのとき、我慢ができず、テーブルの下で、親指と人差し指で反対の腕をつねったり、爪を突き刺したりしていた。彼女の話はもうほとんど聞こえておらず、幼い頃の親戚たちとの食卓が思い出された。彼らは愚痴を言ったり、傍若無人に他人を批判したり、延々と自分の話をしたりしていた。僕はどこに行っても、こんな人間たちの会話から逃れられないのだろうか。彼らは自分自身を省みることがないのか。そんな思いに引きずられ、苦しくて爆発しそうだった。

「そんなに会社が嫌ならやめたら？」

無意識に、彼女の話を遮るように僕は鋭く声を発していた。彼女は驚いて、顔が曇ったまま止まった。ほんの少しの間、時間が止まったようだった。まずいと思い、さっきの発言を打ち消すように言った。

「でも、大変なんだよね。」

「うん、でも頑張らないと……。他の人たちも同じだし。」

「そっか……もう少し頑張ったら、先が見えてくるかなって感じ？」

「うん、そうなの。それでね……」

彼女はまた話し始めた。

さっきの僕のいつもと違う対応に彼女が気づいていないはずはない。なのに、なにごともなかったかのようだった。こんなとき他人が心底憎い。社会は、なにも学ぼうとしない人間がひしめき合っている地獄のように感じられた。しかし、僕も同じだ。僕もこんな女と何回も会ってしまっているのだ。

それから帰ってセックスをした。別にしなくてもよかった。

もしこんな付き合いを一生続けたら、どんなにつまらない人生になってしまうのだろう。年を重ねても、こうして女性の話を聞いてつまらないセックスをしている凡庸な自分の姿が思い浮かんだ。

セックスが終わったあと、互いにベッドに横になったまま彼女に聞いた。

「セックスって苦手?」

「え?」

「いや、本当はあんまり好きじゃないのにしてくれているのかなと思って。」

「そんなことはないんだけど……私、あんまり経験がないの。」

「そっか……」

僕はこれまで彼女がどういう付き合いをしてきたのかを聞いたことがなかった。それを知ろうという発想すらなかった。しかし、それ以上なにを言っていいかわからず、その会話は終わってしまった。

気持ち悪い

友人と居酒屋で飲んでいたとき、カウンター席に二人の女性客を見つけた。そのうちの一人が目を引いた。ロングヘアに少し長めで綺麗なドレープのあるカットソー、ゆったりしたパンツにヒール。都心のキャリアウーマンという感じだった。居酒屋の中、彼女だけが洗練されていて目についた。


友人も彼女のことを見ていたのはわかったので、彼に言った。

「綺麗だよね。あの人。」

「そうだよな。」

友人には僕が普段声をかけていることを言っていなかった。

「声をかけてみたいって思う?」

「そりゃ思うけど。そんなことできたら、こんな風に生きてないって。」

こんな風に生きていない……やはり誰にとっても、見知らぬ美しい女性と知り合えることは生き方を変えることになり得るのだろうか。僕は友人の前で声をかけることを想像すると気が昂った。

彼女たちが外に出たときに追いかけて行き、興味のある女性の方へと回って、横から声をかけた。

「すいません。」

二人が少し驚きながら、僕に顔を向けた。店の前は、居酒屋の連なる繁華街で人通りが多かった。

「あの、さっき、居酒屋にいたんですけど、凄く綺麗だなと思って。こんな風に声をかけられるのは迷惑かもしれないんですけど……」

彼女は黙ってこちらを見ていた。顔立ちが派手で、それでいてしっかりとメイクされた美人だった。彼女の容姿に気後れしている上に、彼女の表情が変わらないことにも緊張させられた。

しかし、彼女がどんな容姿であろうとも、いつもの自分の会話の流れに乗ればいい。僕は頭の中から意図的に、彼女が美人であることを消し去り、ただ興味のない人間と話すような素振りを作り出そうとした。

彼女は僕の目をじっと見つめていた。彼女の友人が気まずそうにしているのが目に入ったので、彼女の友人に話しかけた。

「すいません、二人で遊んでいるときなのに、いきなり話しかけてしまって……。このお店、よく来るんですか?」

「前から来てみようって言ってて、それで来たの。ね。」

友人のその言葉に彼女も少し頷いた。

「そうなんですか。僕は結構好きで、ときどき来るんですよ。」

二人は僕の方を向いていた。友人はこの状況に興味を持っているようだった。地味な普通のＯＬという感じだ。僕が声をかけた女性は男性に慣れているのか、落ち着いて僕の様子を見ていた。

それから、手短に彼女たち二人の関係を聞いたり、どんなことを話していたのかを聞いたりした。なるべく友人の方に話しかけることを心がけた。

「あの、もしよかったら電話番号だけでも教えていただけないですか？　嫌だったら出なくてもいいんで。」

「教えてあげなよ。」

友人が僕の味方をして言うと、

「じゃあ電話番号だけ。」

と彼女はさして表情を変えずに言った。連絡先を教えてもらっている間、名前を聞いたり、住んでいるところを聞いた。別れるまでにとにかく彼女に気楽に会話できる感じを持たれなければいけないと思い、会話をし続けた。

「これから帰るんですよね？　寝る前に電話してもいいですか？」

「いいですよ。」

「何時くらい？」

「十二時過ぎくらいかな。」

その後彼女たちと別れ、店の中の友人の元に戻った。

「どうだった？」

と友人の問いかけに、

「連絡先聞けたよ。」

と平静を装って答えた。彼は驚き、どのようにしたのかを僕に聞いた。しかし、僕は「ただ声をかけるだけだよ」と答えた。実際、そのときそのときにしていることは本当にそれだけなのだ。羨ましがられることが気持ちよかったが、次第に友人の頭の中は、女性にどうしたら声をかけられるかでいっぱいになってしまったようで、僕は彼の話し相手になることに疲れてしまった。そうなってしまったのは、彼に見せつけたいという自分の虚栄心のせいなのが明らかだったので、彼を責めることはできなかった。


家に帰り、十二時過ぎにさっきの女性に電話をした。

「もしもし。」

「はい。」

「さっきはありがとう。」

「うん。」

話しかけたときもそうだったが、こちらからなにかを言っても、彼女からは短い返事しかない。

「もう寝るところ?」

「そうだよ。」

「いつもなにしてるの?」

「仕事。」

「どんな仕事？」

「代理店だよ。」

「へぇ、代理店ってなにするの？」

「うちは服やってるから、広告をどこに出すとか、そういうのをクライアントと決めるの。」

「そっか。だから、オシャレな格好だったんだね。」

「いや、そんなことないよ。」

僕からの質問ばかりになり、話が続けられない。まだデートの約束をするのには早いと思ったが、これ以上彼女と話を続けるのが苦しくなり、駄目元で誘うことにした。

「仕事っておそくまであるの？」

「そんなことないよ。」

「じゃあ終わってから、ごはん食べに行ったりしていいかな？」

「いいよ。」

彼女と次の日に会うことになった。彼女と会う約束ができたことにほっとしながらも、会って一体なにをするのかと怖くもあった。


その女性との電話のあと、亜子から電話がかかってきた。二日ほど、彼女のメールを返していなかった。彼女が口を開けば、必ず仕事の愚痴が出てくる。それが予想できているから、返す気になれなかった。

着信の名前が見えたときに瞬間的に怒りが湧いて、即座に出た。

「なに?」

「あ、いや、特に用はないんだけど……」

その声の弱々しい感じから、部屋の中、寝間着姿で憂鬱《ゆううつ》そうにしている彼女の姿が思い浮かんだ。誰かに助けを求めたい。話を聞いてもらいたい。その様子が、街の中で初めて声をかけたときの自分自身のことを思い出させた。僕だって、はじめに彼女に話を聞いてもらえて救われたじゃないか。そんな他人に助けを求める気持ちに同調しそうになる自分を即座に捨てた。

「用がないなら電話しないで。」

静かな重い声が自分の口から発せられた。弱っているとき、誰かに助けを求めたいときに、こんなことをされたらつらいだろう。亜子と会う前、声をかけ始めたときの自分がそうだった。彼女を傷つけていることが怖くて、すぐに電話を切った。

鳩尾が疼いた。抉《えぐ》られるような痛みだった。その痛みをなかったことにするかのように、自分は亜子のような女性を拒絶し、蔑ろにできるようになったのだと身勝手な興奮に浸った。

*

次の日、声をかけた女性とは新宿駅で待ち合わせをして、少し薄暗いカフェに向かった。彼女のその日の仕事について聞いた。彼女はそれに「クライアントのとこに行ってた」と答えたきりだった。「どんなクライアント?」と聞いていいのだろうか。僕は躊躇した。それ以上のことは言わなかったので、また別の質問をして沈黙を免れた。

カフェでは対面で座って、お酒と、軽いつまみを頼んだ。彼女は僕の方を見てくるが、自分から僕に話を振ってこない。息がつまってくる。亜子は自分から話をしてきたが、彼女はしてこなかった。しかも、これだけ話が弾まないにも関わらず、彼女は黙っており、気まずそうでもない。彼女は不安を感じないのだろうか。声をかけたときもそうだったことを思い出した。

なにを話していいかわからず、とりあえずオープンになろうと思い、自分の話をした。自分の仕事のこと……そして、反応があまりにもないことが不安になって、なにを思ったか、もともと対人恐怖症だったことを話してしまった。彼女の同情を引き出そうという甘過ぎる打算がおぼろげにあったように思う。そのとき、彼女の顔が曇った。

「そんなこと急に話されてもわかんないし重い。」

投げつけるように彼女は言った。息が詰まって、叫び出してしまいそうだった。何事もなかったかのように、すぐに言葉を続けた。

「そうだよね。大学のときはなにしてたの?」

彼女はさっきのことはなかったかのように、淡々と大学の学部とアルバイトで六本木のキャバクラにいたことを話した。

「へぇ、そうなんだ。すごいね。」

「なんかさ、なんでもすごいとか言って、私のことを使って試しているみたいで気持ち悪い。」

「そう……」

どうすればいいかわからずに出てきた引きつった笑みが顔からとれないまま、目の前のジントニックの入ったコップを手に取って飲んだ。それをするのがやっとだった。頼んだ二つの皿の料理は、あまり手をつけず残されたままだった。

「もう帰ろうか。そんな長く付き合ってもらっても悪いし。」

「あ、そう。いいよ。」

彼女は素気なく言った。彼女は僕に興味がないのか。それとも、これが彼女の普段からの人との接し方なのか。わからなかった。彼女の一般的に洗練された美人と見られる顔は動かず、僕の目の前に壁のように立ちはだかっていた。初めて遠くから見たとき、それを美しいと思ったが、今はひとときもそばにいたくなかった。

彼女を駅まで送って行った。すぐにでも逃げ出したかったが、恐怖からどんどん卑屈になり逃げることができなくなってしまっていた。駅に着くと彼女はすぐに改札を通り、こちらを振り向かずに去って行った。彼女が遠ざかるにつれて、自分の顔に張り付いていた愛想笑いがとれていった。そしてそのあとには、もうなにも感じられない無表情の自分がいた。

新宿南口の雑踏の中に立っていた。他人に声をかけなければいけない気がした。もし知らない人が僕に笑顔で接してくれたら、今の屈辱を忘れることができるだろう。しかし、本当に苦しいときほど、他人に声をかけることなんてできないのだ。

鳩尾が疼いて、寂しくて、自分のことなんて誰も相手にしてくれないように感じられた。声をかけることができなかったときの自分に戻ってしまいそうだ。後戻りしたくない。やるしかない。無理矢理女性の前に体を持って行き、声をかけた。

「あの……」

無視をされた。

「すいません……」

また無視をされた。声がか細くしか出ない。自分の表情が固まり、寂しそうな人間にしか見えないことはわかっていた。周りの人の目が怖くて見れない。

亜子のことが思い浮かんだ。

もし昨日の電話が今かかってきたら、僕は彼女の話を聞いただろう。それが愚痴であったとしても、一時間ほど、自分を慰めるように、彼女を肯定し、慰めただろう。

スマートフォンの着信履歴にある亜子の名前を見た。彼女からその連絡先をもらったときはうれしかった。うまく彼女と関係が築けるかが気になって仕方がなかった。しかし、この連絡先は忌々《いまいま》しいものになり果てていた。もし連絡をしたら、また弱い自分に戻ってしまうだろうと思い、とっさに連絡先を消した。古いものにすがってはいけない。進むために、また新しい相手を見つけなければ。そう思うと、周りの人々の目を見ることができるようになった。

また声をかけ続けた。さっきの女性との会話でできた傷跡を自分で掻きむしっているようだった。掻きむしるほどに鳩尾の疼きはヒリヒリと増していき、声をかけることができた。しかし、さっきとは反対に女性に怖がられて逃げられた。

なにもわかってない

夜十時頃、渋谷を歩いていると、スーツ姿の男性とギャルの格好をした若い女の子が目の前を歩いていた。彼は彼女の方を向いて話していたが、彼女は前を向いたまま歩調を早めるでもなく歩いている。ナンパだろうか。しばらくして、彼が大きな声で言った。

「バイバーイ。」

彼女はその言葉にもまったく反応をしなかった。

これまではそんな人がいるとも思っていなかったからか、目に入ってこなかったが、自分と同じことをしている人間を多く見かけるようになった。彼の別れ際の挨拶に不快感を覚えた。話しかけられることを拒否しているのに、最後に無理に明るく挨拶をされたら余計に嫌な気分になるだろう。

彼よりも自分の方が上手くできるはずだと思った。彼への対抗心で彼に声をかけられていた女の子に声をかけた。

「こんばんは。」

どこを見るでもなく、彼女は前の男性にしたように前を向いていた。ディファインのコンタクトレンズのせいか目の表情が読めず、なにを考えているのかわからない不気味な雰囲気があった。しかし、なんとなく意識は僕に向けられているような気がした。もし嫌だったら、さっさと歩調を早めるだろう。

「今なにしてるの？」

反応はない。歩調も変化しない。年は二十くらい。ショートパンツにキャミソールで胸元が、ほとんど乳首が見えるのではないかというくらいにあけられていた。その上に薄手の長袖のカーディガンを着ていた。両腕にジャラジャラと細いブレスレットを何重にもはめているが、その間から何度も繰り返されたリストカットの跡が見えていた。安物のきつい香水の匂いに、彼女の体臭の酸っぱい匂いが時折混ざってきた。

話しかけても反応がないが、一緒に歩いていても僕を拒絶するような歩調の変化もなかった。話しかけることが思い浮かばなかったので、一緒に歩いてみることにした。彼女の方を向かず、そのゆっくりとした歩調に合わせた。十歩ほど歩いたとき、彼女がこちらを向かずに言った。

「お兄さんの声は、ふわっと優しく来るね。」

「そう？　よく声かけられてそうだから、いろんな声を聞いてるだろうね。」

「お腹減った。」

彼女はこちらの質問をかき消すように言った。

「なんか食べる？」

「お、かみ。」

彼女は低い声でぼそりと言った。

「かみ?」

彼女はなにも答えなかった。

「じゃあどこか行って食べようか。」

「かみ。」

「かみって神様の神?」

彼女は頷いた。

派手な服装からは想像がつかなかった、子どもっぽいが少し低い、落ち着いた声だった。

「声、なんか子どもっぽくて可愛らしいね。」

彼女はまた反応せず、無表情で前を向いたままでいた。それが僕といることを拒んでいるからではないらしいことはなんとなくわかり始めていた。


ファミリーレストランに入った。彼女は淡々とハンバーグとコーラを頼んだ。

「仕事なにしてるの?」

「風俗。」

「あぁ、そう……」

聞いて気まずくなったが、彼女はどこを見るでもないような目のまま、食べていた。その答えを聞いて相手がどう思うか、そしてどのような言葉をかけるか、彼女は既にかなりの数のサンプルを持ち、そのどれを僕が選択するのかを下らないと思いながら待っているように思われた。

「こういうとき、どう答えたらいいもんだろうね。」

「さぁ……なんでもいいんじゃない？」

「そうだね。」

彼女の反応はぶっきらぼうであるが、物事を決めつけようとしない落ち着きがあった。

「お兄さんはなにしてるの？」

自分のことを少し話した。

「ふーん。」

なにかを言ってくるわけではないが、僕の話に耳を傾けていることは伝わってきた。なにを考えているかわからない目でじっと見てきたが、その目には、彼女の様々な考えが流れているような気がした。そう感じたからか、彼女との歯切れの悪い会話も苦にならなかった。

「さっきはなにしてたの？」

「別になにもしてない。」

「どういうこと？　歩いてただけ？」

「そう。」

「そんな格好してたらたくさん声かけられるでしょ。」

無言だった。

「いつも声かけられたらどうするの？」

「ごはん奢ってもらったりとか、ホテル行ったりとか。」

「ホテル？」

「そう、泊まれるから。」

「セックスするの？」

「するけど。」

「じゃあかなり経験多いでしょ。」

「さぁ……一年で三百人くらい。毎日してるけど、おかわりもあったから。セックスしたらホテルで寝れるし。」

「へぇ。」

声をかけたものの、前の男性への対抗心で声をかけただけで、彼女とセックスしたいとは思わなかった。不貞腐《ふてくさ》れた妹と話しているような感じがした。それに彼女に、なにかを決めつけたり、浅はかな性的な欲求を僕が抱いたりしないかどうかを会話の中で試されているような気がしていた。

「今日はどうするの？」

「さぁ、また声かけてきた人とホテルとか？」

彼女が僕をじっと見た。彼女に関心がないフリをしてみようと思った。

「あぁ、そう。」

僕の返事を聞いて、彼女は下を向いた。二人ともしばらく黙っていた。

「どうせホテルに泊まるんでしょ？　僕は暇だからうちに来る？」

「かみ。」

彼女は俯いたまま、あの低い声で言った。

派手な格好をしているが、中身は寡黙な幼い女の子であるように見えた。なんだか放っておけなかった。

家に着くなり、彼女はスマートフォンからヴィジュアル系の曲を流し始め、そのままなにかを見ていた。まるで自分の家に帰ってきたような様子だった。

「お風呂とか、入りたかったら入ってね。」

彼女はなにも言わず頷いた。

僕は家に他人がいるのが苦手だった。他人のことが気になって、なにをしていいかわからなくなる。もてなすのならいいが、互いに別々に好きなように過ごせなかった。彼女はいつもこうして他人の家に行ったり、他人とホテルに行ったりして過ごしているのだろうか。彼女は僕のことを気にせず、スマートフォンを見続けていた。することがないのでお茶を入れて出した。

「どうぞ。」

そう言っても彼女は反応しなかった。

「飲みたかったら飲んでいいよ。」

そう言うと彼女は小さく「うん」と言った。

彼女のショートパンツから見える太腿にも、胸の谷間にも、色気を感じなかった。無表情でスマートフォンを見つめたままだが、目の奥にもう一つの目があり、その目で僕を見ているような気がした。

彼女が普段からこんな調子で過ごしているのだとしたら、周りの人はどう接しているのだろうか。

彼女のことを気にかけないか、あるいはさっきの声をかけていた男性や風俗の客のように性欲のはけ口にするかのどちらかだろうか。もし、無視もせず、欲望の対象にもしない扱いがあるとすれば……そう思うと優しい家族の姿が思い浮かび、なんとなくそう接してあげたい気持ちになった。

しばらく放っておこうと思い、風呂の掃除をして湯を張り、湯がたまるまで部屋の掃除をしたりしていた。

「お風呂入ってくるね。好きにしてていいよ。」

彼女が顔を上げて、こっちを見た。彼女を見ると、彼女はこれまでのように僕をじっと見ていた。

「うん。」

彼女が返事をした。

風呂から上がり、彼女にも勧めると、入ると言った。部屋着を渡すと彼女はスマートフォンから目を離さないまま手だけ出して受け取った。人は知り合ったばかりの他人とは、これまで培ってきた他の人々との関係をリプレイするものなのだろうか。それなら彼女は両親ともこんな感じで接していたのだろうか。

幼い頃、風呂場に行く前に、母親に乾燥機から出したばかりのパジャマを渡されたときのことを思い出した。温かくてふわふわしていたが、そのときはそのことを特になんとも思わなかった。僕は僕で、自分の家族との関係を他人と逆の立場で繰り返そうとしているのだろうか。

「あのさ……」

彼女のさっきとは打って変わった、少し遠慮がちな態度に、なにか重要なことがあるのかと身構えた。

「どうしたの？」

「洗濯していい？」

ものを頼むとき、これまでと違って、一瞬だけおずおずとしていた。

「いいよ。あとで洗濯機に入れておいてくれたら、洗っとくよ。今からなら明日には乾いてると思うし。」

「わかった。」

彼女は部屋着を持って風呂場に行った。


化粧を落とした風呂上がりの彼女は別人だった。色っぽさなどなに一つない、あどけない女の子だった。もし化粧をしていなかったら、見た目が幼過ぎて声はかけられないだろう。僕も、他の男性も、彼女の服と化粧に誘導されて声をかけているようなものだ。

「家はどこなの？　帰ってないの？」

「埼玉。もう帰ってない。」

「どんな家族？」

彼女の家庭環境は複雑だった。両親は離婚し、彼女は父親についていき、父親は再婚し、再婚相手の女性には彼女より年下の男の子がいた。これまでとは違い、そのことについて、彼女は饒舌に話した。

「弟、どうしてるのかなって思うんだよね。」

そのときだけ、彼女は大人っぽい姉の顔をした。

「弟と仲いいの？」

「いいよ。弟とだけ。」

それから、両親ともに嫌いだから家に帰りたくないこと、家出をして、風俗の寮に住んでいること、風俗の寮も好きではないから、声をかけてきた男性とラブホテルに泊まったりすることが多いと彼女は言った。その生活はもう一年以上続いていた。

「へぇ。」

僕は特になにも言わなかった。洗濯をし、来客用の布団を敷いて、そこで寝るように伝えた。話すことがなくなったので、僕は自分のベッドで眠った。

＊

朝起きると、彼女はスマートフォンから音楽を流しながら化粧をしていた。流れている曲はまたヴィジュアル系だった。「おはよう」と言うと、目を合わさずに小さく「うん」と頷いた。昨夜打ち解けたと思ったが、また出会ったときの状態に戻ったようなよそよそしさだった。

「今日も泊まっていい？」

家を出るとき、彼女が言った。

「いいよ。」

答えを聞くと、なにも言わずに僕に背を向けて彼女は仕事に出かけた。

その夜、彼女は夕方には仕事が終わると言っていたが、帰ってこなかった。ようやく連絡があったのが十時頃だった。それから家に来た。

「なにしてたの？」

「また声かけられたからおそくなった。」

「セックスしてたの？」

「うん。」

彼女はいつもの目で僕を見た。実際セックスをしたのかどうかはわからないが、僕を試しているような気がした。性的な衝動が湧き始めていた。これは怒りなのだろうか。彼女の体に触れて、自分の好きなように乱暴に扱いたくなった。

彼女は既に僕の反応をいくつか予想しているだろう。

セックスしようとする、叱る、気にしないふりをする……どれをしても不正解だ。

「ヤリマンだね。」

僕がそう言うと彼女はしばらく黙っていた。

「いや、違うし。」

これまで聞いたことのない感情的な返事で、僕はそれを可愛らしいと思った。

「いや、ただのヤリマンでしょ。毎日やってんだから。」

僕は表情には出さないようにしたが、内心では楽しくなっていた。彼女はまた「違うし」と呟いて、家の中に入った。

この日は彼女がいつもかけている曲のことを聞いてみた。好きなバンドの話をする様子は素直で高校生のようだった。

*

彼女はまたその次の日も来た。今度は仕事が終わってからすぐに家に来た。

「今日は声かけられてもセックスしなかったよ。」

幼い子どもが親に褒められるのを待っているようだった。そのとき、自分は一体なんのためにこんなことをしているのか、よくわかっていないことに気がついた。

「そっか、偉かったね。」

そう言って彼女の頭を撫でると、彼女は寄りかかってきた。彼女はよく喋るようになっていた。

その日に店に来たお客さんのこと、店の人とのやりとり。それは僕の知らない風俗嬢の日常だった。

それから、外で声をかけてきた相手にファーストフードを奢ってもらい、そこのトイレでセックスしたり、ラブホテルで暴力を振るわれながらセックスをしたりしたことを淡々と話した。他の人間が彼女にそうしている話を聞くと、内心穏やかではなくなってきた。自分はその対象として見られていないという劣等感、焦燥感が生まれていた。彼女が話していることは次第にうっすらとしか感じられなくなり、目の前の彼女の露出されている胸の谷間、脚が目につき始めた。

試されているのだろうか。もし自制心を失ったら、彼女が僕に求めている役割を裏切ることになるだろう。しかし、明らかに彼女は僕を試している。試しているのだから、僕が欲情をしたとしても自業自得だと思った。

彼女の体に触って、セックスしようと言えばいいのだ。彼女はこれまでも三百人近くの人間とセックスしてきたのだ。

キスをしようと、肩に手をかけ、顔を近づけると彼女は絶望した子どものような、残念そうな顔に瞬時に変わり、出会った頃の冷たい顔にすぐに変わった。

「はぁ……結局そうか。お兄さんみたいだと思ってたのに。」

僕は黙っていた。

「いいよ。したいんでしょ。」

したいわけじゃない。彼女は出会ったときのような、無表情でこちらを観察しているような状態に戻っていた。彼女の胸元には深く作られた谷間があり、ショートパンツから伸びている脚があった。僕は自分の注意を惹きつけていたそれらの部分に触った。胸元は柔らかかった。しかし、反応しない人形を触っているようで、まったく興奮はしなかった。触らなければよかったと思った。彼女はそのまま動かなかった。目は開いたままだったが、なにを思っているかわからなかった。もし動くとしたら、叫び出すか、襲いかかってくるかであるような、狂気を忍ばせた静止だった。

人形のようになって動かない彼女の服を脱がした。僕を無視するように、目は虚しく前に向けられたままだった。胸を、その重量を確かめるために揉んだ。肉が詰まっていた。乳首に触った。抜け殻のような彼女がピクッと動き、その後は触ってもまた止まっていた。早く入れてしまおうと、下着を脱がせ、彼女を横に倒そうとした。

「ちょっと待って。」

彼女はそばにあるカバンからゴムを取り出した。サガミ製の高いやつだった。

「はい。」

受け取ってゴムをつけている間に、彼女は股を開いて床に横になった。バカにされているようで、コンドームをつけた性器はもう柔かくなって、うまく入らなかった。彼女は終わるのを待つように、ぼんやりと天井を見ていた。

「あぁ、ごめん、勃たなくなったからもういいよ。」

「ふーん、やっぱわかりやすいね。」

「そう？　なんかごめんね。」

バツが悪かったが、会話ができたことにほっとしていると、彼女が言った。

「乳首噛んで。」

「え⁉」

「噛んで。」

僕は控えめに彼女の乳首を噛んだ。

「もっと。」

少し思い切って噛むと彼女の息が荒くなり、「あぁぁぁ」と怒っているような低い喘ぎ声を出した。不気味ではあったが、その声を聞いて僕は勃起した。膣の中は濡れていて、抵抗なくすんなりと入った。入った先はなにもない真っ暗な洞窟のようだった。ペニスに引っかかるものがなにもなく、気持ちよくないばかりか、不気味でさえあった。三百人の男性がこの中に入ったのだ。荒らされてなにもない場所というよりも、はじめからなにもない空虚な場所のような感じがした。

「首締めて。締めないと気持ちよくならない。」

「こう？」

「もっと。」

首を締めると、その空虚な洞窟の壁が迫ってきて、僕の性器をざわざわと圧迫し始めた。首は彼女が望むほどには締めることができなかった。

その日はそのまま彼女と一緒に寝た。

＊

朝、彼女が家を出るときに言った。

「今日も泊まっていい？」

「いいけど、今日は帰りがおそくなるかもよ。」

「わかった。じゃあ近くで待ってる。」

九時に帰る予定が、十時になってしまった。彼女にメールをしても返信がなかった。電話をしても出なかった。なにか嫌な予感がして、何度も電話をかけると十数回目にようやく出た。

「ごめん、おそくなった。」

返事はない。

「どこにいるの？」

「さぁ。どこでもいいでしょ。」

「どこ?」

電話越しに彼女は沈黙していた。僕もなにも話さずに待っていた。他に音は聞こえなかった。

「漫画喫茶?」

「そう。」

「うちの近所の?」

「そう。」

「店の前で待ってるから出てきてよ。」

「わかった。」

近所の漫画喫茶は一つしかなかった。その漫画喫茶の前で待っていると、彼女がいつにもまして虚ろな表情で力なく歩きながら出てきた。両腕には無数の切り傷があり、それは手首から肩の方まで続いていた。そして、その傷の上のところどころにタバコの火が押し当てられた跡があった。

「なにかあったの?」

「別に。」

一緒に帰ったが、話しかけても返事は一切なかった。彼女はまた音楽をかけながらスマートフォンを見ていた。息が詰まる時間だった。しかし、無視することが出来ず、彼女のそばにい続けた。

「ねぇ、もう話したくない?」

彼女は依然として答えなかった。

「じゃあいいよ。好きにしてて。」

僕はイライラして、彼女のそばを離れるために立ち上がった。そのとき、彼女が言った。

「あー、もう帰ろうかな。」

その言葉を聞いて、解放された感じがし、「そう」と呟いた。

夜の十二時前だった。彼女は僕の家に置いていた荷物を持って玄関に行った。解放された感じと同時に、なにかどろっとした寂しさを感じていた。そのせいで余計なことを言ってしまった。

「また会えるかな。」

「はぁ……私のこと、わかってるようでなにもわかってないんだね。」

そのときの彼女の表情は初めて見たものだった。それまでにずっとあった僕を試すような感じが彼女の目からすっかり消えて、はっきりと僕を見つめていたのだ。

「そうなんだろうね。」

言ったあとに、僕は彼女の言葉にちゃんと返事をしていないことがわかった。しかし、彼女とこれ以上の関係を結んではいけない気がした。彼女は「じゃあね」と言って出て行った。

その後、僕からは連絡をしなかったし、彼女からも連絡はなかった。

それから一年ほどの間、なん回か渋谷でホストのような格好をした男性と歩いている姿を見た。出会ったときと同じようにどこを見ているかわからないような目をしていた。僕に気づいていたかどうかはわからない。目が合ったわけではないが、そのときもじっと見られているような、不気味な寂しさを感じた。

騙される相手

渋谷のマークシティ脇の路地にパチンコ屋と小さな飲み屋が連なる路地がある。この辺りの安い飲み屋かパチンコ屋の客と思しき人々と、ここをただ通り過ぎるだけの人々の雰囲気はまったく違う。ここだけ下町のようだ。ハチ公前やツタヤ前など、表通りで声をかけることに疲れると、僕はよくこの辺りに入り、拒絶され過ぎて固まった気持ちをほぐしていた。

店の半分ほどが開き始めている夕暮れどきだった。この日も休むためにその路地に入ると、前からふらふらと歩いてくる女性のワンピースの、青、紫、ピンク、赤の混ざった鮮やかな色が目に入った。顔を確認しようと視線を上げると、彼女のぬらっとした湿っぽい視線と絡まった。年齢は三十前後に見えた。目が合うと彼女は微笑んだ。

僕は彼女に近づいて声をかけていた。その視線に誘われた気がした。

「目、合いましたね。」

彼女は取り繕うように、驚いた様子を見せた。

「え？　えぇ、まぁ。」

「酔ってるんですか？」

「えー、わかります？　やだ……」

底なし沼のように引きずり込む、低く柔らかい声だった。彼女は両手で頬に触れ、恥ずかしそうに身を縮こませた。

「もしよかったら、一緒にちょっとだけ飲みませんか？」

「ちょっとだけならいいですよ。」

声をかけ疲れていた僕には、彼女はあからさまに誘惑してきているように思えた。

「どうしましょうか？」

彼女が少し身を近寄せてきて言った。

「じゃあ、ビールが飲めるところはどうですか？」

道玄坂沿いに、二階にテラスのあるパブがある。

「いいですね。」

パブにはまだほとんど客が入っていなかった。道玄坂を見下ろせるテラス席でビールを飲んだ。彼女は僕がなにを言っても、「へぇー」となにも知らない子どものように頷き、そのことを咀嚼《そしゃく》するように少し俯いてじっとしていた。前に接した風俗嬢の女の子とは正反対だった。彼女は僕を警戒《けいかい》し、試し続けているように見えたが、今一緒にいる彼女は警戒したり、試したりするような素振りを見せない。彼女のその開かれた様子に、話している僕の方が心配になった。

「そんなに素直に聞いてたらさ……今まで男の人に騙《だま》されたりしなかった？」

「なんでわかるの!?」

彼女は驚きながら返事をした。

「なんでもすごく素直に聞いてくれるから。」

「そう？　男の人に貸したお金をとられたりとかはあるよ。私、それで風俗とか、ビデオもしてたことがあるの。」

彼女はそう言ったとき、ほんの一瞬だけ僕を強く見た。その視線には色気があった。

「ビデオってアダルトビデオ？」

「そうそう。」

彼女は少しうれしそうに、そのときのパッケージ写真をスマートフォンで検索して見せてくれた。銀の派手なドレスを着て、濃い化粧をしている彼女がいた。僕も名前を見たことのある監督が撮ったものだった。

「すごく綺麗だね。」

「でしょ！　綺麗に撮ってもらえるから楽しかったの。」

彼女のパッケージ写真を見ていると彼女が言った。

「私はね、誰にでも騙されるわけじゃないのよ。騙される相手は選んでいるつもり。」

「すごいこと言うね。騙される相手を選ぶ……か。」

彼女は毅然としていた。これまで声をかけた女性と話すとき、僕は騙しているような気がしていた。亜子のような女性のときが特にそうだった。自分はそんなことしたくないのに、相手が求めていることをこなさなければ拒まれそうで、いつも不本意なことをしている気がする。

彼女と話しているとそんな気が自然と失せていく。

彼女は僕がどう思っているかも気にせず、ビールを飲んでいた。その様子をなんとなくぼんやりと見ていると、不意に彼女が言った。

「私がすぐセックスすると思っているんでしょ。」

「え⁉　思ってないよ。」

「そうでもないわよ。」

「あ、うん。そんな風に思ってないよ。」

「でも、今日はいいかな。」

彼女はいたずらっぽく微笑んだ。

「いいの⁉」

「もうちょっと話してみてからね。」

「うん。なんか……引っ張るね。」

「違うわよ。そういう駆け引きじゃなくて、もうちょっと飲みたいの。いいでしょ？」

僕は彼女の不思議な魅力にも惹かれてはいたが、AV女優とセックスをした経験が欲しいという安易な欲求もあった。彼女にはそれを見透かされているような気がして、そのせいで断られそうで怖かった。それを隠すため、彼女にセックスするように促すようなことは言わないようにした。

それから、彼女が普段なにをしているかを聞いた。派遣のOLをしたり、たまにキャバクラで働いたりしているようだった。

二杯目を飲み終えたとき、「ホテル行く？」と聞くと「いいよ」と彼女は答えた。足取りは出会ったときよりさらにフワフワとしていた。とりとめのない話をしながら、ホテルに入り、一緒に風呂に入り、そのときようやく少しだけキスをした。彼女は恥ずかしそうにしていた。

そんな控えめな様子だった彼女がベッドで正常位でし始めたとき、足を急にV字に大きく広げ、大きな喘ぎ声を出し始めたことに驚いた。

「いいよ。そんなことしなくて。」

「どうすればいいかわからないの。AVだと指示された通りにすればいいから。どうするか言ってくれたら、私できるから。」

「どうして欲しいとかはないよ。好きなようにしていいから。」

「うん……でも、言われないとわからないの。」

さっきまでの柔らかく、自由奔放だった彼女はどこに行ってしまったのだろうか。僕は自分勝手に彼女を消費しようとしている。そのことに罪悪感が生まれた。

「不思議な人だね。さっきはあんなに僕のこと誘ってたのに。」

「私が？」

「そうだよ。目も優しくて色っぽくて、話も丁寧に受け容れて聞いてくれてて。」

「セックスは苦手なの。大事にされてこなかったから。」

そのときの彼女の声に悲哀の響きがあった。

「じゃあ、なにもしなくていいよ。ビール飲んでたときみたいに好きなように、のんびりしてて。」

彼女に体をピタリとくっつけて、肩を抱いてじっとした。彼女の不器用な、浅い呼吸を感じた。緊張しているのだ。目を閉じて、その呼吸の動きを味わっていると、さっき出会ったばかりの彼女が愛おしく感じられた。彼女の呼吸のリズムは、身を投げ出そうとしながらも躊躇している、弱く、不安なものだった。

彼女の、出会ったときの大胆さと体を合わせたときの繊細さ。僕は反対だ。声をかけるときは臆病で、いざ体を合わせると無神経になっている。そのことを恥じた。会話のときも、今こうしているときも、彼女の印象は他人に圧力をかけるものが一切ない好ましいものだった。

彼女の呼吸のリズムがゆっくりとなると、僕の気持ちも落ち着き始めた。しんとした静かな感じがあった。少しずつ、ゆっくりと、彼女の中を僕のペニスで撫でるように腰を動かした。

膣内の感覚が彼女を知る手がかりになるような気がした。彼女の膣は、僕のペニスが撫でていくのに呼応するように柔らかくペニスに触れてきた。それはさっきまでの会話に似ていた。彼女は僕のすることを拒まず、その通りに受け取ろうとしてくれる。膣は膨れ上がるようになり、僕のペニスを徐々に覆い始めた。彼女は僕の背に手を回してしがみついた。僕はいつでも射精できそうで、いつまででも射精せずにいられそうだった。

「ねぇ、いって、出して！」

「え、もういいの？」

「いいの！　早く！」

射精しないように留めていた感じを手放すと、頭が真っ白になってなにも見えなくなった。精液は流れ出ていった。視界が戻っていくと、出会った瞬間にも見た彼女の優しい笑顔があった。

「私、初めていけたかも。」

彼女は驚いているようだった。

このとき、僕は女性がいくということがどういうことかを理解しておらず、彼女がなにを驚いているのかよくわからなかった。

ホテルを出て、駅の近くで別れた。帰り道、連絡先を交換していないことに気がついたが、それでいいかと思い、なにも言わなかった。

「じゃあね。」

僕がそう言うと、

「ありがとう。」

と、彼女が言った。

「こちらこそ。」

彼女は笑みを浮かべてすっと消えるように渋谷駅の雑踏の中に入り込んで行った。やっぱり連絡先を聞こうかとも思ったが、彼女との出会いはこの一回きりであることに意味があるような気がした。

麻痺

声をかけること、女性と接することに慣れてくるにつれて、僕は見ようとしたものしか見なくなっていった。女性の動きのリズム、身につけているもの、僕を見たときの表情、声のトーン、体を近寄せたときの緊張具合の変化……他人はいつからか、未知の恐ろしい存在から、働きかけたら反応をする物体でしかなくなっていた。

何人もの女性の連絡先を聞き、会ってうまくいくこともあれば、うまくいかないこともあった。この頃のことを思い出そうとすると、頭がぼんやりと鈍くなり、なにも思い浮かばなくなる。それでもじっとして思い浮かぶものを探っていると、うっすらと忘れていた女性のことを思い出したりする。そして、そのときにはまったく気にも留めていなかったことがふと浮かんだりする。

平日の深夜に六本木に行った。平日だと入場料なしで入れるクラブがいくつもあり、そのクラブをまわって、声をかける女性を探していた。週末だと人でいっぱいになっているクラブも、平日にはあまり人がおらず、それでもＤＪが音楽をかけていて、どこか寂しげで落ち着いた空間になっていた。その感じが僕は好きだった。

入ったクラブはそこそこ混んでいた。バーカウンターの前の女性が目に入った。三十歳くらいの長身の綺麗な女性が一人でお酒を飲んでいた。彼女はどこか周りを気にしているように見えた。

一瞬だけ目を閉じて、ぐっと自分に集中した。集中して、自分の中に浮かび上がっている躊躇《ためら》い、弱気、こんなことをやる必要なんてないんじゃないかという思いを、端に退けた。そうすると、そんな葛藤は忘れて、相手を見ることだけに集中できる。この状態が続くのはそんなに長くない。すぐに彼女に声をかけることにとりかからなければならない。もし、この状態を逃したら、また声をかけられなくなる。声をかければ気分が高揚し、この状態が続く。失敗したとしても続く。続かなくなるのは、声をかけることを躊躇したときだ。僕は強気に、しかし思い返せば躊躇して声がかけられなくなってしまうことから逃げるように、声をかけた。

彼女の方へ近づくと、気配を察知したのか彼女がこちらを見た。視線はそのまま僕の方へ固定された。その視線の中には僕に向けられた関心と、その関心を隠すための緊張が見えた。声をかけられたいけどそうは思われたくないのだろうと思った。それは、実際にそうなのか、自分自身を彼女に声をかけさせるための勝手な考えなのかはわからない。だけど、後者であると反射的に思い込んで、目をそらさずに彼女を見て笑った。

「一緒に飲んでいい?」

「うん。」

眉の辺りで揃えて切られた前髪にツヤのあるストレートの髪が胸の辺りまで伸びていた。目元にはかなり濃い目の青いシャドウが広く引かれていた。僕は化粧が濃ければ濃いほど、その過剰さに扇情される。そして、それが他人によく見られたいという弱さからであると決めつけていたが、それほど間違いでもないようだった。これもそう決めつけることで、声をかけやすくしていただけかもしれない。

「メイク、変わっててかっこいいね。」

「あー、うん。」

彼女は表情を硬くし、さっとフロアに視線を移した。まずいと思い、踏み込むようにして言った。

「なんかツンツンしてるね。」

「えー、よく言われるんだけど……そう?」

「怒ってるのかなって。褒めたらダメだったかな。」

「怒ってないよー。ちょっと恥ずかしいだけ。」

「どうして?」

「だって、初対面だし。」

「僕も初対面だから恥ずかしいよ。」

そう言うと彼女が少し笑った。

「笑うと可愛いんだね。話しかけても無視されるかなと思ったから安心したよ。」

彼女はこちらをちらりと見た。その視線を感じながら、彼女にそこまで強い関心を抱いていないかのように彼女から目をそらして、持っているグラスを注意深く自分の唇に近づけた。液体が唇と舌に触れ喉に流れていくのを感じながら、目の端で彼女がまだ僕を見ているのを感じていた。褒めれば反発される、押せば引かれる。しかし、こうして僕が引けば、彼女から来るはずだ。

「ねぇえ、なにしてる人？」

〝ね〟が僕になだれかかるようにして発されてから〝え〟が最後にピタリと強く発された様子が、緊張しながらも意を決して発話されたような感じがして、彼女の外側の硬さと内側の人懐っこい素直な感じが伝わってきた。

「なんか急に甘えん坊みたいな声になったね。ツンツンするのはもう終わり？」

「そんなこと言われたら話しづらいでしょ！」

彼女は笑った。

「仕事、なにしてるの？」

「美容部員だよ。」

「へぇ。」

まだセックスをしたことがない職業だった。なぜか興奮した。デパートの一階に連なる化粧品売場が思い浮かんだ。派手なメイクをして背筋を伸ばした女性たちが並んでいる。いつもその空間を通るとき、彼女たちの目が向けられているようで緊張してしまう。彼女の整然と濃く施されたアイラインは、その化粧品売場のイメージと繋がり、彼女が僕と打ち解けて話してくれるたびに、あの空間に対する息の詰まる感じが薄れていった。

女性と話し、セックスをすると、街の中のよく知らなかった部分にその女性のイメージが注がれていく。それらのイメージは街を不可解ではないものに変えていき、僕は安心して外を歩くことができるようになるのだった。

「あの、デパートの一階にいる人？」

「そうそう。」

「なんか緊張感あるよね、あの売場の辺りを通り過ぎるときって。」

「へぇ、そんなこと思うのね。でもそうかもね。」

「みんな、怖い顔してるから。」

「あはは、私たちも緊張してるのよ。お客さんに見られてるでしょ。ノルマがあるから買ってもらわないといけなくて必死だし、クレームをつけてくる変なお客さんも多いし。」

彼女の表情が緩んだ。はじめの彼女にあったツンツンとした様子は仕事場の中で身についたものなのだろうか。それがとれたときに、素直な可愛らしい女性が現れてくる。僕の返事もいくらか柔らかくなった。

「へぇ。なんか大変そうだね。」

きつい表情ではなかったが、彼女は反応をせずにまた僕をじっと見つめていた。同意や肯定に慣れていないのだろうか。すぐに言葉を続けた。

「それでツンツンしてるんだね。」

彼女は笑った。

「また憎たらしいこと言って。ねぇ、一緒に踊ろうよ。私踊りたい。」

彼女が僕の手を取って、フロアに向かった。僕は人前でなにかをすることが苦手で、クラブに来ても踊ることはなかった。しかし、断るわけにはいかず、まばらに人がいるフロアの中に彼女と入った。周りの人と同じように体を動かせばいいだけだ。彼女に嫌われないために、仕方なく音に集中した。彼女が手をつないでくれているのが、その後押しになった。

そのまま体を近寄せても彼女は抵抗しなかった。キスをした。彼女は僕の手をより強く握った。その手の強さに合わせて、手を彼女の背中にまわし、より強く彼女の口の中に舌を入れた。彼女の舌は強く絡みついてきた。

こんなとき、ふと思ってしまう。彼女のこの衝動は誰に向けられてもよかったのだろう。誰でもいい誰かに向かおうとしていた衝動が、たまたま僕の方に向かってきただけだ。

誰に向かってもいいはずのものだったと思うと余計にその衝動を吸い尽くしたくなる。彼女の体をより強く抱き、尻を強く摑むと、キスは激しくなった。唇を離し、彼女と目を合わせた。彼女の目は、さっきよりも柔らかく開かれていた。

「なんかさ、エッチだよね。」

そう僕が言うと、

「そうだよ。」

と彼女は大胆な笑みを浮かべて言った。

「一緒に帰る?」

「今日は友だちと来てるからダメなの。」

「そっか、また違うときに会ってゆっくり話したいんだけどいいかな?」

「うん、それなら大丈夫!」

快活な子どものように明るかった。その邪気のない様子にホッとすると同時に、自分がこうして誰にでも声をかけていることを見抜いてもらえていない気がして、彼女を少しだけ軽視してしまうのだった。

*

数日後、彼女と渋谷のハチ公前で待ち合わせをした。背が高く、カラフルなラップドレスを着ている彼女は渋谷の雑踏の中ですぐに目についた。

予約しておいた店に行くまで、彼女は僕の隣を歩きながら前を向いていていてなにも話そうとしなかったので、我慢し切れずに聞いた。

「この前のこと、覚えてる?」

「え? あんまり覚えてない。」

彼女は僕を無視するように言った。

「え? そうなの?」

そう問いかけても彼女はなにも言わなかった。ついに店に着くまで彼女は僕の方を見なかった。ストレートの黒髪が彼女の横顔を隠していた。

居酒屋のカウンターの席に座った。歴史の古い大衆居酒屋で、年季の入ったカウンターテーブルの前には新鮮な野菜が並べられていた。いつも賑わっているので、テーブル席では大きな声を出さないと話ができないが、カウンター席でならかえって周りに自分たちの声が聞こえるのを気にせずに話ができる。

ここではいつもはじめにマグロの漬けを食べた。漬けダレの滲《にじ》んだ赤黒いマグロの横には、真っ白な長芋の千切りが添えられている。マグロを口にすると濃すぎない漬けダレの風味が広がり、ひと齧りするとほのかにマグロの味が加わる。そのあとに長芋を食べるとそれまでに口に広がったものとすっと調和する。そしてビールを流し込むと爽やかな苦味がそれらを流していく。

彼女も食べていたが、このマグロの漬けをどうとも思っていないようだった。いつもこうして食べながら、女性の様子を目の端で追っていた。いろいろな反応がある。美味しそうに食べる人もいれば、どんなマグロでも同じであるように食べる人もいる。僕の食べ方を見て、なにも言わず真似してみる人もいる。

彼女は無愛想だし、今日はうまくいかないかなと思っていると、

「ねぇ、どんな仕事してるの？」

と彼女が聞いてきた。その聞き方から、出会ったときもツンツンしていたのを思い出した。ただ緊張しているだけなのだ。

自分のことを少し話して、彼女の仕事の話を聞いた。僕は「そうなんだ」とか、「それって大変そうだね」とか、「どんなお客さんがくるの？」とか、「それは面白そうだね」とか、返事をしながら聞いていた。初めて聞く知らない世界の話にいつも興味をそそられた。

「上司が嫌なの」と言われれば、「そんな嫌なことする人なの？」と話を促すように質問をする。アドバイスをしたり、自分の話をしたりすれば、彼女の話は止まってしまう。話を聞くのは嫌いじ

ゃない。しかし、自分がそれをどこか意識的に行っていることをいいとは思い切れなかった。

素直な人なのだろう。話を楽しそうにしてくれていた。彼女の方が年上だったが、時間が経つごとに彼女の様子が可愛らしくなっていった。背丈のある彼女が子どもっぽく一生懸命に身振り手振りを加えながら話す姿を愛らしく思った。

その間、僕が彼女のことを「里美さん」と呼ぶと、「さんはやめて。あなたは年下って感じしないもん」と言った。「ちゃん?」と聞くと、「そう」と答えた。「わかった。甘えたいんでしょ?」と聞くと「そうだよ。私は女なんだから。」と少しムスッとした表情で答えた。

彼女の可愛らしさに惹かれていくほど、自分が彼女ほどに彼女に対して素直にはなれないことに胸が苦しくなった。

たくさんの女性とこうして話しても、自分が人となにを話したいのかわからなかった。しかし、声をかけ始めたときと比べれば、スムーズに話してもらえるようにはなっていた。誰もが他人に優しくしてもらったり大事な人だと思ってもらったりすることを望んでいて、そうしてくれる相手とは多くの時間を共にしたいと思うようだった。自分のことを話さなくても、相手が僕との時間を求めてくれるだけで社会の中に溶け込んで生きられている感じがした。その反面、本当にこんなに簡単でいいのだろうかという困惑と、こんなに簡単なことなのだという傲慢さの両方が僕の中にあった。

「最近セックスした?」

彼女が打ち解け始めているのを確認して、この話題に転じた。

「えー、してないよ。」

彼女は身構えずにさらっと返事をした。

「ほんとに？　いつもどんな風にするの？　この前キスしたとき、すごかったから……。会ったときはツンツンしてたけど、なんかそういうことするときは甘えるんだろうなと思った。」

彼女の目線は下を向いた。

「え、普通だよ。」

「普通……普通って、はじめはどんなことするの？　それとも、される方？」

「舐めたりとか……」

彼女は少し俯き、声をくぐもらせながら答えた。

「自分からするんだね。」

「もう、こんなとこでなに言わせるの。」

彼女は恥ずかしそうに言った。

「やっぱり、するときはツンツンしないんだろうね。」

「そうだよ。尽くす方だからね。」

開き直って答えた彼女が可愛かった。

僕はなにも答えず、日本酒を静かに飲んだ。目の端に映った彼女は少し俯きながらこちらを見ていた。

そのとき、カウンター越しに店員さんが頼んでいた生牡蠣を運んできた。彼女の体にフッと力が戻った。僕は声を落として、再び聞いた。

「里美ちゃんはされたりするのは好きじゃないの?」

「え……嫌いじゃないよ。」

「嫌いじゃない……それはつまり、好きってこと?」

「まぁね。」

「どこが好き?」

彼女の目が一瞬下を向いて戻った。

「ここ?」

箸で目の前の牡蠣の横の襞にそっと触れてなぞった。彼女はそれをぼんやりと見つめていた。

「こっち?」

箸をゆっくりと上の襞の下の少し丸く窪んだところへと動かしていった。

「こら、食べ物で遊んじゃダメでしょ。」

彼女は僕の膝に触れ、子どもを穏やかに叱る母親のように言った。

「食べ物でどう遊んでると思う?」

彼女は黙り込んだ。僕はさらに窪んだところを箸で示し、

「ここってなに? そう言われると自分のもムズムズする?」

と続けた。彼女がこっちを向いたので、目を合わせたままでいると、

「もう……これ以上はいけないことしたらダメよ。」

と僕の太腿に触れた。彼女の手は僕の肉に溶け込んでいくようだった。彼女を見ると、クラブでキスをしたときのような柔らかい笑みを浮かべていた。

「うん。じゃあさっきの仕事のさ……」

と、彼女の仕事の話に戻した。

それから少しして店を出た。彼女の手をそっととった。なにも言わなかった。そのまま、もう少し力をかけて、優しく握って、歩き始めた。互いの肘から手の辺りが当たるように少し体を近づけた。それにも抵抗を示さなかった。

「この間、クラブでキスしたよね。」

「うん。」

「忘れてなかったね。」

彼女にキスをした。はじめは軽く唇を合わせ、徐々にぴったりと合わせていきながら、舌を軽く入れてみると、彼女もそれに応じて、クラブの中でしたようなキスに変わっていった。

「近くに住んでるんだよね？　ちょっとだけ行ってもいい？」

「え……」

彼女に考えさせないようにすぐに言った。

「ちょっとだけ。タクシー乗る？」

タクシーを止め、彼女を先に乗せて、そのあとに僕が乗った。

「どこって言えばいい？」

「あ、じゃあ……」

彼女は行き先を運転手に説明した。

「変なことはしないからね。」

「わかってるよ。部屋でのんびり話そうよ。」

そう言いながら、僕は彼女の太腿に手を置いていた。その接触に彼女は抵抗をしなかったが、こうして流されるようにセックスをすることは、彼女が望んでいることではない気がした。

「この辺っていいところだよね。代々木上原とか、たまに行ったりするよ。」

彼女に話を振った。

「そうなの？　私もごはん食べに行ったりするよ。」

「へぇ、どんなとこ行くの？」

彼女が飲食店の話をした。

「いいね。そこも今度行ってみたいね。」

彼女は落ち着いたようだった。疑いを持てば、一時的な興奮はすぐに覚める。そうならないうちにペニスをさっさと入れなければいけない。


彼女の住んでいるマンションは、渋谷と新宿の間の辺りにあった。ごく普通のワンルームマンションだった。靴を脱いで部屋に入り、すぐに彼女の肩を摑んでキスをした。抵抗はされなかった。そして、腰のストラップを解き、ラップドレスを脱がした。ドレスがさらりと床に落ちた。彼女は落ちたドレスの中心に立っていた。僕はドレスを踏まないように気をつけた。彼女の下着は、紫と白の花柄の刺繡が入ったブラジャーとTバックだった。ドレスの派手な色彩と拮抗していた彼女の濃いメイクは、淡い色の下着とはこれまでとは異なる調和を作り出していた。アイシャドーの紫と、下着の刺繍の花の紫が彼女の艶やかさを上品に表していた。

「私だけ……恥ずかしい。」

彼女は身を縮こめた。

「すごく綺麗だよ。下着も里美ちゃんに似合ってて。」

彼女の肩にそっと触れてキスをした。彼女は少し顔を上に向けて、また強く舌を絡ませてきた。その間、彼女の肩が柔らかく下がっていった。キスを終えて、また彼女を見ると、肩が落ちて、彼女の美しさが際立つ立ち方になっていた。

恥じらう彼女に対して、僕は次第に大胆になり、彼女に踏み込みたくなっていた。

彼女のブラジャーを外し、胸を揉んだが、それではなにか違う気がした。背中を上から手でなぞり、腰に触れ、自分の興奮が最も昂まる場所を探した。手を下へ下ろしていき、彼女の尻の柔らかい肉に触れたときに興奮が強くなった。三十歳の女性の、柔らかくなりつつある肉だった。その肉を両手のひらに丁寧に集めるように、下からゆっくりと徐々に力を強めながら摑んだ。彼女の声が漏れた。キスをした。激しく動く彼女の舌を捉え尽くすように自分の舌を絡ませたいという衝動が生まれていた。

ひと段落すると、その快楽にも飽き始めていた。僕は彼女の外腿にそっと触れながらしゃがみ、それから目の前にある内腿をゆっくりと舐めた。それはとてもちょうどいい柔らかさで、その質感に合わせて力を抜いた舌をペタリと這わせていくと、桃のような仄かな甘い味がした。その味を堪能するように、舐めていくことに没頭していた。

そのとき、目の奥が熱くなり、ほんの少しの痛みがあった。頭が真っ白になり始めていた。いつも声をかけるときのあの緊張感だ。相手に嫌われないように会話をするときには、自分の衝動を偽り、この緊張感を失ってしまっていた。声をかけるときの興奮と痛みが再び自分の中に生まれていた。

彼女の下着が目の前に現れた。跪《ひざまず》いて上を向き、軽く上下の唇で下着越しに性器の周りの肉を挟み、その間から舌を少し出して舐めた。唾液がたくさん出始めた。下着にその唾液が染み渡っていった。唾液を含んだ下着に舌を押し付けると、彼女の膣の中に布地ごと少しだけ入り込んでいった。彼女は静かに声を漏らし、僕の頭を押さえるように摑んでいた。彼女の声に促されるように、僕は舌を動かし味わい続けた。唾液の中にわずかに混ざっている彼女の体液の塩気を感じた。

そのまま、ゆっくりと脚の内側に舌を軽く触れさせたまま、くるぶしの方へと向かった。跪いて祈るように、彼女の足のつま先を舐めた。それから、指の表面から指の間に舌をそっと入れると、さっきの性器よりも強い塩気があった。口にするすべてのものが美味しく感じられた。もっと強い味が欲しくなり、彼女の両足の指の間を舐め尽くした。ふと彼女のことが気になって聞いた。

「嫌じゃない?」

「うん、嫌じゃないよ。」

彼女は囁いた。

それから、彼女の性器へと戻り、下着をずらして、性器の中へと舌を入れ味わった。入り口の周りは渇いた尿の味がして、もっと中には酸味があった。彼女の脚を広げ、さらに性器の中へと、味を求めて舌を入れ続けた。

こうしているときの方が、さっきまでの会話よりもずっとしたいことができていた。こんな風に会話をしたくても、言葉はうまく扱えない。触れたり、舐めたりすることはそれよりももっと直接的だった。

僕は立ち上がり、ポケットに忍ばせていたゴムをつけ、玄関先で四つん這いになった彼女に後ろからペニスを入れた。

「初めてクラブで会ったときはあんなツンツンしてたのにね。」

彼女の耳元で言うと、彼女は返事をしなかった。

「無視してるの？」

そう言って、また強く突くと彼女が答えた。

「無視してないもん。」

「今日も会ったとき、澄ましてたよね。クラブであんなキスしたのに。なんで？」

中指の先で肩を撫で、胸を通り、乳首に触れ、人差し指とで強くつまんだ。

「そんなこと聞かないで。」

彼女は喘ぎ声を出した。腰を動かしながら、両手で乳房を掴んだ。

「いつもそうやって澄まして、声かけられるの待ってるの？」

「そんなことないもん。」

「この前、待ってたじゃん。目が合って、声かけられると思ってたでしょ。」

「思ってたけど。」

「それで待ってたわけでしょ。」

「うん。」

「いつもそうなんでしょ。」

「いつもじゃないもん。」

僕は知りたかった。声をかけられる女性たちがなにを考えているのかを。

「いつもじゃないってことは、たまにあるってこと？」

「あなただって、いろんな人に声かけてるんでしょ。」

「そうだよ。」

「やだ、だめ。」

そう言われると興奮した。自分のペニスが大きく脹らんでいるのがわかった。


「ねぇ、ベッド行こ。」

彼女がそう言ったので、ベッドに行った。

「私が上になる。」

彼女が僕に跨り、腰を振り始めた。彼女の長い髪が揺れているのが綺麗だった。しかし、僕のさっきまでの興奮は覚め始めていた。彼女は目を閉じ、仰け反りながら、腰を振っていた。その様子は、居酒屋での会話と似ていた。彼女にとって僕は結局、誰でもいい誰かなのだと思い、寂しくなった。口には出さずとも、僕よりも彼女の方がしたたかで、そんなに多くを望んでおらず、人生をこんなものでいいと思えているのかもしれない。彼女に言った。

「打《ぶ》って。」

「え？」

「顔を。」

「え？　いいの？」

「早く。」

彼女が僕の頬を遠慮しながら打った。

「もっと強く打って。」

さっきよりも少し強く打った。

「里美ちゃんとしてるのに、他の人ともセックスしてたらむかつくでしょ。」

「うん。」

彼女は困惑した表情をしていた。

「こうやってしてるのに、他の人とまたいやらしいこと話してたらむかつかない？」

「むかつく。」

「嫌？」

「嫌。」

「でもしてるかもね。」

「嫌！」

「じゃあそうならないように打ってよ。」

彼女の手がためらいなく僕の頬を打った。

「そう。もっとやって。」

彼女は半ば怯えながら僕を見ていた。そして、ぎこちなく、無理にやらされているという感じで打ち続けていた。

彼女はまともな人間だ。着飾ってメイクをしてどんなに男性に言い寄られても、仕事で苦労をしても、僕の家に数日泊まっていた風俗嬢の禍々しさには至らない。僕はどうだろう。僕だって、あの風俗嬢に「わかってない」と言われた。彼女の方が僕より明らかに上手だった。僕はこのまま、あの風俗嬢からしたら「わかってない」鈍い人間のまま生きていくのだろうか。

僕は起き上がり、正常位になった。そのまま腰を動かし、ただ、性器の摩擦によって僕は射精した。

射精の瞬間、里美さんとしてきた性行為がふっと燃えて消え去ってしまうようだった。急に恥ずかしくなって、彼女の顔と肩の間に顔を埋めてもたれかかった。彼女に甘えたくなって、彼女の肉体にもたれかかって抱きついた。彼女はそれをそのままにして、僕の頭を撫でてくれていた。

部屋の隅に男物らしき大きな鞄があったので、彼女に聞いた。以前付き合っていた男性のもので、とりに来てくれないまま残っているのだと彼女は言った。その恋人の話を彼女の脇の下と胸の柔らかい部分に顔を埋めて聞きながら、僕は眠っていた。

＊

起きると部屋には日が差していて、そこは一人の女性の生活の場に変わっていた。

彼女は眠っていた。あまり長居するのもよくないと思い、帰るためにバスルームにシャワーを浴びに行った。中は見たことのない汚さだった。ところどころ、赤や黒のヌメヌメしたカビが生えており、生乾きの雑巾のような臭いに満たされていた。そこに彼女の勤め先のブランドの高級なボディソープやシャンプーが置かれていた。それらの容器にもカビは侵食していた。風呂桶は長い間使われていないようだった。溜まった埃に水が跳ね、またそこに埃が積もり、そしてまた水が跳ねるのが繰り返され、廃墟のようになっていた。

眠る前に彼女が話していた、以前付き合っていた恋人のことを思い出した。彼女にお金を借りたまま、別れてしまったという。気を張って毎日仕事をしている彼女の姿が浮かんだ。

シャワーを浴びた。シャンプーとボディソープの強い香りが、バスルームの汚れた臭いを覆い隠した。

シャワーを浴び終えても、彼女は眠ったまま起きなかった。彼女を起こさないように、タオルで拭いただけの濡れた髪のまま、近くのコンビニに行き、スポンジと洗剤を買った。

戻っても眠ったままの彼女を確認して、バスルームを掃除し始めた。自分の家のバスルームもそんなに綺麗ではなかったが、なぜか無性にこのバスルームを掃除したくなった。洗剤をスポンジに大量につけて、風呂場の隅にこびりついたカビを落とした。バスルームは洗剤の匂いに包まれていった。

僕は眠ったままの彼女を置いて、駅の方へと歩いた。もう昼前で、外は眩しいほどに明るかった。

六本木の人妻

土曜日の夜、六本木に行った。普段はパブとして営業しているが、週末だけクラブのように音楽を大音量でかける店があった。平日に来るとガラガラなのだが、週末は動けないほど人が詰まっていた。客層は二十代半ばから四十代までで、外国人もいた。クラブに行くために六本木に来ている人というよりも、近くに職場や家がある人が少し寄るというような感じだった。

クラブに行く前に、ここに寄ることがあった。全体的に見ると綺麗な女性は少ないが、大きなクラブにはあまりいない、上品な女性がときどきいた。

三十代、四十代の女性を求めるようになっていた。

二十代の女性との会話は口説きのプロセスを正当に踏むという感じになってしまいがちだったが、三十代、四十代の女性とはそこから外れた会話ができることが多かった。年をとればとるほど、その人特有の考えや趣味が熟すものなのか、会話するだけでも楽しいことが多かった。

その店の中で、一人、目立つ女性がいた。栗色の長い髪のツヤ、着ているワンピースのすっきりとしているのに艶やかさのあるシルエットに目が奪われた。彼女はすでに一人の男性と踊りながら話していた。彼女の周りには、彼女に声をかけようとしている男性も数人いた。僕もまた彼女の近くへ行き、彼女が男性と離れ、一人になるのを待った。

彼女は話している男性を断るように手を軽く上げ、彼から少し離れた。彼の「クソ」と言わんばかりの表情に対して、彼女はそれを楽しむように笑っていた。周りの待っていた男性たちは、声をかけるのに一瞬、躊躇しているようだった。すぐに動くしかない。僕は人の間を縫って彼女へと近づいた。

「こんばんは。」

彼女は表情を変えず、品定めをするように僕を見ていた。見るからに傲慢だったが、その傲慢さに透明感があった。彼女は黙っていたが、即座に拒絶しようとはしておらず、僕の次の行動を待っているようだった。彼女のワンピースに煙が立ち上っているような柄がプリントされているのが目に入った。そのプリントをどこかで見たような気がした。

「それ、マックイーンですか？　着ている人をはじめて見たんですけど、綺麗ですね。」

「え？　なんでわかるの？」

「洋服、好きだから。レディースを見るのも好きで。」

「へぇ……こんなところにいる人にそんなこと言われると思わなかったわ。」

「僕も着てる人初めて見た。似合ってるね。」

彼女はまた表情を動かさず、僕を見た。話が途切れれば、僕はチャンスを失うことになる。彼女は次の言葉を待っていた。自分の中から言葉が見つからない。話を続けるために、最悪の策をとった。

「なにか一緒に飲む?」

「じゃあシャンパン飲みたい。」

シャンパンを近くのバーカウンターに買いに行くと、彼女は別の男に声をかけられ、その男と踊り始めてしまった。仕方ない。シャンパンは買ってしまったので、踊っている彼女に渡した。彼女はそれを笑顔で受け取った。屈辱的ではあったが、さっきの男性のように機嫌を損ねたら先がない。そのまま無様に待っていてはいけないと思い、とっさに他の女性を探そうとグラスに口をつけながら周りを見渡した。すると、視線を感じた。男性の肩越しに、さっきの彼女が僕の方を見てニヤッと笑っっていた。彼女の考えが見えたので、僕は笑顔を返した。そうすると彼女は真顔になり、僕から目をそらした。

彼女に見せるために、近くにいる女性に声をかけ、話をした。その女性は彼女とは違い、話しかけるとすんなりと彼女の方から話をしてくれた。彼女と比べれば美人でもない、服装も普通の女性だ。目の端にさっきの彼女の姿を捉えながら、その女性と話した。彼女の視線はときどき僕に向けられた。

彼女がまた男性を振ったのを見て、話していた女性を置いて彼女の方へと行った。

「あの人、よかった?」

「女の子と話してたでしょ?　いいの?」

「うん。同じことしてみようと思って。嫉妬させるのが好きなんでしょ。」

「うるさいわね。」

「当たっちゃった？」

バカにするように言うと、彼女は僕の言葉を無視した。

「怒ったら、そうだってばれちゃうよ。」

彼女が強く僕を睨んできた。

「たくさん声かけられてるね。」

「そう、私、クラブにお金持ってきたことないから。」

「まったく持ってないの？」

「帰りのタクシー代だけ。近所だから。」

「貢ぎ物を待っている王女様だね。」

「そう？」

「そう見えるよ。さっきから。」

「ふーん。」

彼女はまんざらでもない様子だった。

「ねぇ、一緒にどこか行こう。話したい。それとも、まだ貢ぎ物が足りないの？」

「もういいかな。」

彼女の手を引き、外に出ようとした。すると、また他の男性が彼女に声をかけた。がっちりとした筋肉質のスーツ姿の男性で、ガツガツとした声のかけ方だった。彼と目が合った。攻撃的な目だった。彼女はさっきの僕との会話など忘れたように、彼と話し始めた。

人でぎゅうぎゅうになっている中、彼女はまだ僕の手を、いつ離れてしまってもおかしくないほどの軽やかさで握っていた。彼女は得意そうな顔をしていた。今までと同じ単純なトラップだと判断した。呼吸を落ち着けて、なにも力を加えず、彼女の手に触れたままにしておいた。

数言交わして、彼女は戻って来た。男性は取り戻すように彼女の肩に触れたが、彼女はそれを振り払った。僕は彼を刺激しないように、彼と目を合わせないようにして通り抜けた。

近くにある小さなクラブに行った。そこは大体いつも静かで、黒人がわずかにいるだけだった。彼らはゆったりと踊っていた。それはさっきの店のような、バカ騒ぎとは違っていた。フロアにあるカウンターの席で隣り合って座りながら酒を飲んだ。

「ここ、好きでたまに来るんだ。」

「へぇ。」

彼女はさっきまでの頑なな、僕を試すような態度を解き始めていた。

「いつもさっきみたいなことしてるの？　みんな怒らない？」

「怒ってるかもね。あなた、怒らないわね。」

「うん。なんか可愛らしいから。嫉妬させたいんでしょ。それがわかってたら気にならないよ。」

彼女はまた無言でしばらく僕を見つめた。今度は僕を品定めしているのではなく、なにかを思い出し、言葉を探しているようだった。

「私、結婚してるの。」

「え？　そうなの？　もう長い？」

「うん。大学を出てすぐしたから十年以上。大学生のときから卒業したらすぐに結婚したいと思ってたの。」

「そんな人がこんなとこにいて、なにかあったの？」

「こんな場所でそんな話するの？」

彼女は片側の口角だけを上げた嘲《あざけ》るような笑みを浮かべた。

「うん。気になる。」

「夫が外で遊んで、腹が立ったから私も遊んだの。最初は嫉妬させたかっただけなんだけど、夫が私に暴力を振るうようになって。今日も彼が寝たあとに帰らないと。」

「寝る前に帰ったらどうなるの？」

「殴られる。私を待ってるの。」

「大丈夫なの？」

「もう慣れたわ。」

「そう……家は近所なの？」

「近所。」

「僕も近所だよ。少しうちに来る？」

「えー……」

「まぁそうだよね。酔ってるけど、この辺の女の子とは違って、上品だもんね。」

「わかる？」

「わかるよ。酔っ払ってさっきみたいなことしてても、話し方もグラスの持ち方も綺麗だから。本当は育ちのいいお嬢様なんだろうなって。」

実際、彼女の指先はいつも柔らかくグラスに添えられていた。それでいて、傲慢な振る舞いもする歪さに惹きつけられた。自分の話をするときに見せる素直な表情も感じがよかった。

彼女は僕をまた見ていた。

「さっきから褒めると、そうやって見るね。」

「別にいいでしょ。」

それから、彼女の生い立ちを聞いた。彼女の話はうっすらと、僕の母親を思い出させた。母親も裕福な家に育ち、結婚後は夫婦仲が悪く、僕が中学生のときに離婚した。母親はいつも家にいたから、彼女のようなことはしたことがないだろう。しかし……彼女から伝わって来る傲慢さ、閉塞感、寄る辺のなさが、離婚する前の母親の姿を思い出させた。


少し話してから外に出ると、大通りにはタクシーが走っていた。彼女の手を引いて歩き、もう一方の手でタクシーに向かって手をあげた。タクシーは止まり、扉が開いた。

「乗っていいよ。」

「え?」

「まぁ少しだけ。」

泥酔していたせいだろうか。腰をそっと押して促すと彼女は乗った。

＊

家に着くと、彼女は玄関でブーツを脱いだ。ソールが赤いベージュのルブタンのブーツだった。

「いいブーツ履いてるね。」

「そう！　私、ルブタンしか履かないの！」

酔っ払いながら彼女は誇らしげに言った。そのブーツはさっきの店の中でだろうか、ところどころ汚れてしまっていた。彼女は乱雑にブーツを脱いで、玄関に倒したまま、ふらふらと家にあがった。彼女を抱きとめて、上着を脱がせた。革のブルゾンはニナ・リッチのものだった。身につけているもの一つ一つが高価なものだった。


キスをしようとすると、彼女は一瞬だけ固まった。妻であり、二人の子どもの母親であることを思い出したのだろうか。しかし、一度唇を合わせると力の抜けた舌がしなだれかかってくるように優しく滑り込んできた。彼女を抱きしめ、太腿に触れたとき、肌のみずみずしさに驚いた。触れると手に吸い付いてくるようで、そっと押すと肉が水のように動いた。どこも悲しいほどに柔らかかった。

唇を離して彼女の顔を見ると、口紅がかすれて、少しずれてしまっているのが、彼女の派手で虚しい美しさを際立たせていた。

立っている彼女の前に跪き、ワンピースを少したくし上げ、首を上げて彼女の下着にそっと唇で触れた。レースの質感を探るように唇で下着をゆっくりとなぞった。僕はすがりつくように彼女の両太腿の外側に触れ、ヴァギナに達するように下着越しに舌先を突き出した。それから、下着をずらして直接舐め始めたが、尿の味が少しもしなかった。膣の中にさらに舌を入れ、彼女の味を探したが、なかなか見つからない。彼女は僕の頭を体を支える台であるかのように押さえた。彼女の体を頭で支えながら、僕はまた奥へと舌を入れた。舌に少し痺れる感じと、酸味を感じたので、その液体をもっと味わうべく、舌先を入れ続けた。それはいくら飲んでも飽き足らない至福の飲み物だった。彼女は溜息のような喘ぎ声を出していた。

しばらくすると彼女は僕の方へとかがみ、口元に垂れている僕の唾液と彼女の体液とを優しく舐めて拭き取ってくれた。

セックスをし終えると、彼女は僕のペニスを舐めた。

「そんなことしなくていいよ。」

「いいの。舐めさせて。」

僕を愛してくれているわけではないだろう。どこか自暴自棄で、退廃的な様子にさっきの僕自身を見た。彼女の舌は温かくて優しかった。舐め終えると、僕の方を見つめてにたりと笑った。それから僕を押し倒し、僕の上に乗って性器を入れた。彼女はまたも片側の口角だけを上げる皮肉な笑みを浮かべ、僕を見下ろしていた。ずっとそのまま見ていたくなるほど、艶やかで美しかった。

「腰も胸も綺麗だね。」

「そうでしょ。子ども二人産んでてこれは褒められてもいいと思うわ。」

髪が汗で乱れ、口元には唾液が垂れている姿に彼女のたくましさを感じた。彼女はゆっくりと撫でるように腰を動かした。僕が声を漏らしてしまうと、彼女はまた上からニッコリと微笑んだ。彼女に魅力を感じるほどに、すでに家庭を持っている彼女といつまで会えるのだろうかと彼女のことを遠く感じた。


セックスを終えて横になると彼女が言った。

「帰って子どものお弁当作らなきゃ。」

「帰って大丈夫なの？　殴られない？」

「うん。朝は大丈夫なの。会社があるから。」

「帰らなかったらどうなるの？」

「家政婦さんがいるから、お弁当も作ってくれるし、子どもは幼稚園には送ってくれるけど。」

僕は疲れ切っていて、そのまま彼女と一緒に眠ってしまった。朝八時に起きたとき、彼女もまた半分目覚めているようだった。家に帰らせたくなくて、もう一度セックスをした。


三度目のセックスを終えて彼女がまた寝息を立てるまで、僕は起きたまま横になっていた。帰る場所があること、殴ってくる夫であれ、関係性を求めてくる相手がいることが羨ましかった。

僕はいろいろな女性の人生を外から見ているに過ぎない。社会的な生活のしがらみに縛られたいとは思わないが、僕を置いて、彼女がそのしがらみの中に戻っていくことが寂しかった。

次に起きたのは昼の一時だった。さすがにもう起こそうと思い、彼女を起こした。一時であることに驚いたようだったが、彼女は慌てず、服を着て帰る準備をした。

「また会ってくれる?」

彼女に聞いた。もう会えないような気がしていて自信がなかった。

「うん、いいよ。」

彼女はさらっと答えた。

電話番号を伝えたとき、彼女が電話帳の僕の名前のところに出会った店の名前を入れていたのが見えた。彼女は僕の名前を一度も聞こうとはしなかった。

*

それから三日後、平日の夜の九時頃、彼女から電話があった。

「すぐ新宿来て。」

出会ったばかりのときと同じ、自分の言うことはなんでも聞いてもらえるはずだというような口調だった。しかし、出会ったときとは違い、それは彼女の甘え方なのだと思えた。電話口から騒がしい音楽と複数の男性の声が聞こえてきた。

「ホストクラブ?」

「そう! よくわかったね。早く来てね。」

「店はどこ?」

「わかんない。ねぇ、この店、なんて名前!?」

彼女がホストに大声で聞いていた。

「歌舞伎町着いたら電話して！」

ホストがいるなら、僕などいなくてもいいのではないか。なんだか嫌な予感がしたが、彼女に会いたかったので歌舞伎町に向かった。歌舞伎町で彼女に電話をすると、男性が出た。

「はい。」

少し緊張した、丁寧とは言い難い声だった。その声を聞いて、僕に対しては無愛想なホストに囲まれ、彼女にも無視をされ、虐《はずかし》められる図がパッと思い浮かんだ。ホストと関係性を築くために、僕はとっさに彼の失礼な声に対する憤りを消し、声の緊張の具合を彼と同じようにした。

「あの、ホストの方ですか？」

「そうだけど。」

「彼女に呼ばれたんですけど、男が行ってもご迷惑じゃないですか？」

「あぁ、店は問題ないよ。」

「わかりました。あまりこの辺がよくわからないんですけど……お店の場所ってどの辺ですか？」

僕はすでに近くにいて、店も見えていたが、迷っているふりをした。ホストは場所を教えてくれた。場所を案内する彼の声に合わせて、少しずつ声を柔らかくしていった。そうすると、彼の声からも次第に緊張が抜けていった。

「あ、わかりました！　ありがとうございます。」

僕はもともと大勢の人たちのいる場で話すのが苦手だ。そういう場では大抵黙って、周りの人たちの話を聞いていた。いろいろ話したいことが思い浮かんでも、他の人が話しているところに、うまく入り込むことができないのだ。声を出すことが恥ずかしいし、敢えて声を出す意味などないようにも思われた。しかし、今夜は声を出さなければ、一人とり残されて酷い目にあうだろう。

そこはホストクラブの系列のバーのようなところだった。店内にはたくさんの照明があり、壁じゅうに貼られた鏡がさらにその光を反射していた。彼女がホスト二人に囲まれて座っていた。四十手前の短髪でダンディなベテランホストに、もう一人は二十代前半の、まだ日が浅い新人に見えた。さっき電話で話したのはベテランの方だった。

彼女と目が合った。

「あ、本当に来た。」

彼女は初めて会ったときの、あの意地の悪い顔をして笑っていた。

「うん、呼ばれたから来たよ。」

彼女はただ「ふーん」と言った。

「どうぞ」と、新人ホストが席をずらして、僕を彼女の隣に座らせようとした。

「いや、僕は端っこでいいので。彼女もせっかくお店に来てるから、その方がいいでしょうし。気を遣ってもらってすいません。」

そう言いながら、端に座った。

「え？　いいんですか？」

「はい。綺麗なところですね。ホストクラブってはじめて来ました。」

なんでもいいから、とにかく思い浮かんだことを話さなければいけないと思った。とにかくなにも考えずに口を動かせ。さもなければ取り返しのつかないことになる。そう自分の体に命じた。

「さっき、電話してくれた方ですよね？」

ベテランホストにすぐに話しかけた。新人とは違い、水商売をしている人特有の緊張感があった。表面上は柔らかく見せようとしているが実際は硬く、少し奥にいけばもっと硬く微動だにしないものが隠れている。その表情は僕を緊張させる。

「さっきはありがとうございました。助かりました。やっぱりホストの方っていい声ですね。」

「え、そうかな？　なに飲む？」

彼は話をそらした。

作ってもらったウイスキーの水割りを飲んだ。早くアルコールを体に入れたくて、一気に飲んだ。彼女には話しかけず、新人のホストと会話をした。この場の主導権を握りたいのはベテランホストだ。彼がやりやすいようにしようと思った。彼女は僕に話しかけなかった。

僕がホストたちと話していると、彼女が徐々に苛々し始めているのがわかった。はじめのいやらしい笑いが消え始めていた。ベテランホストもそれに気づいて、彼女を褒め始めた。

「愛理ちゃん、今日も可愛いね。」

彼女の不機嫌な表情が消えた。そこにすかさず言葉を挟んだ。

「え？　そうですか？」

僕は言った。

「あんた、なに調子乗ってんの？」

「ごめんね。」

彼女に言った。ベテランホストも気をまわし、

「愛理ちゃんのために、来てくれたんだよ。」

と言った。彼女は宥められたことに気をよくした。

「会いたいから呼んだんでしょ。」

「はぁ?」

「ごめん、ごめん、本当は電話もらえてうれしかったからすぐ来ちゃった。」

彼女はまたこの前のように僕をじっと見つめた。明るい場所で見ると、その表情にはどこか違和感があった。ホストたちと話していたせいか、前よりも硬い感じもした。

「ふん。」

彼女はそっぽを向きつつも、少しニヤッとしていた。

「そうだよ。愛理ちゃんの電話で彼も来てくれたんだからね。カラオケしよう。愛理ちゃんの歌、また聞かせてよ。」

ベテランホストが彼女にカラオケのリモコンを渡した。

彼女の歌に合わせて、ホスト二人が手を叩き始めたので、僕も加わって手を叩いた。

「彼女、よく来るんですか?」

ベテランホストに聞いた。

「この前初めて来てくれたんだよ。」

「可愛らしいですよね。なんかわがままな子どもみたいなところがあって。」

「あはは、そうだね。」

彼が笑った。この状況で彼女をよく言えば、彼が僕に対して安心するだろうという考えからだった。

　その後、僕は新人ホストと二人で話をしていた。彼はどう会話に入ればいいか困っているように見えた。話を聞くと、はじめてからまだ間もないようで、ベテランホストが彼の面倒を見ているようだった。彼と仲よくして、ベテランホストにいい印象を与えようと思った。

　彼女は前向きな希望に溢れた流行歌を歌っていた。しかし、現実は違う。ここはホストクラブで、家に帰れば暴力を振るってくる夫がいる。その行き場のなさを僕は意地悪く見ていた。

　彼女が悲惨な状況から抜け出すことはないと自分が意地悪く見ていることに罪悪感を感じた。それはこのホストたちに対してもだった。僕だけが、周囲の人間に囚われず生きていける存在であるかのように傲慢にも思い込んでいた。そのとき、彼女の小指が極端に短いように見えて少し驚いて見てしまった。見間違いかと思った。歌の合間、彼女が左手でコップを摑んだときだった。

　歌い終わって座った彼女の指を、僕は見ようとした。その視線に気づいたのか、左手を右手の下に隠した。

「あのさ、指……」

　彼女がさっと指の形を変えて、小指を隠した。

「やだ。」

「愛理ちゃんはそれでも可愛いよね。」

　ホストが慌ててその出来事を打ち消すように言った。彼は知っているのだ。触れてはいけない話題に触れてしまったようだった。彼女は少し縮こまっていた。

「指、どうしたの？」

「小さい頃病気だったの。言わないで。気にしてるから。」

彼女がじっと僕のことを見た。見つめる目はいつものものとは違った。自分がどう思われているかを気にしているような、弱さが滲み出ている傷つきやすい目だった。

指のことはこのときまで気づかなかった。というよりも、彼女はその左手の小指をいつも巧妙に隠していたのだ。彼女が片側の口角を上げて笑うのは、彼女が周りを見下しているからだと思っていたが、左側が動きづらいからなのだ。だから、前髪を左に流して、顔の左側を隠すようにしているのだろう。これまで皮肉っぽい嘲りだと思っていた笑みは、本当は彼女の素直な笑みだったのかもしれない。

僕の反応を待つ彼女には、今までにない魅力があった。

「いつも手の動きが綺麗だなって思ってたんだけど、そういう苦労があったからなんだね。」

「なにそれ。」

「なにというか……」

僕が困惑すると、

「わかってるわよ。」

と言った。彼女は口角の片側だけを上げて、見た目には嘲るように笑ったが、目は穏やかに真っ直ぐ僕の方へと向けられていた。

ベテランホストが歌い始めた。曲はスタイリスティックスの「愛がすべて」だった。彼は音量を上げた。空間は明るい曲で満たされた。彼は歌いながら彼女に手を差し出し、踊りに誘った。彼は揺るがずに接客をし続けている。僕はほっとした。彼女はそのホストと手をとって踊っていた。彼女はまた肩越しに僕を見て笑った。しかし、それは嫉妬をさせようとするよりは、さっきの僕との会話と今のホストの心遣いの両方を受け取って楽しんでいるからであるような気がした。

踊り終えると、彼女は言った。

「この子ね、昼間の私と会いたいって言ってくるのよ。なんか変わってるのよ。」

昼間にふと彼女のことを思い出して、この前日に電話をしたときのことだった。旦那さんの暴力のこと、子どもの弁当のことを聞いていたので、昼間はどんな風に過ごしているのか気になり、昼間に会おうと提案した。彼女はそのとき、「やだ、会わなくていいわよ」と恥ずかしそうに言った。僕は彼女の生活を見たかった。自分の母の離婚前の境遇と似た女性の生活に触れたかった。

「いや、なんとなくどうしてるのかなと思ったんですよ。もともと彼女とは夜に六本木のクラブで出会ったから。」

ホストに言うと、

「俺も会ったのは六本木のバーだよね。」

と彼が彼女に言った。

「そうなんですか。そのときなにしてたんですか？」

彼も声をかけて、彼女にこの店を紹介したのだった。どんなことを話したのだろうと興味があって話を聞こうとすると、彼女が口を挟んできた。

「私、今日も昼間にミッドタウンで声かけられたの。名刺渡されて。」

彼女は得意げにその名刺を僕たちに見せた。立派そうな肩書きだった。

「愛理ちゃん、こんな名刺使って声かけてくるやつに連絡しないでしょ。」

「えー、どうしようかなぁ。」

彼はさっと彼女の手から名刺を取った。そして破り始め、火をつけて灰皿で燃やしてしまった。

「え！　なにするの⁉」

彼女は怒るというよりも、驚いていた。

僕もびっくりして彼を見ると、彼は僕を見て微笑んでいた。僕も敬意を表するように笑った。彼は強い。


「店はもう終わりだから、飲みに行こう。」

ベテランホストが僕に言い、そして彼女にも言った。

「ねぇ、愛理ちゃん、行こう。」

「うん、いいよ。」

彼女は承諾した。行くことに積極的でも、消極的でもなかった。ただ、酔いと気怠さだけが彼女から漏れ出ていた。

彼女が店のお金を払った。財布には一万円札がおそらく三十枚ほどは詰まっていた。彼女はそこから一万円札数枚を、すっとつまんで取り出した。

新人ホストとはその場で別れ、三人でタクシーに乗り、ベテランホスト行きつけのゲイバーに行った。彼女は既にかなり酔っていた。

「ほら、着いたよ。」

ホストが彼女を起こし、彼女の鞄から出かかっている財布を引っ張り出した。彼女はタクシー代を払った。

ゲイバーは薄暗く、席は十五人ほど座れる弧を描いたカウンターだけだった。他に客はいなかった。彼女は酒を注文すると眠ってしまった。ホストは僕と乾杯をし、彼の仕事の話をし始めた。それは彼が後輩にいつも説いていると思われる、年下を励ますかのごとく語られる自分の苦労話と、会社を作りたいという今後の夢の話だった。彼の語りには熱がこもっており、その熱のこもり方もまた話と同様に紋切型だった。それがいつも仕事のためにとりあえずしているだけの話なのか、それとも彼の本心なのか、彼自身ももうわからなくなっているように見えた。

その話がひと段落すると、彼はまたカラオケで「愛がすべて」を歌った。彼が歌い始めると、ママが「この人、見た目はいいんだけどね、薄っぺらいのよ」と言った。彼はそれを聞くと、ママを笑顔で指差した。ママは「ふん」と呆れた表情を見せた。彼女はもう起きる気配がなかった。

ホストは自らの努力を肯定していた。自分の夢のために、女性からお金をもらってきたと。それはなにか違う気がした。そうすればするほど、彼は頑なな人間になっていったのではないか。彼女が身につけている高価な服は、彼の努力と同じく彼女を頑なにさせているのかもしれない。しかし、左手の小指を隠すための手の動きは彼女がどれだけ高い服を身につけても変わらない。それが彼女の特別さだった。

それから、バーのママの冗談に合わせて三人で談笑した。そして、彼はまたカラオケを歌った。僕は酒を飲み、歌う彼の姿をぼんやりと見つめていた。ママは僕にはあまり話しかけて来なかった。

酔っていたせいか、僕は焦げ茶色の木のテーブルに白熱灯の柔らかい光がほんのり射しているのを見つめているだけでそれなりに居心地がよかった。各々の本心は明かされないまま、時間だけが過ぎていっていた。

「そろそろ帰ろうか。」

ホストが言い、彼女を起こした。

「愛理ちゃん、帰るよ。財布出して。」

「なんで私が。」

寝起きで酔っ払いながら、酔いのまわった寝ぼけた声で彼女が言った。

「今日は楽しんだでしょ。」

ホストが彼女にカバンを差し出した。財布の中から彼女はぐしゃりと一万円札を数枚取り出した。折れ曲がったお金をママが受け取って数え、多かった分の札をわざとらしく丁寧に伸ばして彼女に返した。彼女はそれを鞄に直接ねじ込んだ。

「ありがとうございましたー。」

帰りの扉越しのママの声は、どこに気持ちが向けられているのかわからないようなものだった。


外に出ると、ホストが僕に言った。

「連れて帰ってやって。」

「わかりました。今日はありがとうございました。」

「じゃあな。」

彼は握手を求めてきた。僕は彼に対して、そんな気分にはなれなかったが、習慣的なものなのだろうとノリを合わせておいた。

もう夜中の三時だった。タクシーで彼女と僕の家に帰った。彼女は泥酔していて、まともに話が出来る感じではなかった。服を脱がせ、ベッドに寝かせた。彼女の服に触れてもこの前のような興奮は起こらなかった。ベッドで隣に寝て、なんとなくセックスもしたが、とりあえずしておくというような、あっさりとしたものだった。

朝の七時に彼女が起きた。まだ酔いが残っているようだった。彼女は帰った。どんなに悲惨な状況であれ、彼女には帰る場所がある。彼女にとっては帰りたくない場所でも。彼女と話したいことがたくさんあるような気がしたが、それを伝えるタイミングが見つからないまま、その日は別れてしまった。

賑やかだったが、実りのない、なにも変わらない、気怠い時間だった。

自分の声

金曜日、夜十二時の池袋南口。友だちと飲みに行った帰りに、一人でナンパを始めた。広場に開いた出口から、帰宅中の人々がまばらに出てくる。繁華街の灯りのもと、家路につく人々には隙があり、声がかけやすい。

池袋の女性たちには、渋谷や六本木に比べるとこなれていない派手さがあり、そこになにか親しみやすい色っぽさがある。

一人の女性に目を奪われた。ロングヘアーに星の形をした金のイヤリング。黒のコートの袖には上品なファーがついていた。少し高めのヒールがコツコツと規則正しく地面に降ろされるとき、彼女の体は少しも崩れることがなかった。周りから、彼女だけがくっきりと浮かび上がって見えた。

僕は彼女を追いかけて、少し後ろについて歩きながら、彼女の歩調を確かめた。ヒールの音が規則正しく微かに聞こえた。その音を作り出している、すっと伸びた背筋。年は三十代後半だろう。どうするかも考えず、彼女の近くに自然と来てしまった。しかし不思議と恐れを感じず、一瞬の躊躇もなく彼女の斜め少し前に出て、彼女の歩調と合わせながら言った。

「こんばんは。」

導かれているようだった。彼女に少し甘えを見せるような感覚で声が出た。タイミングも声の調子も、自分の中でベストだった。声が自分の胴体の中でも深く響いた。無視されるはずがないと思った。

しかし、彼女は無視をした。まっすぐ前を向いたままだった。嫌悪をあらわにして拒絶するという感じではない。なんとなく僕の方を感じているような気がした。そのせいか、無視されているにも関わらず彼女の隣にいるのが心地好く、二人の歩調はぴったりと合っていた。

「さっきまで友だちと飲んでいたんですけど……お姉さんは池袋って感じの雰囲気ではないですよね。」

柔らかに揺れる水面に石を一つずつ投げ入れるように発話した。彼女の歩くリズムに少し揺れが生まれた。

「仕事帰りですか?」

無視されてるにも関わらず、話せば話すほど、さらに話したくなっていった。

「仕事帰りだとするなら、どんな仕事なんですかね。」

彼女は前を向いたままだった。これには答えないだろうと直観的にわかっていた。

「普通の仕事ではないような。」

「かといって、アーティストというような感じでもないですよね。」

「この時間だからクラブのママというのも違うでしょうし。」

「たぶんどっちも違いますね。じゃあ僕の話をしますね……」

それから自分の仕事の話、年齢など、自己紹介を続けた。彼女のわずかな動きに合わせて、自分の声を合わせていくような感覚があった。ただ思い浮かぶことをポンポンと口に出しながら、自分の発声の感覚だけに注意を向けていた。彼女は相変わらず、前を向いたままだった。僕の話に合わせて、表情が少し変わったり、まばたきをしたり、歩調が変わったりしていることが、発声するごとに自分に生まれる小さな緊張の変化を通してわかった。

「本を読むのが好きなんですけど……」

と最近読んだ本の話をした。一言一言を発するのが心地好かった。彼女が諦めたように笑い、「ふぅ」とため息を漏らした。

「しつこいですよね……なんかつい話したくなっちゃって。ごめんなさい。」

「あなたの声、いいわね。私が歩くのに合わせて置いてくるみたいで。あーあ、話しちゃった。」

彼女の声は僕の声などよりも一層優しくて、柔らかくて、どこか遠いところから響いてくるようだった。それから、口調はさっと翻り、刃物をすっと突き刺すように言った。

「でも、仕事の話は嘘ね。あそこだけ、少し声が変わっていたわよ。」

「え!? そんなことわかるんですか?」

さっきまでの状態が消えて、声が硬くなってしまった。自分のことを言い当てられて喜ぶ女性を散々軽蔑していたのに、いざ自分がそうされると、その快楽に抗えなかった。しかし、彼女のそれはなんとなくの勘ではなく、はっきりと認識したものからの推測だった。

「ええ。嘘をついてるときは違うようになるから。」

「なんでそんなこと……」

続いて「わかるようになったんですか？」と言いかけたのを止めた。

「あの、どんな仕事してるんですか？」

「秘書よ。」

「へぇ。秘書ってそんな派手な格好をするものなんですか？」

「今日はパーティだったの。」

彼女の耳に大きな枠だけでできた星のイヤリングが揺れていた。

「星のイヤリング、大きいけどシックで、合っていて……いいですね。」

「ふふ、そうでしょ。」

褒められても自然で、会話の中で暗に自分をわかってもらおうとする感じのない彼女の様子は、僕がまだ触れたことのない世界のものだった。彼女とこうして少しの会話をするだけで、人を思い通りにするための意図的な自分の言動が見え透いたものに感じられて、いつものようにはできなくなっていった。

「ちょっとそこのファミレスでお茶だけでもしてもらえませんか？　本当にちょっとだけでもいいので。」

ただこの人と話したかった。彼女は明らかに僕が知りたくてもまだ知ることができていないことを知っていると直感的にわかった。

「ファミレス、私、入ったことないんだけど。行ってみようかしら。」

人気のない大通り沿いのファミレスの階段を彼女と上がっていった。階段や壁紙の汚れ、清々しいとは言えない空気。彼女がいても、その汚れも空気も変わることがないように、彼女の雰囲気もまたファミレスに侵されることはなかった。

彼女の仕事の話をたくさん聞いた。自分からたくさん話してくれる。またこのまま聞いていれば、いつも通りうまくいってしまうのだろうかと不安になった。彼女は今まで声をかけてきた中で一番の大物だった。社会的な地位、立ち居振る舞いの上品さ……そして、顔立ちには独特な美しさがあった。眉は月の弧のように描かれ、鼻筋は細くすっと鷲のように伸びていた。目は、他人になにかを強要しようとするような緊張がないにも関わらず、強い力を放っていた。ただすっとそこに置かれて、僕を見据えている。それはまるで冷静に獲物を狙う動物のようで、僕はその目を前にして動けなくなっていた。

彼女とセックスできれば、僕の自信になると思った。しかし、その打算的な考えは、彼女の前では自滅行為になるだろう。打算的な考えから発生する動きは、さっきのように、声の調子の変化などから見抜かれる。彼女はそれを責めないだろうが、そうすることには意味がないどころか、彼女に僕の学習能力の低さを晒すだけだ。洗練された会話を体験させてもらっているのに、また下劣なものに戻っていくことは恥ずべきことだ。

二人がそれぞれに頼んでいたハーブティがテーブルに運ばれた。ポットから、カップへとそれを注ごうとした。こういうとき、主導権を握るため、あるいは自分の緊張を隠すため、無理に話してはいけない。いつもなら、ハーブティを注ぐとき、相手の女性に僕のゆっくりした動作を示し、彼女のことなど気にかけていないように見せる。しかし、今はそれができない。それをすれば、僕がそういう意図を持って動いていることが彼女にはばれるだろう。

どう注げばいい？　いや、どう注いだって、僕の動作が彼女を圧倒することなんてあり得ない。お茶をじっと見つめたまま、僕は動けなかった。

「飲まないの？」

彼女が言った。

「あ、飲みます。」

その言葉に促され、なにも考えずにお茶をカップに注いだ。

「今日はね……」

そんなことには構わないように、彼女はさっきまでしていたことを話し始めた。政治家たちが集まるパーティに社長の代わりに出ていたのだった。それを僕に自慢するというわけではなく、ただ自分がなにをしている人間なのか、丁寧に示していくように話した。

「……たくさん人と会うでしょ。疲れちゃったから、身を清めようと思って、普段はもう二駅地下鉄に乗るんだけど、歩いて帰ってたの。それであなたに話しかけられちゃったってわけ。」


いつもなら話に合わせて質問をしたり、話から感じられる彼女の性格を言い当てようと解釈をしたりするが、ただ黙って聞いていた。彼女の口から漏れてくる音の邪魔をしたくなかった。

「あなたは？　なにしてたの？」

「僕は……」

と僕は話を始めた。そして、「私はね……」と彼女は話をした。言葉が被ることもなく、それでいて沈黙で滞ることもなく、会話は静かに淡々と流れていった。なにを話せばいいかを考えたり、どう思われるかを気にしたりする必要もなく、彼女が僕のことを気にせず自分の話ばかりすると思うこともなかった。彼女が僕の反応を注意深く見ながら話しているのがわかるので気が抜けなかった。しかし、いつしかそんなことも忘れて僕は夢中で会話をしていた。

「それにしても、あなたは不思議ね。」

なにが不思議なのか、彼女は言わなかった。

「不思議って……なにが不思議ですか？」

「うーん、なんとなくよ。こんなに人と話すことなんてないから。」

「普段から誰かとこんな風にいろいろ話したりしてるんじゃないですか？」

「しないわよ。普段は仕事ばかりだから。会ったばかりでこんなに素直にいろいろ話せるのは不思議なことよ。声をかけられて、うまく乗せられちゃったのかしら。」

そう言って彼女は僕を見つめた。そのときにはもう僕の中には彼女をどうしたいというような意図はなにもなかったので、はじめのように身構える必要はなかった。

いつの間にか、ファミレスに入ってから五時間が経っていた。

「もう朝ね。電車で帰れる時間かしら？」

もうすぐ始発の時間になろうとしていた。彼女の家はすぐ近くだと聞いたので、送って行った。

門構えの大きな、きれいなマンションだった。

「ここで、家でコーヒーでも飲ませてあげれば気が利いているんでしょうけど……」

いつもならどうにか上手いことを言って、彼女の家に入ろうとしただろう。

「そんなのいいですよ。それよりも、またお話しして下さい。」

しかし、口から出たのはこの言葉だった。なにか、彼女によって自分が作り変えられてしまったようだった。もともとは僕はこういう人間だったのかもしれない。しかし、それではいけないと思って、声をかけ始めたのだ。

「そうね。ありがとう。」

彼女と連絡先を交換した。スマートフォンの画面には愛理さんからの着信履歴がいくつも表示されていた。それを見られないようにして、「百合子」と、彼女から聞いた名前を登録した。

彼女がマンションの中に入っていくのを見送った。彼女は振り返り、優しく微笑んだ。


しばらくさっきの道を引き返して歩いた。道の先にはファミレスが見えていた。彼女と対面したときの心地好い緊張感がまだ僕の中に残っていた。それは声をかけるときの真っ白になる感じの緊張とは違った。

その感覚に浸ったあと、愛理さんからの電話にかけ直した。騒々しい音楽が聴こえ、そこから泥酔した彼女の声が飛び出してきた。

「なにしてたのー!? 寝てるのかと思った！」

彼女の声は明るく、そして僕に開かれていた。

「ちょっと寝てたけど、着信見たから。」

そして、タクシーで六本木まで行った。

六本木の交差点に着くと、その喧騒から、百合子さんとは静かな森の中で会っていたような感じがした。交差点の角にあるビルには、百合子さんの会社の大きな看板が掲げられていた。それまではその看板を気に留めたことはなかった。百合子さんの方が圧倒的に広い世界の中で生きているのだ。愛理さんや僕は、百合子さんのような人たちが作った世界で、消費するだけの生活を送っている。そこでストレスを溜めたり、発散させたりし続けている。

そのビルの前に愛理さんがいた。

「ごめんね、待たせたね。」

「あ、来た。」

彼女はいつものように、高飛車な態度を示した。それは彼女自身もなぜそれをしているのかを知らない習慣的な動きに過ぎない。そう思うと、それまでは艶かしく思えていた彼女のその態度が、自分自身の存在を省みない愚かな態度としか感じられなくなっていた。

「会えてよかった。またいなくなっちゃうかなと思った。」

そう言った瞬間、自分もまた同じなのだと思った。さっき百合子さんからもらった感覚を尊重するなら、僕は愛理さんに会わないはずだった。

「本当に?」

「そりゃそうだよ。愛理さんみたいな人はなかなかいないからね。」

「そうよ!」

彼女は満足そうだった。二人の様子を看板が見下ろしていた。僕は聞いた。

「今からどうするの?」

「帰るよ。」

「一緒に？」

「一緒がいいならね。」

「そりゃ一緒がいいよ。そのために来たんだよ。」

だらりと、彼女の体が僕にもたれかかったので、それを支えた。その重みを感じたときに、もし百合子さんだったらきっと羽毛のように柔らかくそっと寄りかかってくるのだろうかと思った。

タクシーに乗って、二人で家に帰った。

「クラブにいたの？」

「うん。今日も全部おごってもらった。」

彼女は勝ち誇るように言った。

「好きだね。寂しがり？」

「そうだよ。わかってるね。」

彼女はまた片側の口角を上げて笑みを浮かべた。もしその笑みが示しているものがあるのなら、それは皮肉や嘲りではなく、寂しさなのだと思った。


朝になると、彼女はまた子持ちの主婦の顔に戻って帰っていった。ベランダから見た一人歩いている彼女は出会ったときと同じ、綺麗な女性だった。彼女の家庭の状況が変わらないように、僕が彼女とセックスが出来たとしても、僕が変わるということはない。これまでは知らない人とセックスするごとになにかが変わると思い込んでいたが、そんなことはないのかもしれないと思った。

誰にもなれない

百合子さんに会った次の日、夜の十一時に電話をした。僕は自分の家にいた。

「はい、もしもし。」

彼女の声は、昨日よりも幾分硬く、彼女が仕事中にどのように人と接しているのかが伝わってきた。

「昨日会った……」

「電話くれたのね。ちょっと待ってね。今ね、社長室で一人で仕事してるの。」

「電話していていいんですか？」

「うん。いいの。もう社長も戻って来ないし。」

彼女の声は少しずつ柔らかくなった。その変化に、彼女が僕に特別な意識を向けていることを感じた。それは甘く、深いものだった。声を聞くごとに、僕の体の中でその音が響いた。一つ一つの響きは僕の体に静かな恍惚を積み上げ始めていた。

紙の擦れる音が聞こえた。大きなテーブルを前に、彼女が書類を整理している様子が思い浮かんだ。

「どんなことしてるんですか？」

「今日の整理とか……明日の準備とか……」

電話にかかる息と、衣擦れの音が聞こえた。

僕から特に用件はないことを、彼女はわかっていたのだろう。静けさの中でかすかに聞こえる物音の合間に、彼女はポツポツと「ちょっと待ってね」とか「これはここに置いて……」など特に意味のない言葉を発していた。彼女のその無防備さによって、僕は彼女がいる空間の中に引き入れられていた。

いろいろなカテゴリーの女性とセックスをすることをこれまで目的にしてきた。そうすれば社会を知ることができるような気になっていた。彼女はその点で、これまでで最高のターゲットだったが、そんなことよりも彼女の所作や話し方の美しさに僕は引き込まれていた。

「今日はもう帰ろうかしら。もう少し時間ある？」

「僕はいくらでも。」

「帰って電話するから、ちょっと待っててね。」

電話を切った。僕はそれまでずっと立って、部屋の中を歩きまわりながら電話をしていた。ソファに座り、目を閉じると、彼女の声が体の中にまだ響き続けていた。特別な人の特別な声というものがある。人生の中で聞いてきた、そういういくつかの声が思い出された。

それは僕を探す、少しかすれた声。五歳のとき、祖母の家の庭で遊んでいたときに、祖母が家の中から僕の名前を呼んだ声だった。その声は、痛々しいほどに僕だけに向けられており、優しく僕を包み込むようでいて、寂しい響きも持っていた。僕に拒絶されることを疑うことがまったくないような声だった。

そのとき僕は、その声に返事をすることをほんの一瞬躊躇してしまった。そのとき感じた苦しさは、あの声をかける瞬間の、後悔したくない、拒絶されるのが怖いと感じるときの疼きとは少し違う。声をかけるのは自分で作り出した不自然な試練だ。しかし祖母の声を受け容れることは、祖母の都合のいいように扱われて、祖母の寂しさをすべて受け容れることのような気がして、怖かった。僕はほんの少しの間返事をせずにいて、しばらく経ってから祖母のところに戻った。

そんな声を母からも、妹からも向けられたことがあった。そのたびに僕は躊躇していた。それらの記憶が次々に交わりながら想起された。

ソファに座って目を閉じていた。胸の辺りがぎゅっと締め付けられている感じがあり、どういうわけか涙が流れ始めていた。その声に応えたくない。でも、応えられないことが苦しかった。

それらの記憶と感覚は半ば想起として、半ば夢として、流れ続けていた。

電話が鳴った。時計を見た。三十分しか経っていなかったが、僕はとても長い時間の中を行き来していた。

「待たせちゃったわね。まだ起きていられるの？」

「うん。いつもおそくまで起きてるから大丈夫だけど、百合子さんは？」

「私も大丈夫。もうシャワーも浴びといたから、あとは寝るだけ。」

「そう……僕が電話するの、わかってたというか、待ってた？」

「なに？　それはなにかのテクニックかしら？」

「いや、そんなことしてもバレるだけだからできないよ。さっき声を聞いたときに、待ってくれていたのかなって思うような声だったから。」

「会社に貼ってあるポスターがあるんだけどね。それを見て、あなたのことを思い出してたの。」

それは僕と髪型が似たアーティストのポスターだった。他の女性ならまだしも、彼女の生活の時間の中で、僕のイメージが介入する可能性があることを僕は想像さえしていなかった。

「それで、あなたのこと考えてたの。赤い炎と青い炎があれば、あなたは青い炎ね。」

「青い炎？」

「赤い炎はわかりやすいの。燃えてることが周りの人にすぐわかるような。派手な燃え方して。青い炎は内側で静かに燃えているから、なかなか外の人にはわからないのよ。だけど、青い方が温度が高いの。」

彼女の僕への優しさを、素直に受け取ることには抵抗があった。それは今の僕ではなく、彼女が見出そうとしてくれている僕であるに過ぎないと思った。

しばらく沈黙する僕を彼女は黙って待っていた。

「言っていることはわかる気がする。ありがとう。」

「そう。よかったわ。」

彼女の生活を聞くと、ほとんど寝ていないようだった。一日二、三時間寝たり、徹夜をしたりを繰り返していた。

「しんどくなったりしないの？」

「一年に一回だけ、二、三日、眠ったままになる日があるの。水の中に沈んだようになって……そのときは誰とも連絡をとらなくて。社長とか、わかってる人はそういうときは放っておいてくれて。誰にも起こされないの。」

「そのとき、なにしてるの？」

「なにもしない……夢を見たりはしてるかな。」

「夢……」

しばらくの沈黙のあと、僕は話題を変えた。

「声のこと言われて、嘘ついてるときに声のトーンが変わるのがわかったよ。わかったから、たぶん嘘をつきながらいつもの声も出せるようになった。嘘をついているときはイメージと素直な感情が結びついていないから、それが音を不自然にしてしまうんだね。」

「ふぅ……あなたはすぐそっちに行ってしまうのね……」

彼女は静かに言った。自分が彼女の水の夢の中に引き込まれてしまうことに抵抗するようにこの話をしたのだと話しながらわかった。

「私ね、男の人に監禁されたことがあるの。」

それは彼女が二十代前半の話だった。彼女がある男性の誘いを断ったら、部屋に三日間閉じ込められた。男性はテレビ局のプロデューサーで、社会的な立場からほとんどの女性に誘いを断られたことがなかったようだった。椅子に縛り付けられ、刃物で脅され、セックスを強要された。そのとき、「寂しい人ね。そんなことをしても、私があなたに心を預けることはないわ」と相手に屈さずにいると、彼も諦めて解放されたのだという。

「怖くなかったの？」

「怖かったわよ。でも、そうするしかないと思ったの。」

彼女は僕になにか考えを押し付けようとはしていなかったが、彼女が見ている世界、信じている世界の感覚の一端を僕に掴ませようとしているような気がした。

「うん、それでね、同じ会社だったから、居づらいでしょ。そのときの仕事を辞めて、今の仕事を始めたの。」

それから彼女は今の仕事に就いたときの話を少しだけして、僕に聞いてきた。

「あなたはどうして昨日みたいに知らない女性に声なんかかけてるの？」

「どうしてと言われても……話すのが苦手だからかな。」

「昨日、上手に声かけてきたじゃない？」

「いや、確かに百合子さんにはよかったかもしれないけど、普通の女の人はあんな風に反応しないんだよ。百合子さんは受け容れてから判断するでしょ。他の人はそうじゃない。わかりやすいメリットがない限り、内容を感じる前に無視したり、拒絶したりする。そういう人たちを好きじゃないけど、そういう人たちに負けたくないからやってるんだと思う。」

「そもそも、あなたがそういう人たちを本当は相手にしようとしていないんじゃないの？」

「え？　そんなことないよ。一生懸命、そういう人たちと話そうとしてるよ。」

「話そうとしているだけで、話したいことがあるわけじゃないってこと。あなたが見ているのはそういうところじゃないもの。もっとあっち側の世界というか。そう……魂というか。なんかわかるでしょ。世俗的じゃないというか。」

「言ってることはわかるよ。やらなくていいんじゃないかって百合子さんが思ってることも。声をかけることには意味はないかもしれないし、ただ遠回りをしているだけかもしれない。でも、僕が世俗に触れずに『魂を見る』と開き直ったら、それは嘘だよ。」

「やっぱりあなたは不思議ね。」

「そんなことないよ。百合子さんもさっきの監禁の話みたいに、世俗に触れて、汚されそうになって生きてきているんだと思うんだよね。」

「そうね。不思議っていうのは、そういう道をそんな風に選ぼうとしているってところ。私もそれなりに声をかけられるけど、ほとんど話すことはないし、話してもこんな話にはならないもの。」

彼女の声は、優しく華やかに開いていくようだった。

電話から聞こえる彼女の言葉、かすかな笑い声、息遣いは、まるで自分のもののように体に響き渡っていた。しばらく目を閉じて、その音の響きを感じていると、自分が羊水の中にいる胎児であるような気がした。僕の中で声が響いていると思っていたが、僕が彼女の中に入っているからそう聞こえているのかもしれない。僕はさっきは拒絶したはずだった、彼女の水の夢の中に知らぬ間に入り込んでいた。


互いに長い沈黙をしていた。

「起きてる？」

「起きてるわよ。」

「ずっと話しているうちに、なんだか深い夢の中に入っていってるみたいな感じがした。」

「そうね。」

「百合子さんも？」

「うん、私も。」

「また会ったりできないかな。」

「このまま会わなくてもいいんじゃない？」

「え⁉　なんで⁉」

「だって、その方がロマンティックじゃない？」

僕は誘い込まれた水の中で急に呼吸を奪われた。しかし、彼女の様子は変わっていなかった。彼女にとっては、それが必然的な流れのようだった。

「私の姉がね、付き合っていた男の人がいたの。それでその人に『結婚して欲しい』って言われたんだって。それで姉がその人に言ったの。『そう、じゃあ今日でお別れね』って。」

「いや、なにそれ。そんなのもったいないって。これだけ話せたのに。」

彼女がなにを言いたいのか、このときの僕には意味がわからなかった。とにかく食い下がった。言葉を尽くすごとに、さっきまでの深い夢から覚めていくようだった。その変化から、僕が間違っているのだと感覚的にはわかった。しかし、そんなことよりも彼女とのつながりが失われてしまうことが怖かった。彼女は「仕方ないわね」と、また会うことを渋々了承してくれた。

＊

電話をした日から三日経ち、彼女から電話がかかってきた。

「明日の夜は空いてるかしら。急に予定が空いたから。」

彼女からは、もし会えるとしても一ヶ月先になるかもしれないと言われており、あのときの電話から、彼女のことは忘れながら待っていた方がよいと思っていた。

「空いてるよ。ありがとう。」

「早く会った方がいいかなと思ったの。」

その言葉から、彼女は僕との関係を続けるためではなく、終わらせるために来るのだと思った。それを受け容れる準備が自分には出来ている気がした。


彼女がよく行くという南青山の地下にあるバーで会うことになった。待ち合わせの時間ぴったりにエレベーターに乗った。ドアが開くと、そこにはほんのりと灯りがあるだけの暗い空間があった。足元に淡く照明が灯されていて、床の照明を追っていくと、またさらに階段があり、その階段の先にバーカウンターが控えていた。酒が置いてあるバックバーの照明が、カウンターの辺りを入り口よりは幾分か明るくしていた。

お客さんはいなかった。真ん中辺りの椅子にカバン、紙袋、コートが置かれていた。それは彼女のものだとわかった。

「あの、待ち合わせなんですけど。」

「はい。こちらにどうぞ。」

体が深く沈み込む柔らかい椅子だった。緊張した体には座り心地が悪かった。どう待つべきか考えて、姿勢を正したり、もたれかかったりしていた。深呼吸をして椅子に身を任せてみると落ち着いたので、力を抜いておくことにした。

目を閉じていると、足音が聞こえた。その音を僕は池袋で初めて聞いた。百合子さんが今の僕には見合わないことはわかっている。ここに来るべきではなかったのではないかと弱気になった。

カウンター席の僕の隣に彼女が座った。

「変な感じね。」

電話と変わらない彼女の声が僕に気を取り戻させた。

「あれだけ電話で話したのに、会うとそうですね。」

「私はギムレットをちょうだい。」

僕の真横に彼女がいた。彼女の動き、体の線、目、唇は、僕がいつも女性に抱く強迫的な性的興奮、征服欲を惹き起こさなかった。話が出来る高いテンションに持っていくためにそういう欲求を自ら掻き立てようとしても、彼女の佇まいの美しさには隙がなく、どこにもその興奮に通じていくものがなかった。

「ここ、食べ物も美味しいのよ。」

彼女がメニューを見せてくれた。

「じゃあ……鴨のコンフィを頼んでもいい？」

「いいわね。」

僕は鴨のコンフィとアードベッグのロックを頼んだ。

「今日はなにしてたの？」

彼女が聞いてきた。話すことは日常的なことだった。僕が口を開くと、彼女はその一言一言……それよりも細かく、一つの母音ごとに反応しているようにさえ感じられた。上質な布を触ると、布が触覚を圧倒してくる。自分が感じ取れていないものがあることがわかり、布が触れることへの集中を促してくる。彼女に話を聞かれることには、そうした感じがあった。その間、バーテンダーがシェイカーを振っていた。その音は会話を侵食せずに、彼女と僕の声の外側にあった。

「ここのギムレット、美味しいの。」

渡されたギムレットを飲むと、ライムの香りがすっと通り抜けていった。それに対して、そのあとに飲んだアードベッグはボワっと重たい感じがあった。


彼女が僕を見ずに前を向いて、話すときの横顔は、ファミレスで対面していたときには見られなかったものだった。僕を見ずに発せられる言葉は彼女の奥深く遠い場所から無防備に浮かび上がってきており、彼女は僕がそれを受け取ることを疑っていないように思われた。

同時に、その近さから、彼女も人間なのだと思った。そこにいたのは電話先や、僕の中で何度も思い返され続けていた半ば非現実的な、幻想的な存在ではなく、生身の三十代後半の女性だった。一瞬、いつものように口説くことも可能なのではないかという考えが浮かんだが、それを否定した。

それは僕が自分自身のために描いた彼女への幻想を崩さないためなのか、それともその場で彼女と会話をするのに相応しい賢明な選択であったのかはわからない。

彼女がもうすぐ引越しを考えているという話をした。そのとき、彼女は「一緒に見に行く?」と言った。予想外だった。彼女から、今後の関係を視野に入れた好意を持たれていることなど思ってもいなかったからだ。自分が今夜限りのことしか考えていないことに気がついた。

もし彼女を落としたら、いや、彼女に選んでもらったら、僕は彼女に飼われ、育てられることにしかならないだろう。それは対等な関係ではない。そうなることを許すのは、彼女のことも、自分自身のことをも偽っているような気がした。「うん」と返事はして、場所や部屋の間取りの話などをした。

いろいろなことを二時間ほど話した。彼女が若い頃に付き合った男性のことも聞いた。二人の関係はさっき僕がそうなることを避けたいと思ったような依存的な関係だった。彼女は突然その恋人から姿を消し、連絡を絶った。共通の知人から、その恋人が精神的にどんどん病んでいっているから戻ってあげて欲しいと説得されても、彼女は戻らなかったという。

カップルが店に入って来た。四十前後の男性と、二十代後半の女性。彼らの声が静かだったバーに響き始めた。男性が女性を口説いていた。

「ゆきちゃんってさ、本当は真面目だよね。」

「そんなこと言ってくれるの、内田さんだけですよ。」

彼らの中身のない、繰り返されるだけの予定調和の会話は店内によく通った。その軽薄な会話とバーのシックな雰囲気の対照が、まさに青山という感じだった。百合子さんと僕の会話もまた、結局はそのようなものなのだろうか。百合子さんも僕も口数が減り始めていた。互いに、そのキンキンと響く彼らの声を縫って、言葉を配置していたが、そうしていることについては互いに口には出さなかった。

彼らが来たことが好機となった。

「もう出る?」

「そうね。」

外に出ると通りにはタクシーがたくさん走っていた。

「僕の家はどう?　近くだし。」

「いいわよ。」

運転手に行き先を告げた。黙っていてはいけないと思い、彼女の紙袋の中身を聞いた。中身は仕事のものだったが、僕の意図も、それに答える意味も彼女はわかっていただろう。

部屋に入り、彼女をソファに案内した。彼女がいる部屋は、いつもの自分の部屋ではないように見えた。しかし、これまで他の女性たちが来たときのような、居心地の悪さとは違う。なにか別の次元の空間に僕が連れて来られたようだった。

「明るいわね。」

照明は暗くしていたつもりだったが、彼女に言われて光量を調整した。

「もっと……それくらいかしら。」

その暗さは部屋の空気に粘りを与えた。霧がかった沼地にいるような。少し体を動かすごとに、暗闇の中の空気が体に触れていくのを感じた。

振り返ると、彼女がいた。目が合った。体が彼女に吸い寄せられていった。心構えは出来ていなかったが、そんな自分の考えよりも彼女の存在に動かされていた。それは彼女に初めて声をかけたときに似ていた。あのとき、周りはうるさかったが、今はとても静かだ。

彼女の方へ踏み出すごとに空気の流れが体にまとわりついた。ソファに手をつき、彼女の体に覆い被さるようにして、自分の唇を彼女の唇に近づけた。互いに力の抜けた唇が触れ合うと、目に微かに涙が浮かび、焦点がぼやけていった。体には力が入らなくなっていった。弱い力で舌を彼女の口の中に入れると、甘い唾液が彼女の舌から僕の舌に渡された。彼女の体液は特別な液体のように注がれ、僕を恍惚とさせ、さらに体に力が入らなくさせた。

抱き合っているというよりも、彼女に抱かれていた。彼女の体を触ったが、性欲が僕には生まれず、勃起もしていなかった。口づけをしたまま、彼女に抱かれていると、どくどくと僕に養分が運ばれる。僕は餌を運んでもらっている雛鳥でしかなかった。これではいけないということはわかっていた。しかし、体が動かなかった。それは僕がなによりも求めていたものだったからだ。

養分がもう十分に満たされたとき、こんなにも悲しく、苦しいことはなかった。他人から運ばれた養分はすぐになくなり、僕はまた元通りになり、その養分を求めるだろう。それがわかっているにも関わらず、その養分を心の底から求めていたことが悔しくて仕方がなかった。

彼女は唇を離して言った。

「ねぇ、わかった? 誰もあなたのお母さんにはなれないのよ。」

彼女の問いかけは、わかる、わからないということを越えた、決定的な剥奪だった。僕のなにかが彼女に剝ぎ取られ、修復の可能性も失って打ち捨てられていた。

「あなたのキスは……僕のことをわかって欲しいというキスね。私を包み込もうというキスではないわ。」

「そうだね。」

そうとしか言えなかった。僕はこれで最後とばかりに彼女に抱きつき、胸元に頭をつけてもたれかかった。彼女は拒まず、僕に優しく触れた。そのまま僕は眠っていた。十五分くらいだろうか。目が覚めると彼女は言った。

「明日も仕事だから、もう帰らないと。」

そして、小さいけれどもはっきりした口調で言った。

「私には仕事があるの。」

彼女は彼女自身に言っているようだった。僕は小さく頷いた。

彼女をタクシーまで送った。話はできなかった。

「じゃあね。」

「うん。ありがとう。」

彼女の微笑みは痛ましく、彼女が徐々に僕の視界から消えていく様子は、もう彼女に甘えたくなるような浅はかな寂しさを僕に惹き起こさなかった。

帰って、彼女のいたソファに座り、目を閉じた。鳩尾の疼きが綺麗に抉られているようだった。それは深い傷跡のようでも、僕に取り憑いていた悪霊を引き離してもらったあとのようでもあった。自分が生きていることが悲しくも、喜ばしくもあった。どんな他人にも癒せない寂しさが自分の中に流れていることを諦めるように感じた。ただその場所でじっとしていた。そこは彼女の指示を受けて僕が作ったゆらりとした暗闇の中だった。

誘蛾灯

百合子さんとのことがあってからも僕は声をかけ続けていた。

アイはクラブによく踊りに来るポールダンサーだった。六本木のそんなに大きくないそのクラブは、ポールダンスのショーをすることもあって、ダンサーたちが集まっていた。彼女たちはみんな、派手な格好をしていた。

そういった若い女性たちに何度拒まれ、何度受け容れられたとしても、百合子さんとの時間の質には到達しない。そう思うと、彼女たちに気楽に声をかけられるようになっていた。

彼女がカウンターの近くでお酒を飲んでいるときに声をかけた。クラブの中央ではダンサーが踊っていた。

「ダンサーですか?」

彼女にそう聞いた。

「え？　どうしてわかるの？」

「なんとなく……熱心に見てるし、綺麗に立っているからそうかなって。」

「えー、見られてた！　恥ずかしい。」

「自分もやってる人ってどういうところを見るの？」

彼女は今踊っているダンサーのこと、彼女がいつもしている練習のことなどを話してくれた。彼女たちの多くは、昼は別の仕事をしており、夜はダンサーとして働いているらしかった。アイも同じく、昼にはアパレルの店員をしていると教えてくれた。

クラブの中は週末で混んでいた。彼女とカウンターを背にして横に並んでいた。人が通るたびに彼女の体がぴたりと僕の腕につくが、彼女はそれをそのままにしていた。周りがうるさいので、話すたびに相手の耳の方に近づかなければいけなかった。そうしているうちに、徐々に互いの体は近づいたままになった。

話がひと段落したとき、彼女が言った。

「落ち着いてるね。」

「そう？」

「うん。こういうとこ来る人じゃないみたい。」

「落ち着いてるっていうよりは、他の人みたいに騒いだりできないだけだよ。君も派手な格好なのに、話し方、真面目で一生懸命で可愛いね。」

「そぉ？　そんなことないよ。」

彼女は少し照れたように言った。彼女の耳に顔を寄せて言った。

「キスしていい？」

「え！　ダメだよ。」

彼女は驚いたように言った。

「どうして？」

「みんなに見られるし。」

彼女が少し下を向いたとき、唇を彼女の唇に近づけた。無理をせず、そのまま柔らかくつけているると、彼女はそのままにしていた。舌を入れると彼女はそれを受け容れた。腰に手をそっと触れているると、彼女の力が抜け、舌はより重なろうとしてきた。そのとき、すっと唇を離した。

「見られたかな？」

「もうダメだよ。」

「そうだね。見られたらいけないもんね。じゃあちょっとあっちに行こう。」

彼女の手をとって、クラブの人ゴミの中を歩いて、フロアの端の方へと行った。壁に背をつけさせた。

「ここなら大丈夫。」

キスをしても抵抗はされなかった。そのまま、谷間を見せるために露出している胸の中に指を沈み込ませ、乳首を触った。

「もうダメ。みんなに見られちゃう。落ち着いてると思ったら悪い人じゃん。」

彼女はそう言ったが、それを悪く捉えているどころか、それによって余計に僕のことが気になっているような気がした。

「そう？　そう見える？」

「いや、だってそんなことしてたし。」

「本当はそうじゃないよ。」

「なにそれー。」

「じゃあ今度真面目に会おうよ。もっと話してみたいし。」

「本当に？　絶対なんかするでしょ。」

「しないよ。本当は真面目に話す方が好きだから。」

こんなことには意味がないと思う一方、こうして他人に声をかけて話す以外に自分が知らないことを知ろうとする方法が見つからなかった。いくら彼女のような若い女性たちを軽視しようとも、彼女たちがまだ怖いことには変わりなかった。怖いものに直接触れていくことしか、自分の閉塞感をどうにかしてくれるものはないと僕は信じていた。

＊

それから、平日の夜に彼女と会って、食事に行った。その日の服装も、胸の谷間を強調したものだった。その服は見事に彼女を、男性に好かれそうな服を着た、どこにでもいるがそれなりに華のある女にしていた。

彼女は食事の始まりに言った。

「私は一回目のデートじゃセックスしないからね。」

「そりゃそうだよ。別に僕はセックスしたいわけじゃないから大丈夫。アイちゃんは、本当は真面目だもんね。」

「えー！　わかる⁉」

「なんとなくだけど、会って話してくれたときから思ってたよ。ダンスのこと、一生懸命教えてくれてたから。」

「えー、うれしい！」

彼女は満面の笑みを浮かべた。僕の顔には品のない、歪んだ笑いが浮かび始めていた。それを誤魔化すために、恥ずかしそうに俯いた。

彼女の話し声は金属のように空間に響いていた。表情は硬く、目は見開かれていた。その大きく見開かれた目。それをさらに大きく見せるためにつけられた睫毛や、ディファインのコンタクトレンズ。

そういう彼女の目を見ていると、息苦しくなる。「大切にして欲しい。わかって欲しい。私を特別な女性だと思って欲しい」とむき出しに伝えられているような気がするからだ。

彼女は早口でいろいろな話をしていたが、一つの会話の形式を繰り返しているだけだった。

彼女の話の多くは、言い寄ってくる男性や、他の遊び人の女の子に対する不満だった。彼ら、彼女らの行いを除いていくと、話している彼女自身の形が浮かび上がるとでもいうように、彼女は他人を否定しながら自らの存在を示そうとしていた。しかし、僕には、彼女が残そうとしたものよりも、取り除いていったものの中に彼女を見出すのだった。「お前もそいつらと一緒だよ」という言葉が飛び出しそうだった。

「そうだよね。アイちゃんは、そういう人たちとは違うもんね。なんとなくそう思ったから、声をかけたんだよ。」

嘘をつけばつくほど、彼女が心を開き、僕の傲慢さは増していく。結局僕は彼女と同じ場所にいる。


「クラブにはよく行くの？」

彼女から質問をされた。

「あんまり。ああいうところは苦手だから。なにしていいかわからないし、みんなテンション高いでしょ。だから、あそこにいる人となにを話していいかわからないっていつも思ってるんだよ。」

「なに言ってるの。あなたの場合は女の子と目が合ったらニコッと笑ってるだけでいいのよ。」

まったく予期していなかった言葉だった。しかし、この言葉に慰められたくないと思い、それはただ彼女が僕に好意を抱いたから出てきた言葉に過ぎないと、深く受け止めることを避けた。

「そう？」

「そうよ。私にだってそうしたじゃない。」

彼女はさっきの彼女の言葉が僕に与えた効果を自覚していないようだった。

「どうせ他の人にもあんな風にしてるんでしょ。」

「そんなことはないよ。」

そう言ったとき、この言葉は正解ではないと気がついて続けて言った。

「してたらダメ?」

「ダメに決まってるでしょ。」

彼女は目を大きく見開いた。

「じゃあしないようにしようかな。」

と言うとアイは少し自信をなくした様子をしていた。少し可哀想になり「アイちゃんがそう言うなら仕方ないからね」と言い添えると彼女の表情はまた明るくなった。

「そうだよ。私、遊んでる人は嫌いだからね。」

アイのこの発言を愚かだと思ったが、この会話をこんな茶番にしてしまっているのは自分だった。


食事を終えて店を出た。終電は過ぎていた。

「家にちょっと寄る?」

「いいけど、セックスはしないからね。」

「そういうことは考えてないよ。今日は前みたいなことしてないでしょ。そんなにセックスのこと気にしてるの?」

「そんなことないもん。」

「僕はしないよ。ちゃんと仲よくなりたいからね。」

そして、玄関に入ってキスをした。

「ダメだよ。」

彼女の声は柔らかく弾んでいた。してもいいサインだ。彼女は僕を引き離そうとしたが、その力は弱かった。唇を合わせたまま、強く抱き寄せると、もう抵抗はしなかった。彼女の舌は柔らかかった。彼女のような女の子と仲よくなりたかった。それだけでよかったはずだった。

アイの晒された谷間の方から左手を突っ込んで、胸を直接摑んだ。初めて見たときに触れることが許されないように感じられたそれも、ただの肉に過ぎなくなった。

アイの舌は柔らかく、いやらしく僕の舌に触れてきた。それは彼女のダンス同様、訓練された動きのように思われた。それは、そうすることがよいと彼女が見出したスタイルなのだろう。彼女は僕の舌を感じるというよりは、練習したダンスを勝手にやっているようだった。

その舌の動きは、百合子さんとキスをしていたときの自分の舌の動きを思い出させた。あのとき僕がキスをしていた相手は百合子さんではなく、僕が思い描いていた、理想の女性だったのではないか。僕は百合子さんの前で、自分勝手に舌を動かし、踊っていただけなのだ。

アイはセックスを明るく楽しんでいた。どうしてこんなにずれた会話しかしていないのに楽しめるのだろうか。

セックスは気持ちよかった。しかしそう感じることは、陰鬱な人間がダンス教室に行き、そこで陽気な踊りを踊らされているうちにうっかり笑顔になってしまったというような間抜け具合だと思った。そうなってしまうことを拒むように彼女に聞いた。

「今日はセックスしないって言ってたよね？」

「だって。」

「だって？」

「好きなんだもん。」

彼女が恥じらいながら発した言葉は僕の鳩尾を詰まらせた。もらってはいけないものをもらった気がして苦笑いが浮かびかけたが、ぐっと自分を保って返事をした。

「そうなんだ。」

「でも、すぐしたら捨てられちゃうと思ってたの。」

「それはどうだろうね。」

「えー、なんでそんな意地悪なの！　もうなに考えてるのかわからない。」

そう言って彼女が目をつぶって身悶えしているのを僕は見ていた。


セックスのあと、ベッドの上で彼女が言った。

「ねぇ、黙ってたことがあるの？」

「なに？」

「聞いても嫌いにならない？」

「大丈夫だよ。教えて。」

「私、実は仕事、アパレルじゃないの。コールセンターで働いているの。でも、前は本当にアパレルだったんだけどね。」

「そうなんだ。」

「隠してたの。ごめんね。」

「そんなこと、大丈夫だよ。コールセンターでも、アパレルでも。なにか違うの？」

彼女の虚栄心を理解できないふりをした。

「アパレルって言った方が気に入ってもらえるかなと思ったの。男の人ってそういう仕事してる子好きでしょ？」

「僕はそういうの気にしないから大丈夫だよ。それより、そういうことを思ったりしているんだとわかってよかったよ。」

「どうして？」

「僕に対していろいろ考えてくれてたんだなって思うから。それによく見られたいと思ったり、嘘をついたりしながらも、それを正直に言えるっていいことだと思うよ。」

「そんなことないよ。でもね、本当は私……」

彼女は自分の将来の夢を話し始めた。僕はその話に興味なんてない。だけど、彼女がこのように打ち解けて僕に好意を示してくれることは求めている。しかし、また会って同じような会話をすることには耐えられそうもなかった。その後に連絡が来ても返事をしなかった。

そして、また別の女性を見かけると声をかけたくなった。女性の存在は僕にとって誘蛾灯のようなものだった。何度もその誘蛾灯に強迫的におびき寄せられ、焼かれているというのに、また同じように向かってしまっていた。

アウトサイダー

ある時期から、ブログにナンパをしたときに思ったことを断片的に書いていた。それを読んだ女性からメールをもらうことはよくあった。そのうちの一人にＳＭのＳ嬢だという女性がいた。

「私を見たらびっくりすると思います。私は見た目も服装も地味だから。」

会うことになると、彼女はメールでそう前置きをした。


カフェで待ち合わせをした。先に座って待っていると彼女から電話があった。

「こんにちは。もう着いてますか？」

「はい、中にいます。」

「すみません、少し遅れるので待っててもらっていいですか？」

「はい。いいですよ。」

彼女の声は、注意深い、そろりそろりとしたリズムで発されていた。高めの声だが不快な響きがない。若い女性の高く響く声に、それを抑制する粘り気のある性質を与えたような声だった。深く心地好い気分にさせる声ではない。聞いているとペニスと陰嚢《いんのう》に微かな金属音が響く、特殊な声だった。

奥の席で、入り口の辺りをぼんやりと見つめながら待った。一人の女性が入ってきた。僕と目が合うと、控えめにニコリと笑った。切れ長の目の放つ視線には静かな鋭さがあった。

服装は全体的にふんわりとしていた。白いカットソーに淡い色の花柄のスカートという普通の地味なOLに見える感じだった。しかし、大抵の女性はその服が示すものになろうとして服を選んでいるのに、彼女は妖しく漏れ出てしまう自分自身を隠そうとして服を着ているようだった。それがかえって、彼女の妖しさを際立たせていた。

「遅れてすみません、コーヒー買ってきますね。」

彼女はレジに行き、コーヒーを持ってくると、僕の前に姿勢よく座った。コーヒーカップに触れるときの指先の動きが美しかった。見ているだけでその指先に自分の体が触られているような感じがした。

さっきと同じ微笑をもって僕を見つめていた。視線をそらせば、彼女との間にある集中を壊してしまいそうだった。体に生まれた緊張を保ちながら、僕はカップに視線を移し、手を伸ばして、コーヒーを一口飲んだ。

「ナンパなんてしてるわりに、下品なバカではないのね。」

「そうですか?」

「『そうですか?』って。自分のこと、そう思ってるんでしょ。」

彼女の目に急に狂気の光が宿った。その目につられて、僕も感情的になった。

「そう見えるわけだね。そう思ったから、わざわざ会いに来たんだよね。」

「ふふ、面白ーい。」

抑えられた狂気が急に弾けたような笑いが、二人の間にあった緊張を吹き飛ばした。

「私ね、普段あまり話す人いなくて。久しぶりに面白い人見つけたと思って、話してみたかったの。みんな、私と話すと辛くなって泣き出したり、もうごめんなさいって謝ったりしてくるの。」

彼女の甘えてくるような声が僕の体を撫でていた。

「そう。僕のことも泣かしに来たの？」

「さぁ。どうかしら。」

彼女は普通の会社で働きながら、ＳＭの店で女王様として働いているという。彼女はそのことを淡々と話した。言葉の簡潔な、乾いた感じに反して、動作にはそれまでのような湿り気があった。視線を僕に向けたまま、微笑を向けたり、きちんと揃えていた足を組んだり、組み替えたり、少し体を前に傾けたりした。彼女の目は、それらに対して僕が欲望を露わにすることを待っているようだった。

彼女の常連客に社会的な立場を持つ人が多いと話したとき、彼女は傲慢な笑みを浮かべていた。

「そうなんだ。そういう人たちが君を求めているんだね。」

彼女の承認を求めるような力んだ笑みが消えていった。

「なに私に入ろうとしてるの？」

「いや、そう言ってるから、そうなんだと思って。」

「あなた、そうやっていつも他人をバカにしてるんでしょ。自分はわかってるみたいな顔して。」

「なに怒ってるの？　自分で自意識を漏らしただけでしょ。」

他人の快楽や、秘密を引き出しても、彼女が彼らのようにも、彼ら以上の存在にもなれるとは思えない。それは彼女が彼らの社会の外側に存在しているからこそ可能なのだ。彼らの社会の内側には入れない。必死に自分の客の社会的地位を訴えるのは、自分の居場所が見つからずに苦悶しているからであるように見えた。

「それはあなたのことでしょ。寂しそうよ。寂しそうだから、わざわざ会いに来たのよ。」

さっきから店内に女性たちの雑に高く響く会話の声が聞こえていた。急にそれらの声が僕の体にザクザクと刺さり始めた。その刺激を受け容れようと、瞼を閉じた。

「そうだよ。」

目を開けると、強い怒りを含んだ彼女の目と合った。彼女が狂ったように叫び出しそうな予感があった。その目を見ていると再びペニスと陰嚢がむずむずとし始めた。

「偉そうにしてるけど、あなたはまだ人間をわかっていない。」

「そうだろうね。」

「は？　なに言ってるの？　本当は自分はわかってるって思ってる癖に。」

「わかってると思ってる部分はあるかもね。君もそうでしょ。」

「あなたよりはね。」

「じゃあ僕がなにをわかってないのか教えてよ。」

「それはまだ言ってもあなたにはわからないから言えない。」

僕は落ち着いた振る舞いは保っていたが、このバカな女、と腸《はらわた》が煮え繰り返っていた。

「そっか。それならもう結構話したし帰ろうか。」

「私のこと、面倒臭いと思ったんでしょ。」

「いや、別に。でも、たくさん話したからまぁいいかなと思って。」

「嘘つき。なにもわかってないくせに。」

「うん。じゃあまたいつかわかればいいかな。」

「つまらない男。見損なうわ。」

「そう？　ごめんね。」

店を出て、彼女を駅に送った。その間、会話はしなかった。彼女のもったいぶった発言に辟易していたので、別れられることにホッとしていた。駅の改札には仕事が終わった人々が行き交っていた。彼女は改札前で立ち止まり、僕を睨みつけてきた。

「帰らないの？」

「私はあなたに教えてあげようと思っているのに、なんでわからないの？」

「どうせまたわからないって言われるだけだからいいよ。」

「その態度がわかってないって言ってるのよ。」

「じゃあ、セックスしよう。」

「なんで？」

「そんなに教えたいなら、体を差し出してリスクを冒せってことだよ。」

「わかった。」

彼女が迷うことなくそう言ったとき、その速さに僕は驚いた。攻撃的な様子が消え、どこかしおらしささえ感じられた。

家に入ってすぐに、彼女をソファに押し倒した。彼女は僕を睨んでいた。すぐに下だけ脱いで、彼女の投げ出された足を抱えた。彼女はただ構って欲しいだけだ。だけど、もしかしたらなにかをわかっているのかもしれない。そう思うと彼女をどうでもいいと捨てることはできなかった。

僕を睨む彼女の目があった。抵抗しようとはせず、ただ睨んでいるだけだった。ペニスを少しずつ入れた。恐ろしいものに触れていくような感じがした。彼女との間にあった緊張感は、ペニスが入り始めても変わらないどころか、より一層緊張を増していっていた。まばたきを一つするだけでも、その間に彼女になにかされてしまいそうで怖かった。緊張と興奮が昂まり、視界が少し霞み始めていた。

体の中に何匹もの蛇が彼女の膣から僕のペニスを通って送り込まれ、蛇たちが絡まりながらぐるぐると僕の中を暴れまわっているようだった。蛇は僕の中を巡りながら、憎しみ、悲しみ、狂気、他人を操作することへの欲望を僕の中にますます呼び起こした。それは彼女のものなのか、それとも僕自身のものなのか、このときはそんなことを考える余裕もなく、それが彼女の感覚なのだと信じ込んでいた。

「ねぇ、キスして。」

彼女が甘えた声で言った。これまでの彼女から聞いたことのない幼い声だった。僕は彼女に勝ったと思った。

「甘えちゃったね。そんなことはしないよ。」

僕がそう言った瞬間、彼女が身を起こし僕を突き飛ばした。性器が入ったまま、ソファからずり落ちた。彼女は僕に跨り、再びあの僕を制圧しようとするような目で見下ろしていた。僕はお前には無理だという思いを込めて、笑みを浮かべて彼女を見返した。見つめ合ったまま、止まっていたと思った刹那、頬に衝撃を感じた。それは僕がまばたきをした瞬間だった。彼女が突然僕の頬を思い切り打ったのだった。呆気にとられて動けないでいると、さらにもう一発きた。その強さは僕が他人に打たれることを想定しているものを遥かに越えていた。二度目の平手打ちを受けて、怒りが一瞬にして湧き出してきた。僕は怒っていたのだ。こいつに「人間のことがわかっていない」と言われて。

彼女はさっきの僕と同じようにうっすらと笑みを浮かべて僕を見下ろしていた。考えるより先に僕は身を起こして、彼女を床に押し倒していた。

「あああぁぁ！」

衝動に突き動かされて、ペニスを一心不乱に突き続けていた。

そうなることがわかっていたかのように、彼女は微笑んでいた。打たれてからこれまで彼女に観察され続けていたことにようやく気がついた。

「ありがとう。」

正常位で静止したままそう伝えると、彼女の目はすっと優しさを帯びた。

「いい子ね。」

彼女は僕の頬を優しく撫でた。彼女の手のひらは僕を安らぎの中に導こうとしていた。そのとき、自分が茶番の中にいると気がついた。しかし、目が覚めた子どもが、母親の腕の中で眠ったふりをしているときのように、僕はその中で眠ったふりをしていた。

「横になって。」

彼女は手で僕のペニスに触れた。あのコーヒーカップに触れたときのような繊細なタッチで、五本の指と掌がピタリと僕のペニスを包んでいた。彼女は僕を見つめていた。僕はその彼女の目から目を離せずにいた。性器には電気のようなものがビリビリと流されているような、不可思議な快楽が走っていた。その快楽を感じていると、電気は全身に走り始めた。電気は僕の頭にまで流れつき、僕から考える力を奪っていた。目が霞み、頭の中は真っ白になっていった。

「私は私のためならなんでもすると言う男しか愛さないの。」

彼女がそう言った。まさに今、僕はそんな気持ちになりかけている。恋い焦がれているように胸が苦しかった。このまま彼女に身を任せ続けたい。

それは百合子さんが僕に許さなかったことだった。目の前の彼女が僕に与えようとしているものは明らかに一時の幻想であったが、そうとわかっていてもあまりにも僕を惹きつける幻想だった。

彼女が手を動かした。胸につっかえたものが漏れ出すように、僕は叫んでいた。喉がだらりと開き切り、吐く息は叫び声になっていた。今まで出したことのないものが出ているようだった。

彼女が卑猥な言葉を投げかけ続けてきた。その目は狂気の笑みに満たされていた。声のトーンは高く、選ばれた言葉はわざとらしいものが多かった。

「偉そうにしていたのに、今はもう赤ちゃんみたいね。もっと触って欲しい？」

「触って欲しい。」

「私の名前を呼んでちゃんとお願いしてごらん。」

茶番であることはわかっていながらも、僕は彼女の名前を呼んでお願いをした。彼女が言葉を接げば接ぐほど、彼女の他人を操作したい、圧倒したい、勝ちたいという欲望が感じられた。これこそ、カフェで話しているときに彼女に感じたものだった。しかし、僕のペニスに触れる彼女の手の感触には、その言葉以上のなにか、優しさとも繊細さともとれる静かななにかがあるような気がした。

彼女の手に触れて動きを止め、起き上がった。僕も彼女を触ってみたかった。彼女の唇に自分の唇を近づけた。さっきまでの行為を中断された彼女は少し驚いたような表情を浮かべていた。これまでの狂ったような笑みは消えていた。彼女から感じた静かな部分に集中すると、湖の水面が想起された。彼女に近づくごとに水面がざわざわと波立っていこうとする。その水面を静かに保とうとしながら近づいた。唇が合わさり、互いの体も重なっていくと、水面を通って水中に入り込んでいくような感覚があった。彼女の背中と腰に、手を添え、その肉の柔らかさを感じ入った。呼吸とともに膨らんでは萎んでいくその柔らかな動きは、僕をゆっくりと、水のさらに深くへと潜らせていった。あの「キスして」と懇願してきた彼女、虚勢を張って自分の客のことを話していた彼女、狂気を含んだ目を向けてくる彼女、出会ったときのニコリと恥ずかしげに笑った彼女が次々に思い浮かんでは消えていった。それらは別のものではあったが、それらの奥底に共通して流れているものがあの手から感じた静かな感覚であるような気がした。

部屋にも僕の体にも、彼女の静けさが満ちていた。キスをしたまま、彼女の頭を支えながら、彼女をベッドにゆっくりと横たえた。ペニスを入れた。性器は動かさなかった。口内と膣内での接触は、互いの内面を一時的に繋ぎ合わせるためのものだった。そのまま動かずとも、呼吸によって膨らんだり萎んだりする全身の動きと、膣とペニスのわずかな蠢《うごめ》きだけで、穏やかな快楽が広がっていった。射精しないうちに、僕は眠っていた。

数時間後、彼女の小さな嗚咽が聞こえて目が覚めた。彼女は泣いていた。泣いている理由が、よくわかるような、まったくわからないような感じがして、黙ってそのまま彼女を抱いていた。

救い

平日の午後六時、新宿駅の西口から都庁前に行く地下一階の通路のところに立っていた。やはりこうして人々がいる中に身を置いてしまう。誰かとなにかを話したいと思うが、いざ声をかけるときになると誰になのかも、なにを話したいのかもわからない。

スーツ姿の男性、女性が多かった。彼らの一挙手一投足は、他人の干渉を受けても動じる隙を見せないほどに、ギチギチに詰まっていた。一人一人にそれぞれの生活があり、その中に僕が入り込む余地はないように見えた。

浮浪者もいた。汚れた服、黒い油が塗りたくられたような肌、ぐちゃぐちゃになった髪……体を引き摺るように歩いていた。彼は通りかかる人々のことをじっと見つめていた。

浮浪者よりももっと先の方には、托鉢僧が柱を背にして立っていた。なにかを唱え、片手でお椀を持っていた。しばらく見ていたが、彼に喜捨をする人は一人もいなかった。彼と周囲とは、どこか隔たりがあった。服装や行っていることがその原因ではない。その微動だにしない様子が、周囲の人々を拒絶しているように見えた。

笠の陰に隠れた顔を見たくなり、彼の方へ近づいた。どんな目をしているのだろう。流れる人の波を横切った。彼の顔は想像していたものとは違った。ここを歩いている人々とさして違わない。彼の顔と浮浪者の顔を入れ替えた方が、僕の想像していた雰囲気と合っているかもしれない。彼の目は、その場で超然としているのでも、切迫感があるのでも、静けさがあるのでもなく、笠の下に隠れることでなんとかこの場にいることを保っているような目だった。

僕は彼を小賢しいと思い、腹が立った。彼はすでに保証されたやり方で救われようとしている。決まった言葉を唱えるよりも、他人に声をかけて、自分の欲望を露わにしてみろ。衝動的にそう思ったが、それは僕がただ自らに課していることに過ぎない。他人を批判して、自分のやろうとしていることから逃げているだけだ。僕は歩いている人々に視線を移した。

話しかける相手になんらかの関心を持てなければ、声をかけることはできない。気持ちを落ち着けた。なにも考えず、期待をしない。そうなるために、目に映っている人々の歩みを、どこに焦点を合わせることもなく感じていた。各々が、自身の生活を全うしている。それらを、ただそういうものなのだと、遠くから見つめていた。

一対の脚の動きに注意が向いた。それは柔らかく、地面に吸い付くように下りていき、それからまたすっと地面から引き離された。紺色のワンピースが彼女の体にぴたりと張り付いていて、動くごとに彼女の太腿、尻の形を浮き上がらせていた。人々が彼女を追い抜いていったせいだろうか、彼女の姿が彼らを背景にして浮かび上がっていた。明るい茶色の長い髪が揺れている。目元をはっきりとさせ、頬に明るい色をつけた化粧。艶があった。

何度やっても、知らない人間に声をかけるのが怖いのは変わらない。僕は彼女の方へ踏み出した。僕の脚は彼女の近くへと僕の上半身を運び、それから彼女に歩調を合わせた。あと四、五歩くらいのところにまで近づくと、彼女の存在が途端に現実味を帯びてくる。彼女と実際に話すのだと思うと興奮で関心がさらに高まる一方、身を投げ出すことの恐怖が膨らんでいく。集中を欠けば、関心と恐怖の均衡は瞬く間に崩れ、怖気づいて声をかけるのをやめてしまうか、あるいは過度な緊張を持って無理矢理に相手の前に出てしまう。鳩尾の辺りが締め付けられ、目にぐっと力が入った。それらの緊張を手放せる、急に気持ちが静かになる一瞬がある。その瞬間の中に飛び込まなければいけない。その瞬間に踏み込んだとき、一瞬頭が真っ白になった。

「こんにちは。」

彼女がこちらを向いた。アイメイクの施された目がパッと見開かれていた。その目の無防備な様子に惹きつけられた。

「はい。」

「綺麗な歩き方ですね。」

「そう?」

彼女は自分の足元をちらりと見つめて言った。

「それでなにかしら?」

「歩き方を見ていてどんな人なのかなと思って……知り合いたくて。」

「へぇ。」

彼女は声をかけられたことを楽しんでいるようだった。年齢は三十代半ばか後半くらいだろう。女性としても余裕があるのがわかった。それでいて、男性に興味を持たれることを喜んでもいるようで、僕を試しているような感じがあった。

「こうしてたくさん歩いている人がいますよね。」

そう言って僕は視線を彼女から周りへと向けた。

「皆、リズムが硬いですよね。カツ、カツ、カツって感じで。」

彼女は不思議そうな表情で頷いた。

「それに対してお姉さんは……名前聞いてもいいですか？」

「え？　ユキ。」

「ユキさんは、脚が持ち上がるときはス、降りるときはフって感じで、ス、フ、ス、フって歩いていて綺麗だったんです。それを周りの人たちが追い抜いていっていて。こんな新宿の地下通路の中でそんな動きができる人ってなんかいいじゃないですか。言ってること、なんとなくわかります？」

彼女はほんの一秒ほど考えるように止まったあと、笑って答えた。

「わからないわよ。で、なにが目的？　ナンパ？」

「そうですね。そう思います？」

「たぶん、そうなんだろうとは思うわよね。」

「そうですね。隠さずに言うと、こんな綺麗に動く人はどんな風にするんだろうって思ったんです。」

「ん？　なにを？」

「セックスを。」

彼女は怒ることもなく、拒絶することもなく僕を見つめたままでいた。驚いているのかもしれない。そのまま答えを聞くまで待つのに耐え切れず、さらに言葉を続けた。

「あ、いや、今すぐにしたいというわけではないですよ。もしよかったらお話しして仲よくなれたらと思ったんです。」

彼女の表情が緩んだ。

「そんな直接的な人はじめて。」

「そうですか。こんな出会い方だし、思ったことを隠すのもいやらしいかなと思って。」

「ふーん、賢い返事。」

彼女はすっと僕を見つめた。微笑んでいた。

「ユキさんも。怒らずに、そんなことを言える人はなかなかいないですよ。」

「そう？　セックスはしないけど、話すくらいならいいわよ。」

「僕もそんなすぐにセックスしたりしないですよ。そういうのは話して仲よくなれたらするものですよね。」

「ナンパしてくる人にそんなこと言われても、説得力ないわよ。」

彼女は呆れたように笑っていた。

「そうですよね。じゃあ、ちょっとだけ、コーヒーでもどうですか？」

「ちょっとだけね。」

彼女の表情は僕を警戒しているにしては柔らか過ぎると思ったが、なにを言われても信じてしまうような緊張感のないものではなかった。

近くにあるカフェに入ると、ちょうど店の奥の端に二人がけの席が空いていた。僕がすぐにその場所まで行くと、彼女はあとから付いてきた。

「ここでいいですか？」

「うん。」

「じゃあ座って待っていてください。なに飲みます？」

「あら、ご馳走してくれるの？」

「はい。僕が誘ったから。それはもちろん。」

「うーん、じゃあ温かいカモミールティーをお願い。」

彼女は持っていた黒の革のトートバッグを椅子にかけ、ゆっくりと腰かけた。

「わかりました。じゃあ奥に座って待っててください。」

僕は飲み物を買う列に並んだ。彼女からは見える場所で、僕は彼女に背を向けることになった。彼女は僕を見ているだろう。呼吸を落ち着けて、自分の体の感覚に注意を向けた。目、喉、手、お腹、腰、膝、足……それらの体の感覚を確かめていると、その部分に入っていた力が抜けていく。

そのとき、さっきの托鉢僧のことが思い浮かんだ。彼はただ、お金をあのお椀の中に入れてもらうのを待っているだけだ。人生の中でなにもせずにただ時間が流れていくだけのようで怖くならないのだろうか。

彼女のカモミールティーと、ホットコーヒーを買った。僕もカモミールティーを飲みたいと思ったが、ここで同じものを買うとあからさまに好意を持たれようとしているようでやめておいた。

「どうぞ。」

「ありがとう。」

彼女は蓋を丁寧に外して、カップを口元に運んだ。

「今日はなにしてたんですか？」

「仕事よ。」

僕の出方を伺うように、ピタッと一言発した。

「仕事……変わった仕事をしてそうですね。」

「そう？」

「はい。変わってないと、わざわざ僕みたいな知らない人と話そうとは思わないかなと。」

会話の中で「変わっている」を出すのは苦手だ。だけど、それを喜ぶ人は多い。彼女は少し微笑んで答えた。

「まぁ、ちょっと変わってるといえば、変わってるかもね。人の話を聞いたりする仕事。」

「セラピストとか。」

「そう！　よくわかったわね。」

「なんとなく、そんな気がして。じゃあさっきまでお客さんのお話を聞いていたんですね。」

「うん。」

「お客さんはいろんな理由で来るんでしょうけど……僕も自分がどういう生き方ができるのか、考えるきっかけが欲しいことがありますよ。さっきもあの出会った場所で浮浪者が歩いているのが見えて、それから、托鉢僧が見えて、それからユキさんが見えて。なにか気になったから、声をかけたんだと思います。そういうのってないですか？」

「ないわよ。」

彼女は笑った。

「でも……私はそんなことはしないけど、わからないことはないかも。」

彼女は目線をテーブルの方に落とし、カップをそっと掴んでいた。

「どういうことがですか？」

「他の人たちがどんなこと考えてるのかなって気になるの。でも、あなたのように話しかけたりはしないけど、まったくわからないってこともないかな。」

答えながら、目をまたテーブルの方へと向けたり、僕の方へ確認するように向けたりしていた。

「さっきの托鉢僧はお経を唱えながら、あのお椀に喜捨をもらうわけですよね。彼がしたいことは本当にそれなのかなと。なんだか、それをやめて、彼が周りの人に声をかけて、なにかを訴えることの方が、彼がしたいけどできずにいることのように思えたんです。」

「どうして？」

「目を見たら緊張と怯えがあって、欲深そうだったんです。あの笠の下に自分自身を隠している気がして。本当は他にやるべきことがあるんじゃないかって思って。」

彼女は静かに僕を見つめた。

「そう……変わってるね。」

「変わってはないですよ。ただ、相手を見ながら、自分のことを考えていただけなんでしょうね。」

「変わってるって言われるのは嫌い？」

「まぁ……変わってるものなんてないですから。」

「でも、さっき私には言ったわよね。」

彼女は意地悪く笑っていた。

「あのときは……緊張して、つい紋切り型の言葉を使ってしまいました。」

「正直ね。」

「そうですよ。」

「正直はいいのね。」

「それは。大事なことだから。」

彼女はちらと僕の方を見て、そのまま二秒ほど僕を見つめていた。

「大事なことだけど、あなたは本当に正直かしら。」

いたずらっぽく笑った彼女の目が、僕の目を見つめているのがわかった。彼女の目は急に艶っぽくなっていて、僕は惹きつけられた。

「恋人はいますか?」

「いないわよ。いたらついてこないでしょ。」

彼女は少し怒ってみせるように言った。

「ちゃんとしてるんですね。どんな人と付き合いたいとか、考えたりするんですか?」

「私、今度は経営者の人と付き合うって言われてるの。」

声が急に高くなり、目の周りに力が入った。

「占いですか?」

「ううん。リーディング。」

「ちょっとスピリチュアルなやつですか？」

「まぁ、ちょっと違うけどそうかな。」

「そういうのって、いろいろありますもんね。信用している人のを受けたんですね。」

「そうね。」

彼女は何冊も本を出している、有名なセラピストの名前を挙げた。

「その人のところで勉強したり、お手伝いをしたりしてるんだけど、その人に言われたの。」

「未来がわかるってことですか？」

「うん。そういうのが見える人なの。」

彼女の目は力みが増して、触れるだけで壊れてしまいそうな硬さに変わっていた。他人の言ったことを信じ込んだ彼女の姿からは、さっきまでの躍動感が失われていた。それを見て、僕も自分で思っている以上に百合子さんとのことに縛られてはいないだろうかと思った。

「へぇ、そんな人もいるんですね。僕はそういうのは疎いからよくわからないですけど、ユキさんがそう思うんならいい人なんでしょうね。」

「ちょっと怪しいと思ってるんでしょ。」

彼女が笑って言ったので、僕も安心して笑った。

「彼にすごくはまっていたときはあったの。でも、今は距離を置きながらって感じかな。」

目からさっきの硬さが少し消えていた。

「正直に言うと、そんなふうに人を信じて大丈夫なのかなって思ってました。正直でいるのって難しいですよね。言わない方がいいかなって思うこともあるし。」

　彼女は一息つくように、カップに口をつけた。僕は目の力を抜いて、視線を斜め下の床の方へと落とし、テーブルの下で右手の親指と人差し指をとてもゆっくりと擦り合わせながら、自分が思っていることに注意を向けていた。

「どうしたの？　考え込んじゃって。」

　彼女が言った。

「いや、いい話だったなと思って。いろいろ思い返してたんです。誰だって、なにか自分を越える圧倒的なものを見せられたりすると頼りたくなりますよね。そういうものに触れて、それを信じたいだけ信じるのも大事なのかもって思って。だからリーディングについてはなにも言わなかったんです。」

「そういう経験があるの？」

「なんでですか？」

「そんな言い方だったから。」

「なんとなくいろいろ思い出しながら話してました……なんか長いこと引き留めちゃいましたね。もう出ましょうか。」

「えー、いいとこなのに。」

「話したら長くなっちゃうから。また今度お話ししませんか？　ごはんでも食べながら。」

「どうしようかしら。もし予定が空いてたらね。」

「忙しいですか？」

「うん。ちょっとね。」

彼女は首を少し傾げながら、可愛らしく言った。

「ちょっと忙しいってなんですか？」

「忙しいの。」

子どもをたしなめるように彼女は言った。

「じゃあユキさんが会いたいと思ったときに連絡してください。」

「そうするね。」

彼女と連絡先を交換して、カフェを出た。外はさっきと変わらない人の多さだった。その人の波に紛れるように入り込むと、彼女はピタリと同じタイミングで僕の隣を歩いていた。彼女の歩みの軽やかでいてしっかりとしている様子を気持ちよく思った。

＊

二日後、彼女の方から「明日は空いてる？」とメールがあった。彼女とその次の日の夜に銀座で食事をすることになった。

午後六時に和光の前で待ち合わせをした。

早めに着いて、周りにいる人たちを見つめていた。遠方から出てきたのだろうと思われる五十代くらいの三人の女性たちが僕の近くでお喋りをしていた。別の場所には、ほんの少しだけ笑顔を作って、相手を待つ同伴のホステスと思しき二十代後半の女性がいた。

　銀座は他の街よりもそこにいる人々のコントラストが激しい。誰かの欲望の対象となる人と、ならない人がはっきりと別れている。いや、これでは正確ではない。欲望の対象に自らなろうとしている人と、まったくなろうとはしていない人と言った方がしっくりとくるかもしれない。欲望の対象になろうとしている人はホステスだけではない。二十代から四十代の仕事終わりの女性たちの服装もまた、ホステスとは違うが、男性の欲望を強く意識したものに見えた。彼女たちと比べるとホステスの方が、どこか潔さがあって僕は好きだった。


「お待たせ。」

　そんな考えに没頭していると、横からユキさんの声が聞こえた。振り向くと、彼女の明るい顔があった。セラピストという仕事柄だろうか、妙にテンションが高かった。一見オープンだが、どこか僕のリズムとずれていて、僕への好意からというよりも、仕事での所作が日常と不可分になっているかのようだった。

　ユキさんの白のハイヒールが目に入った。その背面には白のリボンの形をした装飾がついていて、そのリボンにはさらにラインストーンがちりばめられていた。その上のタイトな黒のジャージ素材のスカートが彼女の太腿と尻のラインを露わにしており、腰よりも少し高めの場所から始まるレース地の白のトップスもまた彼女の胸元の膨らみを示し、首から胸元へかかっているシンプルなネックレスが胸元を強調していた。そして、つけまつ毛とアイラインが彼女の目を大きく見せており、今日は細長いピアスが耳元から垂れ下がり、揺れていた。僕は彼女が自ら欲望の対象になろうとしている類の人間に見えた。

彼女は挨拶をしたあと、にこやかに僕に対峙していた。僕はあからさまな服装にどう対応するべきか困惑した。

「あ、こんばんは。」

「なに、また考え事してたの？」

「えぇ、ちょっとだけ……今日はなんか色っぽいですね。」

「こういう格好、好きなんでしょ？　そんな顔してるわよ。」

「そんな顔って。いやらしい顔しました？」

僕は笑った。

「ちょっとね。」

彼女も笑った。

「僕もまた会いたいなとあれからずっと思っていたから、会えてちょっと落ち着きました。」

「なに、今日は積極的なのね。」

「楽しみにしてましたからね。じゃあ、お店予約してあるから、行きましょう。」

「えー、ほんとに！　うれしい。」

彼女は高い声を出して喜んで見せた。そのテンションに僕は戸惑ってしまった。

「そりゃ予約してますよ。」

自分を落ち着けるために淡々とそう返事をした。しかし、それだけで済ますことが申し訳なくなって、すぐに言葉を付け加えた。

「せっかくユキさんと会うんですからね。」

しばらくして、大きな通りから人が二人並んで通れるくらいの脇道に入った。連なった雑居ビルのうちの一つの前で止まり、

「ここの二階です。」

そう言って僕はユキさんを先に通した。狭いコンクリートの階段を上りながらユキさんの背後で彼女の尻が目に入ると、AVを見ているときのような、自分勝手で攻撃的な性的欲求が、ふっと鳩尾の辺りに生まれた。しかし、それは階段を上り切って彼女と顔を合わせたときに、すっと現実に引き戻されるようになくなった。

階段を上ったところには、コンクリートと塗装された鉄でできたこのビルには不似合いな、赤いペンキを塗られた木の扉があった。扉を開くと、中は洞窟のように薄暗かった。店内がわずかな白熱灯だけで照らされており、左手には厨房とその前にカウンター席が並んでいた。客は大体、男女二人か女性二人で、店内の空気は彼らの話し声の作る響きで満たされている。高い声、低い声、大きな声、落ち着いた声が程よく暗い中で混ざり合って、他の人たちのことが気にならない空間になっていた。

椅子に座った。すぐ隣にある、彼女の胸元や膝の辺りに、つい自分の視線がいってしまいそうになることが嫌で、緊張して息苦しくなった。それらは彼女の魅力を引き立てるものであるというよりも、彼女にポルノをとってつけているように僕には感じられて、落ち着かなかった。

この店の料理のほとんどは、串焼きにした肉と野菜だ。白ワインと野菜をいくつか、それに鶏肉と豚肉の焼いたものを頼んだ。

　焦げ茶色の木のテーブルに、一人一皿、細長い楕円形の白い器と箸置きに置かれた箸が並べられている。その奥には、塩とマスタード、ホースラディッシュがそれぞれ入った小さな壺のような白い陶器の容れ物があった。

「これ、塩とか、香辛料とか。肉につけたら美味しいよ。苦手じゃない？」

「うん。」

　彼女の皿にそれらを、匙で掬《すく》って並べていった。

「そんなことまでしてくれるの。」

「あ、うん。いるかなと思って。自分でする？」

「いいの。して。女性に慣れてるのね。」

「そんなことないよ。いつもはする方？」

「そうなの。あまりしてもらったことないかも。」

「僕もそうかも。たまにしてもらうとうれしいよね。」

「じゃあ今度は私がするね。」

　彼女は僕の言葉に丁寧に応じてくれていた。それは心地好いものだった。

「男の人に尽くしそうだね。」

「そう見える？」

「うん。いろいろしてくれそうな感じがする。でも、たぶん、それで相手の人がおかしくなっちゃうような気がする。」

「おかしくはならないわよ。」

彼女が笑って答えた。

「そう？　相手が甘え過ぎたりとかして、ユキさんが尽くさなきゃいけなくなったりして。」

「そうなの。相手は私に甘えてばっかりでなにもしてくれなくなるの。」

「やっぱり。」

「えー！　なんでわかるの？　私ってそんなふうに見える？」

「うーん。なんとなくそんな雰囲気があったから。一緒にいると居心地がいいからかもね。」

彼女は安心したのか、柔らかい表情になった。

「お待たせしました。」

それまでの会話を優しく中断するように、カウンター越しから鶏肉の串焼きが出てきた。

「食べよう。おいしいよ。」

「はーい。」

その声は、母親に返事をする素直な子どものようだった。

彼女は箸で鶏肉を串から外し、その一つを食べた。

「美味しい！」

「この前もそうだったけど、ユキさんって綺麗に歩くよね。なんかなんとなく周りの人と違う気がするんだけど、なんでなんだろう？」

「そう？　バレエやってたからかも。自分では意識してないんだけど。」

「そうだったんだ。いつからやってたの？」

「小学生のときからかな。やってみたくて、教室に通い始めたの。それで、高校のときにバレエの学校に行くために海外に留学したの。母親が厳しい人で、私のやってることをなんでも否定する人だったの。それがずっと辛くて。自分のやりたいことをやるために離れたくて。今はもうそれなりに仲よくしてるんだけど、まだ会うと私はちょっとね。母親は特になにも思ってないみたいだけど。」

「お母さんとは会ったりする？」

「たまに父親と二人で東京に来たりするんだよね。それで会ったり。この前は浅草を案内したよ。」

「そう聞くと、仲よさそうだけど。」

「うーん、表面上はね。でも、自分の話はなるべくしないようにしてるの。いろいろ言われるから。」

「いろいろ？」

「今している仕事とか、あと結婚の話とか。向こうは気になって聞いてくるんだけどね。」

「セラピーの仕事の話はダメなの？」

「うん……ちょっとね。」

「いい仕事だと思うんだけど。」

「ありがとう。でも、母親は昔の人だし、田舎の人だからわからないのよ。もうちょっと普通の仕事をして欲しいみたい。だから、仕事の話はしないの。」

彼女は、じっと我慢する幼い子どものようだった。そして、俯いてしばらくじっとしていたあと、僕の方を見て言った。

「なんか負けたみたいな感じがするの。」

「負けたみたいな感じか……」

意外な言葉だった。彼女は独り言を呟くようにテーブルに視線を落として言った。

「そうね。私は母親に負けたくないのかもね。」

彼女は諦めたように少し微笑んで、それから僕の方をちらりと見た。僕は彼女と目が合ったとき、ほんのわずかに頷いた。その後、二人ともワインを飲みながら少しの間沈黙していると、海老が出てきた。海老は殻ごと、ところどころに焦げ目がつくほどに焼かれていた。

彼女はその海老にそっと触れて、頭をもぎとって殻を剥き始めた。左手で海老の胴を抑え、右手の中指、薬指、小指をピンと張りながら、親指と人差し指で殻を少しずつピリピリと剥がしていく。

「このまま手で食べていい？」

彼女は殻を剝がしながら、僕を見て優しく聞くように言った。

「いいよ。好きに食べて。」

僕がそう言うと、彼女は右手の人差し指の先の側面にキスをするように口をつけて味を確かめた。その様子を見ているだけで、美味しそうな海老の塩味が僕の舌に広がった。彼女は尻尾の部分を持って海老を半分齧った。そして、おしぼりで手と口元を拭き、白ワインを飲んだ。その一連の動きの中、彼女の指と唇が美しかった。

「僕もさっきの負けたくないって気持ち、親に対してあるかも。」

「ある？」

「うん。ユキさんは、お母さんとのことを少しずつ消化してるって感じなんだね。」

「そうだったらいいんだけど。たぶんね。」

「そんな気がするよ。話していてもユキさんの気遣いが細かいことがよくわかるし、なにかそういう苦労をしてきた背景があるのかなと思ってたんだけど、今の話で、そうだったんだなって思ったよ。」

「ありがとう。そう言ってもらえると……これでよかったのかな。」

彼女の視線がテーブルの方へと落ちた。

「僕の母親もそういうところがあったから、なんとなくはわかるよ。」

彼女は顔をあげ、僕の方を向いた。

「そうなの？　あなたって難しそうな人だと思ってた。」

「難しくはないよ。そう思う人もいるだろうけど、ユキさんにとってはそんなではないと思う。少なくとも僕は話しやすいと思っているし。」

「そうかな……。」

「ユキさんのお母さんの話を聞いていて思い出したんだけど……小学生のときに、初めてスノーボードをしたことがあって。コーチからレッスンを受けたんだけど。コーチがすごく褒めてくれる人だったんだよね。実際はどうかはわからないけど『初めてなのに上手でびっくりした』って言ってくれて。そのことを母親に言ったんだよね。そうしたら、『そんなのお世辞に決まってるんだから、素直に喜ぶなんて恥ずかしいことしないで』って怒られたんだよね。」

「えぇ、ひどい……」

彼女は自分のことのように呟いた。

「母親のことも今ならわかるんだけど。周りを気にして、あまり素直に喜んだりできずに生きてきたのかもしれないって。親が子どもに言うことって、自分では意識せずに自分に言い聞かせていることに過ぎないというか。でも、この歳まで覚えているわけだから、僕もショックだったんだろうね。」

僕は笑って彼女の方を見ると、彼女は笑わず真剣な面持ちで僕を見ていた。

「そうかもしれないわね。」

彼女がそう言うと、頼んだ赤ワインがそれぞれに出された。彼女は一口飲み、

「飲む？」

と言って、僕の方へとグラスを差し出した。僕のも彼女に差し出して、互いに飲んだ。

「木の香りがする。美味しいね。」

僕はそう言って、彼女の前にグラスを返した。

彼女は僕を見つめていた。彼女の目は僕の目よりも、偽りのない優しいものであるように感じられて、自分が恥ずかしくなった。なぜなら、互いに幼少期の話をし合うことは、親密度を高めるのに有効な会話の形式であると僕は思っていたからだ。それが紋切り型だと思いながらもすることは、どこか相手をバカにしているように思えた。

少し考え込んでいると、椎茸とハツが出てきた。二つは串焼きで、椎茸は笠の部分を下にして軽く炙っただけ。笠には椎茸の水分が雫の形で浮かび上がっていた。二人とも、ハツから手をつけた。

ハツを食べたあとに椎茸を口に入れ、混ざり合っていく二つの味と香りを感じながら、僕は思っていることを口にするための、最初の言葉を探していた。

「話しながら、自分たちは男女の関係を営んでいるんだなって思うことってない？」

「どういうこと？」

「ユキさんも僕も、こうして男女としてご飯を食べていて、それは自分にとっては特別だけど、外から見たらありふれたことだとも思うんだよね。」

「そうねぇ……」

こうして関係性を客観視したことに彼女が怒らないことにほっとして、すぐに聞いた。

「そんなことを思ったりすることってある？」

「そりゃ思うわよ。もう大人だからね。でも、デートで言わないわよ。悲しくなっちゃう。」

彼女は怒っているわけではなさそうだった。不思議そうに僕の顔を見ていた。

「ごめんね。ユキさんとはいろいろ話せるから、なおさら、こういうことを話したいと思って。」

彼女は僕の言葉を注意深く聞いていた。僕は続けた。

「自分がしていることをありふれたことだと思っていると明らかにした上でなら、もっと思っていることが話せると思うんだよね。いつもはこんなことを言えずに、人と話しているんだけど。」

彼女の視線が僕の方へと、急にすっと一直線に伸びてきた。

「そうね。言ってること、わかるわよ。だから安心して。あなたってなんだか子どもみたいね。それなのに、年上の男の人と話しているみたいな気持ちにもなるの。」

「それはいいの？」

「いいことよ。楽しいもん。」

彼女が僕を慰めるような目をしているように見えた。

「童貞みたいってこと？」

「まぁ、そうね。」

彼女は笑った。

「そっか……童貞っぽいけど、もう一つ話していい？」

「どうぞ。」

「ユキさんの服装のことなんだけど。」

「なに、今度は服のこと？」

「うん。会ったときに言われたようにそういう格好が好きだし、興奮するんだよね。」

「そうよね。男の人って。」

「それをユキさんはわかってるわけだよね。」

「わかってるわよ。女ですからね。」

彼女は少し恥ずかしそうに笑って言った。

「それがどうしたの？」

「うん……ちょっと言うのが恥ずかしいんだけど、性的な興奮が先行して、ちゃんと人として向き合って話せなくなりそうで怖いんだよね。だから、イラっとしてしまう部分もあって……」

「服に？」

「そう。服とその服を選んで着ている人に。僕はユキさんと話すために、そのネックレスのかかった胸元を気にしないようにしないといけない。そういうものは、さっきの家族の話とは無関係にも思えるというか、家族の話に対する集中を削いでしまうでしょ。」

「じゃあもっと地味な服を着てきたらよかったかしら？」

にこやかではあったが、サディスティックな表情でもあった。僕はその様子に一層惹きつけられた。

「いや、今日の服は素敵だよ。」

「勝手ね。」

「そうだね。好きだし、惹きつけられるんだよ。だけどね、なにか自分が虫になっているような気分になる……虫を殺す灯りがあるでしょ。あれに向かって飛ばざるを得ずに飛んで行って、バチっと死んでしまうみたいな。虫たちも寄って行ったら死んでしまうっていうのを知りながら、灯りに向かっているような気がする。」

彼女はそれをひどく真面目な顔で聞いていた。

「すごく真面目に聞くね。」

「虫のことを想像してたの。それに、こんなこと、面と向かって言われたことないから。でも、あなたは虫じゃないでしょ。」

「そう？」

「虫はそんなこと話さないから。」

「じゃあ半分虫？」

「半分より少なめ。」

「半分より多い人もいる？」

「そりゃたくさんいるわよ。」

「いや……でも、その格好は素敵だとは思うんだよ。それは本当に。」

しかし、それは半分嘘だった。彼女の服装はいささか派手過ぎていた。色っぽくても、もっとシックな装いもある。彼女は必要以上に自分を他人に見せつけるような服装をしていて、その服装から彼女の、他人に好かれたいという欲が漏れていると僕は思っていた。

その話ができたせいか、彼女の目のアイライン、唇に塗られたリップの光沢、太腿で引き伸ばされているスカートの生地……さっきまで彼女そのものに見えたものが彼女から切り離されていった。僕はなにかを確かめるように、彼女の膝上の生地に触れた。伸縮性のある化学繊維でシャリシャリとしていた。

「こら、どこ触ってるの。」

ユキさんはまた嗜めるように言ったが、その手をどけようとはしなかった。

「どこだろう。」

手のひらを触れさせたまま、中指を生地越しに腿の内側の付け根の方へゆっくりと滑らせていった。生地の先にある彼女の太腿は柔らかかった。指を肉の方へとそっと沈ませていくと、両腿の間の股の付け根の部分の空間に行き当たった。少し力を入れて伸縮性のある化学繊維を押すと、その繊維は楽にすっと伸びて彼女の股間に指が当たった。

「もう。やめなさい。なにしてるの？」

「服とユキさん、自分がどっちに魅力を感じているのかと思って。」

彼女は僕の手をぴしゃりと叩いた。僕が手をそのままにしておくと、彼女は柔らかく僕の手をとり、僕の膝の上に戻した。

「どっちかわかった?」

「どっちというものでもないのかな。でも、こんなことしたのに優しく触ってくれるね。」

「もう……」

「前話してくれたセミナーってなにしてるの?」

「ん? 興味あるの? 百人くらいの人が集まるんだけど、その中でその日のワークをする人が一人選ばれて、壇上でワークをするの。」

彼女の様子が、待ち合わせ場所で会ったときの感じに似た少し高いテンションに変わった。

「ワーク?」

「うん。過去生を見るの。その人が過去生でなにをしていたか、それから今生ではなにをするために生まれてきたのかを見るの。」

「過去生って生まれる前ってこと?」

「そう。」

「それを見たらどうなるの?」

「なんのために生まれてきたか、使命がわかるのよ。」

彼女がその過去生を信じていることがわかったので、その話を否定しないように慎重に言葉を選んで答えた。

「そんな大勢の前で……難しそうな感じだね。選ばれる人も勇気がいるだろうし。」

「そうなの。そういうのわかってる人じゃないと呼べないのよ。だから、会は紹介制で、誰でも来れるってわけじゃないの。変な人が来ないようにね。」

「へぇ。」

「行ってみたい？」

「うん。いいの？　機会があれば。」

「じゃあ、いつかね。」

「ユキさんもそれを受けたの？」

「私は個人的にね。」

その表情から、彼女がその講師に特別に扱われていて、彼女自身がそれを誇りに思っているような気がした。

「すごくはまっていたときがあるって言ってたけど、そのときに？」

「うん。」

「使命ってなると、その人にとって重大なことだと思うんだけど……人からそれを言われるってどう？　もし自分が言われたら、ずっと気にしながら生活してしまうだろうなと思うんだけど。」

「あなた、やっぱり素直なのね。でも、それは彼が作ったのではなくて、彼が私を通して見たヴィジョンだから。」

僕が素直かどうかはさておき、彼女の言葉を聞いて、信じていることを自覚していないことが信じているということなのだと思った。

「そう……。ユキさんもなにかするの？」

「うん。私は手伝ったり、自分で小さいセミナーをしたりすることもあるけど、まだまだだから。」

「まだまだって？」

「……さっきの母親のことなんだけど、頭では許さなきゃってわかっているんだけど、会うとやっぱり拒絶しちゃうの。なんだか母親が私のやっていることを否定してくる気がして。セミナーでもいつもそのことに行き当たるんだけど、なかなか許すことができなくて。それでなんだろうけど、なにかあるとすぐに自分で自分を責めちゃうの。それをよく先生にも注意されるんだけど……。あなたは？ そういえばこの前会ったとき、話の途中で終わったじゃない。最後になにか考え込んでたでしょ。なにを考えてたの？」

「覚えててくれたんだね。」

そう言って僕は少し黙り込んだ。僕は彼女の話を聞きながら、百合子さんのことを自分は信じ過ぎていないかどうかを気にしていた。そのことをどう話せばいいかわからなかった。百合子さんを信じ過ぎて自分を見失ってしまっているのではないか。もうすでにいくらか見失っているに違いない。そう思うと怖かった。

「そうだね……自分がなににこだわっているのか、わからないんだけど。だから、うまく話せるか。」

「聞かせて。」

僕の話を聞こうとする彼女は、自分の話をしているときの様子から一転して、とても柔らかい雰囲気があった。

「このためになら生きてもいいんじゃないかってものがあると思う。それが誰か一人の人の佇まいであることもあるのかなって。自分がなにを目指しているのかはわからないんだけど、自分にとって重要な出来事があると、そのときに思い出す一人の人がいるんだよね。」

彼女が注意深くそれを聞いていることを認めたので、僕はその速度に合わせて間を空けながら、ゆっくりと言葉を繋いだ。

「その一人の人っていうのはどういう人か聞いてもいいのかな?」

「うん。女性なんだけど。」

「好きな人なの?」

「どうだろう……ちょっと違うかな。かなり前の話なんだけどね。はじめは彼女に対する感情が恋愛のような気がしていたんだけど、そうじゃないような気がしてるんだよね。たとえば、会いたいとか、セックスしたいとか、一緒になにかしたいとは思わない。いつもその人の視点から見て自分はどう見えるんだろうって考えてる。なんかごめんね、自分でもまとまっていないのかも。」

僕は話しながら、百合子さんとのことに入り込んでしまい、目の前にあるものをすっかり忘れてしまっていた。ユキさんに目を向けると、彼女は僕の様子を見守るように聞いていた。

「いいのよ。私に気を遣わないで。」

「ありがとう。話していて思ったけど、存在として美しいってどういうことだろうってことを、その人の姿とか視点を通して考えたり、省みたり、僕はしているんだと思う。その人とは会って話して、少しキスしただけなんだけどね。ごめんね、自分の話ばかりになってしまって。」

「いいのよ。いい話じゃない。」

「あの、さっき話してくれたワークを受けるときに、ワークの誘導をする人が自分の考えていることとをあらかじめわかっているんじゃないかって思うことってない？」

「あるわね。」

「それに近いのかも。その女性は僕の考えていることとか、行く末とかをわかっているような気がして。僕はそれが悔しかったのかも。だから、その人以上になにかを見る目を持ちたいって思ったんだと思う。話しながらそう思ったよ。聞いてくれてありがとう。」

「ううん。」

彼女は彼女自身のなにかについて考えるように頷いていた。僕はワインを飲みながら、自分の目や首、背中に入った力を感じ取って抜いていった。自分の話をするのは疲れる。だけど、話したいと思い続けられるほど、丁寧に話を聞いてくれる人はいない。彼女は聞き上手だった。

「どうして私に声かけたの？」

「ただかけたくなったからかな。ちゃんと話せたらすごく気持ちいいだろうなって思ったし。」

「私はあなたが私とちゃんと向き合って話してみたいって思ってくれたならうれしいわよ。それにもう過去の女性の話をされて臍を曲げるような歳じゃないしね。」

百合子さんだったらこのとき僕を拒んでいただろう。それは僕がちゃんと彼女に向き合っているわけではないことをより厳しい基準で見抜くからだ。彼女に受け容れられたことにほっとしながらも、自分の甘さを彼女に受け容れさせてしまったような気まずさを感じていた。

ワイングラスは空になりかけていた。僕は彼女に聞いた。

「話し過ぎちゃったね。もう一杯飲む？」

彼女はまた別の赤ワインを頼み、僕はカルヴァドスのストレートと日向夏のシャーベットを頼んだ。

食事を終えて店を出た。外に出ると、外の空気が清々しく、今までの会話を夢の中で起きた出来事のように忘れてしまいそうだった。ユキさんとはこれ以上なにもせずに帰ろうと思った。なんだかその方がいいような気がした。

「美味しかったし、楽しかったね。」

彼女が僕の方を見て言った。

夜の十一時だった。僕たちの他にもカップルが歩いていた。楽しそうなカップルもいれば、一方もしくは両方がつまらなさそうにしているカップルもいた。彼らは自分自身の存在を疑っているだろうか。いつでも自分自身を疑っているような、孤独な人が好きだった。百合子さんは僕よりも、自分自身を疑いながら生きているように見えた。

「そうだね。いろいろ話したしね。」

彼女の手が僕の手を柔らかく包んだが、彼女の目は僕の反応を探っているようだった。僕は彼女をどこかでバカにしている。コントロールできる対象だと思っている。このまま彼女と関係を進めることは、彼女を蔑ろにすることでもあり、自分を汚すことにもなりそうだった。しかし、手から伝わる彼女の肉の柔らかさに惹きつけられ、甘えたくなった。

キスをすると、彼女は舌をぴたりと僕の舌に絡みつけてきた。彼女の体の力が抜け始めたので、背中を手で支えた。それでも舌を絡ませていると、彼女の足が震え始めていた。なにが起こっているのか、よくわからなかった。心配になって唇を彼女から離した。

「大丈夫？」

「ごめんね、ちょっとダメ……」

彼女を支えながら、一緒に道に屈《かが》んだ。

「どうしたの？」

「わからない。」

「体調が悪くなったとかじゃない？」

「うん。そういうのじゃないから大丈夫。体が反応しちゃって。」

「帰れる？」

彼女はなにも答えなかった。

「うち、近くだからタクシーで一緒に帰る？」

彼女は小さく頷いた。


タクシーを拾って、彼女と家に向かった。車中の彼女は、体調を整えるように静かに呼吸をしていた。

「ねぇ、私になにかした？」

「いや、なにもしてないよ。むしろ、僕がびっくりしたよ。ああいうことってよくあるの？」

「ううん、よくはないんだけど。」

「じゃあるってことだね。」

「たまにね。してるときとか。あと、セッションを受けてるときとか。」

「え？ あのさっき話してくれたセミナーの？」

「うん。私がその日のワークをしてもらったときも、ふっと立てなくなったときがあったの。」

自分のキスが彼女にそんなものを体験させるようなものだとはとても思えない。彼女が普段からそういったものを期待しているからそうなったのかもしれない。

家に着き、玄関に入り、キスをすると、彼女の体にはさっきキスをしたときのような痙攣が小さく起こった。体が崩れるがままに彼女をゆっくりとカーペットの上に下ろしていった。

「ちょっと休憩させて。トイレ借りていい？」

すっと僕の胸を両手で触れて、彼女はそう言った。

「うん。あそこだよ。お茶淹れてくるね。」

僕は彼女にトイレの場所を示し、キッチンにお茶を淹れに行った。普段はあまり飲まないが、たまに落ち着きたいときに飲む、香りのいい紅茶を淹れた。目立った華やかな香りがするわけではないが、濃くなり過ぎないように淹れると品のいい香りが静かに細く長く続く。口に含み、喉に流したあと、その香りを捉えきれなくなるところまで追っていると、自分の意識が香りに連れ去られていく。

ティーポットに茶葉とお湯を入れ、取っ手のない小さな白い陶器のカップと一緒に持って行った。

「静かな部屋。落ち着くけど、でも少し寂しい部屋。」

「そう？」

彼女はテーブルの前に正座で姿勢よく座っていた。

お茶をカップに注ぎ、味を見た。悪くなかった。

「はい。どうぞ。」

「ありがとう。」

彼女はカップを口に近づけ、香りを嗅いだ。そして、紅茶を口に含んだ。それを味わうためか、彼女は静止していた。

「寂しくない部屋ってあるのかな。」

「なにか、静かな寂しさを感じるの。」

「そういう人間だから。」

僕は冗談のように言ったが、彼女は真面目だった。

「でしょ、新宿で会ったときから感じてた。」

「なんでそのとき言わなかったの？」

「言わないよ。そんなの。失礼でしょ。」

「街角で声をかけてきた人に『寂しそうね』って言うことが？」

「そうよ。」

「失礼なんかじゃないよ。そんなこと言われたら最高だよ。」

「変なの。」

彼女は笑った。

待ち合わせ場所で挨拶をした彼女の明るさは、そういう彼女の気遣いからだったのだろうか。僕にはすべての人間が寂しさからどうにかして逃れようとしているように見える。人々の個々の動きは、寂しさが導き出すバリエーションに過ぎないように感じられていた。ある人は大きな声で喋り続けることによって寂しさから逃れようとし、ある人は黙り込むことによって寂しさを堪えようとするが、どちらも結局は寂しさを表現している。

「ユキさんは寂しい？」

彼女は僕を見つめたままなにも答えなかった。照明の薄明かりに、彼女の肌が艶かしく光っていた。彼女と目を合わせたまま、両肩にそっと触れた。彼女の目が今湛えている感情を消さないように、僕はそっと手を動かした。手は彼女の肌に吸い付いていった。どこを、どれほどの強さで触るのか、彼女と目を合わせていると生まれる、寂しく切ない気持ちに導かれていた。

スカートの中の両太腿の接している部分に指を這わせていった。彼女はなにも言わず、まばたきもしないまま、僕の目を見つめ続けていた。指はそのまま太腿を辿って先にいくと、濡れた肉があった。

「さっきトイレに行って脱いじゃった。濡れ過ぎちゃってたから。」

そう言って、彼女は静かに微笑んで足を崩し、僕の腕を触れているか触れていないかわからないような弱さで掴み、自分の方へと誘い込んだ。膣の中でふわふわとした柔らかい肉が僕の指にまとわりつきながら、少し動いているのがわかった。

「上手。私のこと、好きにしていいからね。」

そう言われたとき、自分が既に彼女に飲み込まれているのがわかったが、構わないと思った。

僕は顔を彼女の脇に近づけ、脇の下を舐めた。彼女が脚を崩したので、膣内に指を入れていない方の手で彼女の頭を支えて、彼女を横たえた。舌先には酸味と苦味が広がった。彼女がこれまでの間に汗をかき、そして時間が経って乾いたのがわかった。僕は一心不乱にそれを味わっていた。

彼女の足の指を舐め始めた。僕は自分が知らぬ間に興奮してしまっていることに気がついた。足はさっきの鶏肉と同じくらいの塩気があり、靴の革の匂いもあった。彼女はそれを微塵も拒むことなく受け容れており、足先を僕の口元へと、もっと舐めることを促すようにすっと突き出した。それを受けて、僕はさらに彼女の足の裏の方まで舌を這わせていった。

それから、ピタリとはりついたジャージ素材のスカートをつけたまま、彼女の脚を開いた。スカートが伸びて、彼女の股の間に少しの影のある穴倉を作っていた。僕はそこに頭を入れて、彼女の膣内の味を確かめた。彼女は僕の頭を摑んでほんの少し、自分の膣の方へと押し付けた。彼女がさっき出したばかりの新鮮な尿の味がした。舐め続けていると、彼女が僕の頭をすっと押したので、僕が顔を離して起き上がると彼女が言った。

「あの、ごめんね、私タオル引かないと大変なことになっちゃいそうなの……」

冷静な声だった。

「うん。わかった。」

バスルームへタオルを取りに行った。そこは毎日使っている場所だった。リビングで彼女が待っている。自分が彼女の肉体に触れることに夢中になっていたのとは別の世界だった。タオルを取って戻ると、彼女は全裸になって立っていた。

「ありがと。」

「うん。」

彼女の尻の下にバスタオルを敷いた。僕はもう一度この世界の中に集中しようと、彼女の腿に触れ、その弾力を確かめた。そして、乳首に口をつけ、それを舐めることに集中した。彼女から漏れてくる声がその行為への集中を促した。集中が高まると感じられ始めるのは、このまま死んでしまいたいという思いと、なにも考えずにいられる幸せだった。そこからは徐々に獣じみた衝動が湧いてくるのだった。そして、膣内を味わわずにはいられなくなった。口をつけて、クリトリスや、入り口の周辺の、まだ僕の唾液に薄められていないところを味わった。それらの味が唾液で薄められてしまうと、膣の奥へとより舌を入れずにはいられなかった。

塩っぱいだけではない、尿や粘液の臭みの混じったものが、僕を恍惚とさせた。徐々に液体が増えてきて味が薄まってきた。

「あ、ダメ、出ちゃう。」

液体が流れ出てきたので、口を開いて膣に押し付け、液体を口で受け止めて飲んだ。口の周りには含みきれなかったものが滴っていた。

ある人々がタバコや酒を求めたり、パチンコを打ちに行ったりするのをやめられないように、僕は女性の体液を味わわずにはいられなかった。

彼女の体液を味わえば味わうほど、空腹で食事を前にしたときのように、僕の口からは唾液が出続けていた。その唾液を彼女の膣内の液体と混ぜ合わせるようにして、さらに舐めながら、少しずつそれらを飲んではまた舐めることを繰り返した。

他人の体は素晴らしい。触れてはいけないものとして、それらは街の中にある。しかし、自由に触れていいと言われても、僕にできたのは、こうして彼女の体の内部から漏れてくる液体を啜るくらいのことだった。

液体は僕を落ち着かせた。それから、いくつかの記憶を蘇らせ始めていた。好きだった女性のこと、百合子さんのこと、母親のこと、幼いときのこと……それらは僕の心を乱すことなく、僕とは無関係な事柄であるかのように、ただ浮かんでは消えていき、それからまたしばらくして浮かんだりしているのだった。そして、無心に舐めることを続けていた。

次第に意識が現実に戻ってきて、顔をあげた。彼女は邪気のない、澄んだ顔をしていた。

「ありがとう。気持ちよかった。」

「うん。」

「大丈夫?」

彼女はそう言って、僕の頬をそっと撫でた。

「大丈夫って?」

「どこか遠くにいってるよ。」

彼女は笑っていた。確かに僕はかなりぼんやりとしていた。

「そうだね。ちょっとどこかいってた。」

彼女が起き上がり、僕の服を脱がした。

「横になって。」

優しく促し、僕のペニスを口に含み始めた。彼女の舌の動きは緩やかで柔らかかった。こういうとき、彼女はなにを考えているのだろう。彼女の脳裏にも、彼女のこれまでの人生の出来事が巡っているのだろうか。僕のためによりも、彼女自身のために、彼女が僕の性器を舐めてくれたらとなぜか願っていた。ペニスで彼女の舌に触れていた。それは触れられて、摩擦されて快楽を得る器官でありながらも、舌と同様に、彼女の肉体の質感を味わう器官でもあった。

より一層の静けさが訪れた。さっきのように夢見るように記憶を辿っていた。彼女から遠く離れたところで一人になっているようだった。彼女に舐められているのに、彼女から遠く離れたところで一人になっているようだった。彼女に舐められていることもその夢の中の一つであるようだった。ふと我に返ったとき、どれくらいの時間が経ったのかわからなかったが、長い時間が経っていたような気がした。

彼女の方を見ると、その先には、テーブルと、さっき僕が淹れたお茶の入った白いカップがあった。それらは二人がしている営みとは無縁に佇んでおり、僕がどんなことを思い、感じようとも、今のこのときは一人の人間のありふれたときでしかないことを告げていた。僕はそれでいいと思った。

「入れてもいい？」

そう僕は聞いた。

「いいよ。」

身を横たえた彼女にペニスを入れた。そこはリビングだった。僕を見つめる彼女の目の背景には、カーペットがあり、僕の手にはそのカーペットの少し硬く、チクチクとする感触があった。静かに、その膣内の感触を確かめた。性器が入り切ると彼女は僕を抱きしめた。僕は動かずにじっとしていた。

「こうしてると、あなたはなんだか、私よりたくさんのことを考えたり、感じたりしている気がする。」

「そう?」

「きっとそうなんでしょ?」

急に百合子さんのことが思い浮かんで、僕は泣いてしまいそうだった。

「今、別の人のこと考えてた?」

「なんで?」

「知らない女の人の顔が浮かんだの。それにおちんちんも少し小さくなったから。」

「そうじゃないんだけど、なんか意識が飛んじゃってた。」

僕は誤魔化した。誤魔化したのは僕が悪いのだ。このひとときだけでも、ユキさんに集中しようと思った。僕が腰を動かしたが、無理に動かしたため、彼女のリズムとずれてしまっていた。彼女は僕をより強く抱きしめた。そうすると、ピタリとリズムが合った。

僕は顔を上げ、彼女の顔を見た。彼女は目を開いており、その目はなにかを乞い願うような、夢見るような目だった。腰の動きはその目に導かれるがまま、よりゆっくりとしたものになり、ときに強く突きつけるように入り込むこともあった。僕のペニスには、射精しそうだが、しない、むずむずした感覚があった。いつでも射精できるが、いつまでもしないこともできそうだった。彼女の膣が僕のペニスを包むように、優しく圧迫することを繰り返していた。

「あぁ、サードアイが開く!」

彼女がそう言った。言葉はなんて二人の間に溝を作るものだろうか。僕が目を目と言い、口を口と言うように、眉間の上辺りに開く可能性があると言われている目をサードアイと呼ぶ習慣があれば、この言葉に戸惑わなかっただろう。しかし、そんなことで今の感覚を失うことはもったいなかった。彼女が言っていることもわからないことはないような気がした。

射精をしたあと、彼女の隣に横になった。彼女の顔は汗で目や口元のメイクが薄れて広がっており、彼女のもともとの目や口元の様子が見えていた。今の方がかえって目が透き通って見えて、本来の彼女の感じが見えてくるようだった。

「素直な顔。中学生の男の子みたい。こんな顔もするのね。」

そう言って、彼女は僕の頭を撫でながら、僕の顔を見つめていた。無防備で、顔の辺りがもぞもぞとした。いつもよりも顔の肉が柔らかく溶けていて、このままなら僕はもっと素直に生きていくのだろうと思った。

「うん。なんかいろいろあったセックスだった。」

彼女の顔越しにリビングが見えた。とても静かだった。古い木製の棚があった。僕は一瞬、その棚が一体なんなのかわからなかった。その棚の、年数が経った黒みがかった茶色の色を僕は初めて見た気がしたのだ。それはとても美しい色だった。

「これからもっと気持ちよくなれたらいいね。」

彼女のその言葉が持つ未来の暗示を、僕はとっさに拒んだ。

「そうだね。」

そう言って彼女の背を撫でた。

彼女とはそれからも何回かあった。初めてのセックスのようなほどのことは起こらなかった。それは僕の問題だった。会うごとに、なにか彼女への責任が増してくる感じがした。彼女は信頼できる恋人、結婚相手を求めているように思えた。

幸せを求める彼女の感覚を尊重したかったが、僕はその感覚に身を任せることはできなかった。もしその感覚が僕にまで侵食してきたら、僕は自分自身を疑うことを忘れて、知らぬ間に自分に満足してしまうような恐ろしさを感じたからだ。

ナンパ師

週末の夜、ネット上のナンパ師が集う飲み会が六本木で開催された。

ナンパ師たちは、テクニックや日々の成果をネット上で報告し合っていた。

彼らの主張は大抵同じようなものだった。ナンパの心得として「女の子を楽しませなければいけない」という文章のあとには「新宿で巨乳ＯＬを即（即とは、その日にセックスすること）」と続く。彼らは、人間関係を中途半端に心得た人々だった。しなければいけないこと、してはいけないことについては考えるが、自分も見られていること、自分の心情が動作や表情に表れ、他人にも見られて、女性にも同じように見られているという発想が一貫して欠けていた。

しかし、ある一人のナンパ師の文章だけが他の人々とは違った。他のナンパ師たちは「女性のことはわかっている」と声高に主張しているのに対して、彼だけが「何度やってもわからない」と嘆いていた。

彼は成果をまったく書かず、ただ考察したことだけを淡々と書いていた。成功してなお冷静で、それでいて女性に翻弄されている惨めな自分の心情を時折その冷静な分析に交えて描写していた。その書き方は、他の人々との差別化を図るために意図されたものなのか、自然とそうなったものなのか、どちらとも判断しづらいものだった。

飲み会は六本木の大衆居酒屋の個室で行われた。それまでは、クラブや街で女性に声をかけている人間を見ることはあったが、彼ら同士が話しているのを見るのは初めてだった。会話はネット上と同じで、互いを褒め合う社交的な会話に終始していた。

粗く不躾な声、早いテンポで発せられる社交辞令、そこに混じる他人へのいじりで会話は構成されていた。彼らは、自分から声をかけている分、人より女性との経験数が多い。その数は虚勢に似た自信を彼らに与え、少し失礼な物言いを可能にさせ、本心を打ち明ける柔らかさを失わせていた。

一つ、テーブルの反対側に、僕を狂ったように凝視している目があった。服装もシンプルで地味だった。特に見た目がいいわけでも、悪いわけでもない。ただ異質だった。初めて会った人間をこのように凝視する人間はまずいないだろう。

彼は冴えない男の子と話していた。他の人たちはこの男の子と話したがらないだろう。明らかに周りから避けられていた。僕は席を移り、男の子の隣に座って一人で酒を飲んだ。男の子は、Sに声のかけ方を質問していた。彼はその男の子を無下にせず、質問に答えていた。

「すいません。」

冴えない男の子を挟んで、彼が僕に言った。そして、僕の名前を確認した。そうだと答えた。

「Sです。僕はあなたに会うために今日来ました。」

彼は力を込め、一言一言を区切って発した。芝居がかった話し方だった。

「そうですか。」

僕は素っ気なく答えた。

「もっと爬虫類みたいな目をした人かと思いましたよ。虫を見るように他人を見ているような。」

「なんでですか?」

「そんなことばかり書いているでしょ。よく虫に喩えるでしょ。女の子のこと。ほら。」

彼は僕の文章をスマートフォンで開き、読んだ。

「『遠くで見ているときには美しい花のようであった彼女たちも、近くで手にとってみると、グロテスクな細部を持っていたり、アブラ虫がついていたり、アブラ虫そのものだったりする。』って。」

「人に読まれると、自分が歪んだ人間みたいな気がしますね。」

「女の子嫌いなんですか?」

彼はさっと真面目な顔をして聞いた。さっきの芝居がかった様子は消えていた。まるでそう聞くことをあらかじめ決めていたかのようだった。彼は僕がどういう反応をするかを見過ごすまいとしていた。

「嫌いですよ。それに怖いですし。」

「へぇ。」

「いつもそうだというわけではないです。うまくいくとどうでもよくなりますし、でもまた新しく知らない人に声をかけようと思うと怖くなったり。どうですか?」

「え？　僕ですか？」

「はい。」

「さぁ、わからないです。」

「え？」

「そんな残念そうな顔しないでくださいよ。」

僕は笑った。

「もっといい答えをすると思ってたから。」

「えー！　はっきり言うなぁ。」

彼も笑った。愛苦しい、砕けた笑顔だった。

「そんなふうに見えるよ。」

「そうですか？　どこが？」

「さっきから見てて、なんとなく集中力があるような雰囲気だから。」

「見てたんですか？」

「うん。なんでわざわざナンパなんてしてるの？」

「さぁ。わからないです。」

「わからないかもしれないけど、それにしては答えるのが早過ぎるね。考えようともしてないし。」

「いやいや、突っ込むなぁ。ほら！　また残念そうな顔してる！」

彼が敬語を使わなくなるのは、こういうときだけだった。女性と話すときは、こんなふうに砕けた感じで話しているのだろうと思った。

「はは、そうだね。」

「あとで二人で飲みましょうよ。ここももうすぐ終わるし。」

「うん。」

「あの、僕も話に混ざっていいですか？」

隣の冴えない男の子の声は、ひ弱で、それでいて固かった。だらっとしたチェックのシャツに、皺の寄ったベージュのチノパンに、白い靴下を履いていた。

「はい。」

僕は答えた。

「なかなか声がかけられないんですけど、どうしたらいいですか？」

「え？　ナンパの質問ですか？」

「はい。」

彼はその質問の答えが当然得られるものであるかのようにじっと、体を硬くしながら待っていた。

その姿を見て、さっきまでの会話の興奮が、そのまま怒りに転じた。

「したことないんですか？」

「はい。したことないです。」

「それ、僕が答える必要あります？」

「え？」

男の子は固まった。

「いや、なんで僕が教えないといけないのかわからないから。」

「ほら！　そんなこと言わないで、なんか言ってあげてくださいよ。」

　Sが言った。この状況を楽しんでいるようだった。

「じゃあ……僕から言えるのは、そういう人間なんだから仕方ないんじゃないかってくらいですかね。」

「アドバイスちゃうやん！」

　Sがうれしそうに突っ込んだ。

「そう？」

「いや、なんかもっと気の利いたやつないんですか。」

「じゃあ、なんて答えたの？」

「僕ですか？　僕はね、酒飲めって言ったんですよ。」

「あはは、じゃあそれがいいかもね。」

「なんかもっとこう、テクニックとか、声のトーンとか、いつもブログに書いてるようなことないんですか？　そういうの詳しいんでしょ？」

「そんなことを知る以前に鈍いんだよ。人にものを頼む態度じゃない。そもそも才能がないんだよ。」

「うわ。厳しいなぁ。息の根止めてますよ！」

　僕はSと会った興奮からか、攻撃的になっていた。男の子は苦しそうに固まったまま、感情を押し殺すようにして俯いていた。

飲み会が終わり、外に出た。

Sの姿は週末の夜の六本木に似つかわしくなかった。モッズコートをダラっと着て、その下にはデニムに蛍光色のスニーカーを履いていた。僕ならこれではナンパはできないと思った。スニーカーがただのランニングシューズだった。僕は女性の靴を見る。綺麗か、汚いか、それが洗練されたものであるかどうか。彼のスニーカーはただただ使い込まれて汚かった。さらに、モッズコートは着古されてクタクタだった。それなのに、彼は魅力的だった。他のナンパをしている人間とは明らかに違っていた。一体、Sの魅力を女性がわかるのだろうかと僕は不安になった。

店を出るとすぐにSは他のナンパ師と女性に声をかけ始めていた。二人で飲みに行く約束をしたのになにをしているんだと思ったが、彼の指の動きに意識が集中させられた。

親指、人差し指、中指の三本を立て、銃のような形にし、言葉を発するのに合わせて女の子の前で振っていた。その動きは一見軽やかだったが、それがピタリと止まるたび、不器用な重みが指の先に溜まっているように見えた。もう一方の手はモッズコートのポケットに入れられており、銃のように使われている手も、話し終えるとポケットの中に収められた。両方の手をポケットに手を入れて、前屈みの姿勢で、彼はさっき僕にも向けたあの目で女性の話を注意深く聞いていた。そうして重くなったかと思えば、急に軽やかに笑い、また片手を銃のように取り出しながら話した。

声をかけられた女性は彼のモッズコートも、彼のスニーカーも見ていなかった。ただ、彼の熱のようなものに押されているようだった。そこには、今まで僕が他の男性たちに感じていた、嫌らしい欲望や軽薄さを感じなかった。他の男性が声をかけている姿を見ると、ネトリとした感触の悪いものを感じた。二度目にクラブに来たときの帰り道、ちょうどこの場所でそういうやりとりを見たのを思い出した。

Ｓのものには粘り気がなかった。指先の銃口は詰まって膨れ上がって、暴発しそうだった。エネルギーは出る先が塞がれていて、結局彼の中に戻っていた。彼はどこにも行けない。どこにも行けない姿は、こんなにも美しかった。僕はそれをこのときまで知らなかった。


彼が戻ってきた。

「ナンパしたんで、女の子と飲みに行きましょう。」

「二人で話そうって言ったじゃん。」

「ちょっとだけ。そのあとに二人で行きましょう。」

もう一人のナンパ師は彼と僕よりも年上の、落ち着いた人だった。女性に対して上半身を少し引き、愛想笑いを浮かべながら一生懸命に話している様子から、気の弱さが感じられた。それを見て、場を乱すような人ではないだろうと安心した。

他のナンパ師たちもナンパをしに行ったり、クラブの中へ入ろうとしたりしていた。さっきの男の子は誰にも相手にされずに一人で道に立っていた。その様子を見て、初めてクラブに行ったときのあの誰にも助けてもらえない感じが思い出された。男の子は僕が見ていることには気がつかずに、呆然と立ち尽くしていた。

Ｓがナンパ師と女性たちの方へ走って行ったので、僕も早歩きで追いかけた。彼らは六本木通りを西麻布の方へ歩いていっていた。

三人の女性たちはそれぞれ、それなりに可愛い六本木の女の子という感じだった。一人は過緊張によって目が緊張したままでいる二十代半ばの女の子で、男性に好かれそうな、体の線を強調する安っぽい服にシャネルの小さな鞄を持っていた。一人は三十代でこの三人の中のお姉さん役というような女性だった。彼女は気怠そうにしていた。着ている服は過緊張の女性よりは少し高そうだった。

もう一人の女性は、モンクレールのダウンのコートの下にシンプルなワンピースを着ていた。彼女の服装は二人と比べてあからさまに男性受けするようなものではなかった。彼女の佇まいにはどこか特別な感じがあった。まず、僕たちを終始落ち着いて観察していた。歩き方は少し重心が高く浮かび上がるような感じがあったが、接地するときに綺麗にピタリと落ち、また次の一歩を整ったリズムをもって踏み出していた。そのリズムにはどこか気品があった。そのリズムを感じながら彼女の様子に目を奪われていると、彼女と目が合った。

彼女は目を合わせたままなにも言わなかったので、僕から話しかけた。

「すいません、急に一緒に行くことになったみたいですけど大丈夫ですか?」

「えぇ。大丈夫ですよ。」

彼女は素っ気なく答えた。彼女の隣にはSがおり、Sがまた彼女に話しかけると、Sの方を向いた。二人の先で、ナンパ師は過緊張とお姉さん役と三人で話していた。

しばらくしてSが振り向いて僕に言った。

「彼女たちがよく行くバーが近くにあるみたいなので、一緒に行きましょう。」

「大丈夫? 高いとこだったりしない?」

「大丈夫ですよ。なんとかなります。」

「なんとかって。」

「ほら、行きますよ。」

「うん……わかった。」

僕たちは西麻布の交差点を渡るために止まった。信号は赤だった。

＊

さっきの二人の先に、過緊張、お姉さん役とナンパ師が三人で溜まっていた。僕は二人を越えて、その三人の近くに行った。お姉さん役と目が合ったので、彼女に「はじめまして」と挨拶をした。彼女は少し身を正して返事をした。

「あ、はい。はじめまして。」

普通に生きている人、という感じだった。普段は気持ちを込めずにそつなく他人と接していて、夜遊びのときには少し傍若無人な振る舞いをするのだろう。さっきまでのナンパ師の集団も含めて、六本木で出会う人たちの多くはそうだった。ナンパ師とも目が合った。攻撃的な感じのない、穏やかな人だった。彼に小さな声で言った。

「すいません、一緒になっちゃって。」

「いえいえ、大丈夫ですよ。」

「僕はあんまり長居は出来ないですけど、お願いします。」

「はい。全然。」

その間、お姉さん役は少し不機嫌そうにしていた。過緊張はじっとしていたが、目や、指先があまりに動かないことから、そわそわとしているのが伝わってきた。過緊張の様子を見て、ナンパ師が話しかけた。

「その、鞄についてるアクセサリー、可愛いね。」

「え、あぁ……」

過緊張の反応は鈍く、ナンパ師は次の言葉に詰まっていた。過緊張は、過緊張ゆえに反応できないのだ。これはまずいと思い、僕が話しかけた。

「なんか友だち同士で飲みに行くはずだったのにごめんね。」

「私はいいんだけど……こういうのって私いていいのかなって思っちゃうの。人見知りだし。」

「へぇ、そんなこと思うんだね。」

どんな振る舞いにも悪意なんてなく、大体が身を守るためにそうなってしまっているだけに過ぎないのだ。こういう女性たちと接すると、彼女たちの礼儀のなさが僕への悪意、攻撃なのではないかとすぐに判断してしまうのは、僕の悪い癖だった。

ナンパ師が言った。

「そんなふうに見えないよ。大丈夫だよ！」

彼が気を遣ってくれているのはわかった。しかし、励ましや肯定の言葉は彼女に対して無理解を示すことになる。

「たしかにちょっと人見知りっぽく見えるよね。知らない人と話したりするの苦手？」

僕が彼女にそう言ったのを聞いていたSが、なにまずいことを言ってるんだというように驚いた顔でこっちを見た。

「こういうの苦手なの。」

「そうだね。ずっと緊張してたもんね。しんどくなったら途中でもいいから言ってね。僕たちは帰るから。」

彼女の声のトーンに合わせて言った。目の端で彼女を捉えながら、前を向いて沈黙した。ナンパ師はお姉さん役と話しながら、僕の前を歩いていた。前を歩いていたSは変わらず、ときどき僕の方を振り返っていた。少し下を向いていた彼女がチラリと僕を見た。

「知らない人となに話していいかわからないよね。」

前を向いたまま、半分独り言のように、半分彼女に語りかけるように言った。目の端に映る彼女は拒絶していなかった。歩調は合っており、彼女が僕に意識を向けていることはわかった。僕は言葉を続けた。

「一緒にいる友だちにも気を遣うしね。」

「うん。そうなの。」

歩調を彼女よりほんの少しだけおそくした。彼女がそれにつられて少しおそくなった。彼女の方を向いて言った。

「僕も一杯くらい飲んで帰ろうと思ってるから、ちょっとだけ二人で話しとこう。」

「うん、それなら。」

大通りに面した高そうなバーだった。店内の灯りは最少限で、通りから入ってくる光が明るく感じられた。恐らく、この辺りでお金を使う人たちが派手に遊ぶためのところなのだろう。一杯だけ飲んで出ることが望ましいと思った。店に入ると、Sと一緒にいたモンクレールを着た女の子が、そこにいる二十代後半くらいの男性の店員と親しげに話し始めた。顔馴染みなのだろう。自分が馴染みの店に迎えられて当然というような、話しかけ方だった。他人の中にあるかもしれない悪意など意にも介さない様子から育ちの良いお嬢様であるような気がした。

店内には誰もいなかった。「こんな広いのに誰もいないね」と過緊張に言うと、上の階には個室があり、馴染みの客はそこに行くのだという。

「結構高いとこ?」

そう聞くと、

「上の個室じゃなかったらそんなじゃないから大丈夫。」

と彼女は言った。

L字型に並べられたソファの席に通された。店員は感じのいい人だった。

「すみません。初めてなんですけど、急に入ってしまっても大丈夫でしたか?」

僕は申し訳なさそうに言った。

「あ、大丈夫ですよ。どうぞどうぞ。」

Sとお嬢様が、L字の反対の端からこちらを見ていた。彼女は人の振る舞いを見るのに慣れていた。他の女性たちは、自分たちのことで精一杯という感じだった。ここでは余計なことはせずに、場に合うように丁寧に過ごすことが得策だと思った。

ナンパ師とお姉さん役は、L字の真ん中に座った。

僕はアードベッグのロックを頼んだ。百合子さんと飲んで以来、あの香りを嗅ぐと彼女との時間を思い出して落ち着けるのだった。乾杯をしたあと、それぞれ三組とも男女二人で話をした。


僕は過緊張の女性と話した。

「仕事なにしてるの?」

「えー、ちょっと言えない。」

「なに、怪しい仕事?」

「うーん、ちょっとだけ。」

「面白いね。そんな静かそうなのに。なんか悪いことしてるの?」

「いや、悪いことじゃないの。」

「なに?」

「女の子を紹介してるの。男の人に。」

「それって愛人の紹介じゃないの? やっぱり面白いことしてるね。」

「そうなるかどうかは女の子が決めるから悪いことじゃないの。」

どこまでが本当かわからないが、紹介業をしながら、昼にも少しだけ仕事をしていた。彼女はそれをやることが後ろめたいということはわかっているのだろう。

「へぇ。悪いことじゃないんだね。」

それをお前が悪いと思っていることはわかっているという念を込めて彼女に言った。そうすると、彼女は黙り込んだ。彼女の沈黙に関心を示さないように、目の前のグラスをとり、出来るだけゆっくりと味わうようにしながらアードベッグを口に含んだ。その間、彼女がどう動くかを目の端で捉え続けた。

過緊張が話しかけてきた。

「あなたはなにしてるの？」

少しだけ自分の話をし、彼女の恋愛の話を聞いたりした。強く興味を持って質問をしたり、関心のないようにしたり、揺さぶりをかけ続けると彼女は身を乗り出して話し始めていた。家が近いことを話すと「今日行ってもいい？」と言ってきた。あとは曖昧に断り続けるだけで引きつけ続けることができるはずだ。「うーん、会ったばかりだし。僕はそういうのは好きじゃないから」と急にそんなことを言う彼女の下品さに困惑しているように答えた。

過緊張がトイレに行った。そのとき、お嬢様がこちらに寄ってきた。

「ねぇ、みんなで話そうよ。」

僕の隣に置いてあった、L字のソファとは切り離された背もたれのない椅子に座った。それを無視するために、僕はまたアードベッグの香りを嗅ぎながらグラスを口にゆっくり運んだ。Sは席に座ったまま、僕の方をじっと見ていた。お嬢様は僕に無視されているにも関わらず、怒ることも、引くこともせずに目の前に座ったまま僕を見ていた。彼女はしっかりした人なのだなと思った。

「なんか……」

そう言ってすっと彼女に目を向けた。彼女は、突然僕が意識を向けたことにハッとしたのを隠そうとしているように見えた。

「ずっと見てるけど、僕って変ですか？　気になります？」

「いや……」

彼女が困惑していると、過緊張の子が帰ってきた。

「今はちょっと二人で話してるので。」

そう言うと、お嬢様は自分の席に戻っていった。

ナンパ師の組は難航しているようだった。お姉さん役は依然として硬かった。ナンパ師に話しかけた。

「そろそろ出ませんか？　ここ、なんかちょっと高そうですし……」

「そうですね。」

彼は承諾してくれた。彼と一緒にいたお姉さん役は終始不貞腐れた顔をしていた。自分を楽しませてくれる人を待っている、つまらない女だと思った。

「あの、僕お金ないんで貸してください。」

Sが僕に言った。

「え？」

女性たちは払う気はないようだった。それぞれ二杯ずつ飲んで六人で三万円ほどだった。僕はSと自分と女性二人の分を出した。

店員とお嬢様が話していたので、僕が店員にお金を持っていった。店員はレジに細かい分のお釣りをとりにいった。

「あの、なにか特別な雰囲気を持ってますよね。」

お嬢様がこちらを見た。

「話したかったんですけど、僕はあの子と話していたし、あなたはS君と話していたからよくないかなと思って。もしよかったら今度二人で話してもらえませんか?」

「あ、はい。」

彼女は不思議なものを見るような表情で連絡先を教えてくれた。連絡先を聞いて「ありがとう」と丁寧にお礼を言った。

「みんな交換しようよ。」

さっきまで僕が話していた過緊張がそう言ったので、みんなで連絡先をささっと交換し、店を出てすぐに別れた。ナンパ師の人にも、Sと二人で飲む約束をしていたことを伝えると、彼はこれからクラブに行くと言った。


Sと二人で六本木の駅の方へと歩いた。しばらく二人は黙っていた。深夜二時くらいの西麻布の交差点には、さっきの女性たちや、居酒屋で会ったようなナンパ師たちのような人々がいた。二人とも、服装だけとっても彼らとは似ていなかった。いつも一人でいるときには疎外感があったが、彼といるとそうして街に溶け込めていないことを誇りに感じ、いつもより堂々と歩いていられた。

あの場で、Sは女性に関心を払っていなかったことが思い出された。それに対して、自分は必死に女性と話してしまっていたことを少し恥じた。僕の斜め向かいから、お嬢様に関心を払わず、彼は僕のことを見ていた。結局、あの場は彼が仕組んだ場だったのかもしれないと、店を出てからやっと気がついたのだった。

＊

しばらくして僕から口を開いた。

「隣のお嬢さんっぽい子、なにか持ってるね。」

「そうですか？　僕はあなたの横の子の方がタイプだったけど。」

「え？　そうなの？　じゃあ言ってよ。」

「いや、あなたが気に入ってるのかなと思って。僕の隣の子、あの子があんなに打ち解けてるのが不思議だってずっと言ってましたよ。普段はあんな感じじゃないって。」

「そう。なんか二人で見てたもんね。女の子と話すためじゃなくて、僕を見るためにわざわざ行ったの？」

「それはまぁ……」

「それはまぁ？」

「まぁいいじゃないですか。女の子が魔法のように吸い寄せられているみたいでしたよ。なにしてたんですか？」

「なにって、話を聞いてただけだよ。」

「いや、そんなはずないでしょ。」

「いや、本当だって。」

「えー！　なんで教えてくれないんですか？」

「いや、本当になにもしてないからだよ。なんとなくリズムを合わせようとはしてるけど、それくらいかな。」

「ふーん。」

反応が薄かった。納得しているのかどうなのか、よくわからなかった。どうやら彼が大事にしていることと、僕が大事にしていることは違うようだった。

僕にとっては、動きのリズムと声のトーンが最も重要なことだった。この日に見たナンパ師たちは動きも声も美しくなかった。しかし、外見や、ありきたりな性格当てやいじりによって、会話はどうにかなるのも現実だ。本人はいい気になっているが、外からは醜くしか見えない。

Sは美しい。なのに、その美しさについて語ろうとすると、彼はそれを理解しない。それは、この出会った日から数年経っても変わらなかった。

彼の美しさは訓練されて身につけられるようなものではないのかもしれなかった。一つ一つが粗いが、強い躍動感があった。


二人で朝までやっている安い居酒屋に行った。Sが僕に言った。

「その話し方だと頭のいい人にしか通じないでしょうね。」

「なんで？」

「だって、想像力がないとなにを言われているかわからないですから。今もすごく楽しいけど、話してて結構疲れますもん。もっとあれですよ。盛り上げたりとか、そういうことの方が大体の場合は有効ですからね。」

「そうかもね。でも、S君もそういうタイプでしょ。」

「いえ、僕は普段はこういうふうにはしていませんからね。」

そうだった。女性に話しかけていたときの彼、僕に敬語を使わないときの彼は、今僕とこうして話している彼ではなかった。

「たしかに。ノリで話しているとき多いもんね。」

「見てるなぁ。」

「今のそれも。そういうの嫌いじゃないの？」

「好きではないですよ。でも必要でしょ？」

「まぁ……そうなのかもね。でも、そういうのに迎合せずにうまく他人と話す方法だってあるんじゃないかと思うよ。」

「そうなんですかね。」

「さっき女の子が嫌いかって聞かれたけど、声をかけることも女の子も嫌いなんだよね。」

「なに言ってるんですか？　それだけしてて。」

「でも、わかるでしょ。」

「いや、わかりますけど。」

「他のナンパしている人も嫌いなんだよね。」

「自分もしてるのに勝手ですねぇ。でも、僕も他人のナンパ見るの、嫌いなんですよ。むかつくんですよ。女の子がそれについていきそうだと特に。」

「それでどうするの？」

「いや、見てるだけですけどね。」

「今日、君の声をかけている姿を見て、初めて魅力的な声のかけ方ってあるんだなと思ったんだよ。なんか切実で。それをするしかない感じがして。その辺のサラリーマンとかが、調子に乗ってするようなのじゃなくて。なにかを強烈に求めていて、声をかけざるを得ないからかけているように見えた。」

「それって僕、かっこいいんですか？　かっこ悪いんですか？」

彼が笑った。

「どっちも。だから、いいんだよ。」

僕は泣き出してしまいそうだった。彼は止まりしばらく黙っていた。僕も黙っていた。そのあと、彼は落ち着いた様子で「もう帰りましょう」と言った。


電車の動き始める時間になっていた。彼と別れて、僕は歩いて帰った。朝のぼんやりとした光が差している外苑東通りは車も人も少なかった。帰り道、僕は他人から見てSのように美しく生きていられているのだろうかと思った。そうあらなければと切に思った。

そのとき、百合子さんが僕の家に来た二週間ほどあとに、電話をかけてきたことがあったのを思い出した。

「あなたに電話しちゃった。私、弱ってるのかもね。」

彼女はそう言った。それからすぐにまたこう続けた。

「まだ女の子に声をかけてるの?」

「うん。この前会ったとき、すごく大切なことを教えてもらったと思ってる。でも、やっぱり僕はまだまだいろんな他人と関わって、経験をしないといけないんだって思った。そうする道しか今の自分には見えなかった。」

「そう。やっぱりあなたはそうするのね。」

彼女のその言葉にはなにか、見守るような、羨ましそうな、寂しそうな響きがあった。僕もまたSのようになにかを求めて動き続ける生命として、彼女には映っていただろうか。それが百合子さんとの最後の会話だった。

蝶

六本木でSと一緒に会った次の日に連絡先を交換した圭子にメールをした。

「きっとあんな風に会ったからあまりよい印象じゃないだろうけど……見たときから話したいなと思っていたので、よかったら連絡ください。」

警戒心の強そうな彼女に合わせて書いたが、それは本心でもあった。

その日の夜、彼女から電話がかかってきた。「きた！」と思わず声に出してしまうほどうれしかった。

「もしもし。」

落ち着いて電話に出ると、彼女は僕の名前を弾んだ声で呼んだ。

霧がかっていて静かな僕の胸に、彼女の明るい声がすっと射し込んできた。意外だった。関係を慎重に進めようとしていたが、彼女の好意が思った以上にあることを感じた。

「なにしてたの？」

自分の声も彼女につられて少し明るくなっていた。

「今日はさっきまで仕事してたよ。」

「どんな仕事してるの？」

少しずつ彼女のことを知り始めることに喜びがあった。彼女は二十七歳でＯＬをしていた。

圭子は蝶のようだった。軽やかで、彼女が触れるものが明るくなるような。僕には彼女がどのように飛び、どこに止まるのか想像がつかなかった。


電話の時間は心地好く過ぎていった。

「今度デートしてもらってもいい？」

「えー、どうしようかな……。やっぱり会い方が変でしょ。友だちにも相談したら、気をつけろって言われたの。」

「そうだよね……。でも、話せてよかったよ。この前会ったときに思った通り、楽しかったし。」

「うーん。」

そう言ったあと、彼女は少しの間沈黙した。

「やっぱり会いたい！」

無邪気な子どものような声だった。

「え？　いいの？」

「とぼけたふりして。押したらダメだって思ったんでしょ。」

「え、まぁ、そうと言えばそうかな。」

「それくらいわかってるんだからね。」

「無理強いはできないから。」

「ふーん。」

「僕が圭子ちゃんをどうにかできるとは思ってないよ。」

「さぁ、どうかなぁ。」

彼女の声は弾んでいて、艶やかだった。その声の中に僕はすっかり引き込まれていた。

＊

二日後、僕の家の近くの好きなレストランを予約した。待ち合わせ場所に彼女が現れると、普段見慣れている場所が急に華やかな特別な場所になり、初めて訪れた街であるかのように新鮮に映った。それぞれ質感は違えど、百合子さんもＳもそうだ。彼らはそこにいるだけで空間を変えてしまう魅力を持っている。


その日の彼女の耳には、長細いイヤリングが揺れていた。

「そのイヤリング、綺麗だね。」

「ありがとう。でも、なんか好かれるのを狙ってるみたいでどうかなとも思ったの。形が好きなんだけどね。」

「そう？　圭子ちゃんにはそんなふうには思わないよ。」

「だったらいいんだけど……男性って揺れるものとかに反応するとかってあるじゃない。そんなことを思ってつけてるって思われたらどうしようって思ったの。」

「そんなこと考えるんだね。形、綺麗だし、似合ってるよ。」

「そう？」

彼女はすっと僕を見上げた。その様子が意外だった。彼女が僕の反応を伺うなんて想像していなかったのだ。


レストランで食事をした。彼女のコートの預け方、メニューの選び方、食べ方、どれをとっても綺麗だった。それは周りから評価されるために身につけたようなものではなく、幼い頃から周りに気を配りながら生きてきて自然と身についたもののように見えた。

いつもしているように彼女の性格について言及したり、彼女を否定したり、無視しながらゆっくりと食べ物を丁寧に口に運んだり、そうしたことをする気にはなれなかった。もしすれば、惹きつけることができるどころか、自分の卑しさが見抜かれて嫌われてしまうだろう。彼女には洞察力があると僕はすでに思っていた。はじめはそんなことを考えて臨んでいたが、知らぬ間にそんなことは忘れて気楽に彼女と話していた。

「この前、圭子ちゃんだけ二人と違ったよね。」

「そう？」

「うん。その場を引いて見ていたというか。警戒してるってわけでもなく、ただ見てるって感じで。その姿が綺麗だったから、印象に残ってたんだよね。」

「自分のことだからわからないよ。」

彼女は笑って、それから続けた。

「結構前から能を習ってるから。それもあるのかな。」

「へぇ、どこで習ってるの？」

「霞会館ってところ。」

「霞会館ということは、元華族ってこと？」

「え？　よく知ってるね。」

彼女の曽祖父は誰でも知っている歴史上の人物だった。

「でも、家の話はあんまりしたくないの。みんなには言ってないから内緒にしててね。」

「そうなの？」

「うん。そういう目で見られるでしょ。」

とはいえ、彼女は自分の家系を人に知られたいとも思っているのだ。そうでなければ霞会館とは言わなかっただろう。

六本木で出会った女性たちは他の人よりも自分の方がより価値があると見られたいから、着飾ったり、地位のある人との交友関係を得ようとしている。しかし圭子の家柄のよさ、品のよさは、六本木にいる女性たちがどれだけ背伸びをしても手に入れることができない。

あの過緊張も、お姉さん役も、どれだけ頑張っても、圭子にはなれないことは圭子はよくわかっている。そのことは傲慢さではなく、諦めのよさを生んでいるように見えた。圭子からは、一般には上昇志向と呼ばれるような力みが感じられなかった。

Sとの関係も聞かれた。隠しても仕方がないと思い、彼とはナンパ師たちの飲み会で出会ったことを言った。

「へぇ、そんなことしてたの。」

「うん。嫌がられるかなと思ったけど。」

「まぁ嫌だけど、私、いつももっとチャラチャラした人見てるから。」

彼女はいつも、六本木の金持ちの遊び人たちに呼ばれて、あのバーに行くのだという。

「へぇ……」

そう呟きながら僕がその様子を想像していると、彼女がとっさに言った。

「遊んでるけど、悪い人たちじゃないんだよ。」

「悪いって言ってないよ。」

僕は笑った。

「そういう人たち、嫌いなんでしょ？」

「なんで？」

「そういう風に見えるもん。見えるというか、滲み出てるよ！」

「まぁちょっと……苦手だね。」

「ほら！　やっぱり。」

彼女は明るかった。僕などよりも多くのものを見てきているような感じがあった。

このレストランに女性を連れてきたのは初めてだった。好きな場所だったから、あまり声をかけた女性を連れて来たいと思ったことはなかった。

「珍しいな。今日はいい女連れてるな。」

店主が言った。僕は恥ずかしくて、「えぇまぁ」と小さく答えた。

「仲いいんだね。」

「よく来るから、いつもよくしてもらってるんだ。」

計算したわけではないが、彼女がそれをよく思ったのはわかった。それも店主の気遣いでもあるのだ。店と自分との関係性の中に彼女が加わり、自分が属している社会が広げられていく感覚があった。こういうことが幸せなのだろうか。こんな思いをしたのは初めてだった。


食事をしたあと、彼女は家に来た。入った途端に言った。

「ここは女の匂いがする！　なんか変！」

「いや、誰もいないよ。」

「なんかおかしい！」

彼女なりに心配をしているのが可愛いと思った。彼女は僕のことを知ろうとしているのだ。

「そうだよ、よくあの日みたいに声をかけるからね」という言葉が思い浮かんでいた。そうやって、彼女を拒絶しながら惹きつけようとする、いつもの自分のやり方だった。

「もう、先が思いやられるな。」

彼女がそう言った。そう言いながら、彼女はこの場所に女王のように君臨しようとしていた。そのとき、自分の中で思い浮かんでいた言葉は消え去っていた。

「お茶、淹れるね。」

僕はそう言って、台所に行った。

いつものように強引にセックスをする気にはなれなかった。彼女は僕と仲よくなろうとしてくれている。もしそんなことをしたら、それを裏切ることになる。裏切るとも違う。そうすることが嫌だった。存在として、動作として、それは美しいものではなく、その行為が彼女に相応しいものだとは思えなかった。

一緒にお茶を飲みながら話をした。彼女は本棚にある本を見ていた。

「本がたくさんあるね。」

彼女がヴァルモール夫人の詩集を手に取った。

「それ、いいよ。」

「どれがいい?」

「サアディの薔薇かな。」

僕がそのページを開くと彼女は声を出さずに音読していた。この詩を読めば彼女はより内省的になるだろう。他の女性がそうしているのを見たら、内省的になる様子を僕は観察しただろう。そして、キスをしても抵抗されないタイミングを探しただろう。

「綺麗ね。」

そういったあとも、彼女はまたはじめの一行目に戻ったようだった。彼女は静かにただ読んでいた。集中力のある美しい横顔だった。それを見ているだけで心地好かった。ふと彼女が顔を上げた。

「ちょっとそんなに見ないでよ。恥ずかしい。」

「あ、ごめんね。ちゃんと読んでるなと思って見てた。」

その言葉を聞いて、僕を見つめる彼女の目が変わった。それに反応して、僕はキスをしてしまった。拒まれなかった。拒まれないかどうかを考えることはおかしなことだ。拒まれるかどうかよりも、もっと大切なことがある。彼女の体にそっと触れて、ただその唇の感触と、彼女が初めてのキスに緊張してしていること、その緊張によって彼女がより集中していることを感じた。なにか無数のイメージが自分の中に流れていることが感じられたが、それらのことを追いはしなかった。それよりも、目の前の彼女のことを感じていたいと思った。

彼女に付き合って欲しいとお願いした。「うん、私なんかでよければ」と彼女は言った。


それから、その日の夜にセックスをした。そのセックスは、それまで彼女としていた会話に似ていた。幸せだと思った。しかし、幸せとは、体験への無批判な没入でしかないのではないか、ふとそんな考えも自分の中に生まれていた。

*

圭子と付き合うことは誰にも咎められず、他人から羨ましがられるように思った。

彼女は僕が声をかけ始めてから初めての恋人だったかもしれない。というのも、彼女と出会って以来、声をまったくかけなくなったからだ。

彼女とは話が合った。互いに好きなところに食事に行ったり、散歩をしたりして過ごしていた。店の接客が過剰なときにも、彼女はその接客にそつなく合わせられるが、二人になると「あの人、ちょっとやり過ぎだね」と言ったりする。彼女はいつも、彼女がいる空間に没入せず、その外側にいた。そこは僕がいつも一人でいた場所だったから、彼女と僕は一緒にいながらにして、またその空間の外側でも一緒にいるような気がした。


あるとき、圭子に過緊張の女性と会ったりしないのかと聞いた。

「あの子はそんなに仲よくないから。」

「おとなしそうだったけど、なんか愛人の紹介業みたいなのしてるって言ってたけど、本当なの？」

「さぁ、あの子とは会ったのが、この前で二度目なんだよね。」

「え？　そうなの？」

「そうだよ。飲み会があるとみんなで友だちを連れてきたりして、それで知り合うんだよね。」

お姉さん役の人とは、その後に二人でいるときにたまたま近くにいるというので、少し一緒に飲んだ。

「あぁ、あのときの。」

彼女は僕を見ると、あのときよりも少し丁寧に接してきた。

三人で話をしていくうちに、なんとなく気になって彼女に聞いてみた。

「付き合っている人とか、いるんですか？」

そう聞くと、彼女は俯き、しかし、話したそうにしながら答えた。

「それがいろいろあって。」

「そうなんだよね。」

圭子が気を遣うように相槌を打った。

彼女は会社を経営している男性と付き合っているという。しかし、彼には二ヶ月ほど会えていない。それでも付き合っているのだという。なかなか会えないことに悩んでいた。この前は突然呼ばれて、セックスをして別れたという。どう考えても、かなり都合のいいセフレだった。彼女は他の男性に言い寄られても、その男性のことが気になっているので、相手にしないのだという。

その男性は会社の経営者で忙しいのだと彼女は言った。〝経営者〟という言葉にアクセントが置かれていた。

「そんな二ヶ月も会えないほど、忙しい人っているんですか？」

僕がお姉さん役にそう言うと、圭子は少し笑いながら言った。

「こら、忙しいって言ってるでしょ。」

「え、あ、うん。そうだね。忙しいんだもんね。」

圭子と僕のやりとりをお姉さん役は気にせず、「そうなの。忙しいの」と言った。

「そんなに忙しいなら、待つしかないよ。」

圭子はお姉さん役に言った。

「一途なんですね。」

僕はそう言った。

「そう、そうなの。」

圭子が安心したように言った。お姉さん役は「そうなんです」と訴えるように言った。


圭子と二人になったときに言った。

「彼女は、男性に都合よく扱われているだけだよね？　圭子ちゃんはわかってるんだよね？」

「わかってるけど、でも言っても仕方ないじゃない。忙しいって思いたいんだから。」

「まぁそうだけど。」

僕は圭子を残酷な女だと思った。そして、お姉さん役は彼女にとって本当に友だちなのだろうかとも。


また別の友だちを紹介された。その女性は、圭子の家の近くのタワーマンションに住んでいた。三十代後半くらいで、元々は銀座でホステスをしていたという女性だった。招かれて訪れた部屋には白のモコモコとしたカーペットが敷かれており、お金だけがかかっているような、全体的に悪趣味な部屋だった。

本人はインターネットで仕事をしていると僕に言っていたが、それは嘘で本当は愛人をしているのだと、あとで圭子から聞いた。

その女性は僕に対して、水商売の客と話すような感じで話していた。本人はその話し方が丁寧で上品だと思っているのだが、客を怒らせずに気持ちよくさせるための話し方に過ぎなかった。マリアージュフレールの紅茶を、花柄のティーカップで出してくれた。足元の白いモコモコと紅茶が、どこまでいっても洗練とは程遠いが、彼女の中では洗練へと向かっているという点で彼女らしかった。こういう人はきっと世の中にたくさんいるのだろう。

「それなりの価値がつけられる、よくいる人。」

彼女と圭子が話している途中、モコモコのカーペットを見ながら、僕は声を出さずに自分の中で言ってみた。それから、それを反対にしてみた。

「よくいる人だが、それなりの価値がつけられる人。」

この二つを何度か声を出さずに言いながら、二つの組み合わせの微妙な違いを探っていた。

当たり障りのない自己紹介をし合って、僕たちは彼女の家を出た。

その一週間ほどあと、圭子に言われた。

「この前、クラブに行ったら、この間の友だちが男の人を紹介してきたの。セックスしたらって。友だちはそのあと、気に入った男の人とセックスしたみたい。」

僕は戸惑った。そのクラブの話を、圭子がどういう意図で僕に話しているのかがわからなかったからだ。自分が遊んでいることを話して、嫉妬させたいわけでもなさそうだった。自分の身持ちの堅さを伝えようとしたのだろうか。

その女性の振る舞いは意外ではなかったが、圭子がその友だちをわざわざ僕に紹介したということの意味がよくわからなかった。

「え!? その人さ、この前僕とにこやかに話してたよね。」

「うん。」

「それで違う人とセックスさせようっておかしくない？」

「そういう人なんだよ。でも、私はしないから大丈夫。」

「それはわかるけどさ、そんな人紹介しなくていいじゃん。」

「そうだよね……ごめんね。」

圭子の周りには、僕が嫌いで、話したくない人間ばかりがいた。それでいて、強烈に僕が話したい人間でもあった。これまではそういう人々を選んで声をかけていた。そうでもしなければ知り合えない人々だったが、圭子の恋人だということで、彼女たちははじめから僕と親しげに話してくれた。そうなると、かえって彼女たちの嫌いな点がはっきりと浮き上がった。

圭子はいつも落ち着いていた。彼女らとにこやかに交わっているかと思うと、初めて出会ったときにも見せていた、あの遠くから交わらずに見る目をしていた。

＊

圭子と彼女の周りの人たちがいつも飲み代を払ってもらっている男性が僕に会いたいと言ってくれて、彼らの飲み会に顔を出すことになった。出会ったときにSたちと行ったバーのＶＩＰルームで行われていた。部屋の扉を開けると、一人の男性と六人の女性たちがカラオケをしながら飛び跳ねていた。テーブルには、クーラーに入ったシャンパンと、ほとんど手がつけられずに置かれたままになっている食べ物の皿があった。

男性は日焼けした肌に白いシャツを着ていた。ゴツゴツとして目立つアクセサリーが首元と指にあった。筋肉質で肩の張った体型だった。僕と目が合うと、彼の容姿と身につけているものの持つ硬い印象を打ち消すかのような、満面の優しそうな笑みを僕に向けた。

「ユウちゃーん！」

圭子が彼の名前を大きな、人懐っこい高い声で呼んだ。

「いらっしゃい。君が圭ちゃんの？」

と彼が僕に言った。

「はい。はじめまして。すみません、急にお邪魔して。」

「いや、いいんだよ。圭ちゃんはどんな人と付き合うんだろうと思ってたんだよ。圭ちゃんはモテるのになかなか恋人ができなったからさ。好青年だねぇ。たしかにいないなぁ、僕らの周りには。」

「いえ、そんないいものじゃ……。ユウさんもよい方だって、圭子ちゃんから聞いていました。誘っていただいてありがとうございます。」

それから、彼の恋人と、他の女性たちを一人一人、圭子に紹介された。六本木のクラブに初めて行ったとき、そこにいる人たちがこんな笑顔を向け合っているのを見たのを思い出した。そういう挨拶をしていると、僕の顔の筋肉もさっきの彼や彼女たちと同じような、一般的には自信があると呼ばれるような表情を浮かべそうになっているのがわかった。

彼女たちはみな綺麗だった。一人一人が、服装、メイクともに、いくつかある六本木にいそうな女性のカテゴリーのうちの一つの高水準のものに仕上げられていた。ここには百合子さんのような人も、あのSM嬢のような人もいなかった。

「あの……」

僕が男性に言うと、彼は女性にしているような調子で優しく返事をした。

「なになに？」

「あんまり僕、ノリがいい方ではないのでちょっと馴染まないと思いますけど、でも、お会いできてうれしいです。」

「おぉ、いいよ、そんなこと。好きにしててね。」

彼はまたあの笑顔を僕に向け、さっと彼女たちの方を向いた。

カラオケが始まるとまたみな飛び跳ね始めた。僕も飛び跳ねているのか、立ったままなのかよくわからない、滑稽な動きをしていた。クラブでも誰もが、こうして踊っていた。それが楽しいと思ったことはなかった。でも、この部屋の様子を見ると、これを本当に楽しいと感じる人もいるのかもしれないと思った。

男性にとってこの空間は自前のキャバクラのようなものなのだろうか。一方で、さっきの男性とその隣にいる恋人はいつも喧嘩をしていると圭子から聞いていた。喧嘩の理由は、男性がなかなか今の奥さんと別れないことだった。

女性たちはそれぞれ、陰口を言い合っているという話も圭子から聞いていた。彼女たちのために大金を使って騒いでいる男性の姿は少し悲しげなものだったが、誰もがその悲しさの輪郭を捉えながら、それには一切触れないようにしていた。彼らは互いに、そうした面倒な感情に触れないことに長けていた。それは圭子も同じだった。

こんな女たちに囲まれるくらいなら、彼女たちをナンパして無視された方が余程現実を見ることができるだろう。彼が僕の友だちなら、僕はナンパに誘うだろう。他人にも自分にも決定的なことを隠しながら、彼らは老いて死んでいくように見えた。この中にいるだけで、頭が麻痺してぼんやりとしていきそうだった。

誰かが入れたカラオケが始まり、彼らがまた音楽に合わせて飛び跳ね始めた。隣には圭子がいた。圭子は僕に飛び跳ねることを促していた。僕は促されるがままに飛び跳ねた。

どうしてだろう。幼い頃からそうだった。みなが同じことをしていると、ふと自分だけ我に返った。周りを見渡すと、周りの人たちは僕がその空間の外側に出て彼らを見ていることに気がつかなかった。そのときには不思議と誰とも目が合わなかった。みな、催眠術をかけられたみたいに自分がしていることに没頭しているように見えた。

そのときにふと目が合う人が稀にいた。小学生、中学生、高校生、大学生のとき、どんなときにも。それはクラスに一人くらいの割合で。彼らとは仲よくなった。それが集団の中で最も存在感のない人間であることもあれば、最も存在感のある人間であることもあった。

ソファにタンバリンが置いてあったので、飛び跳ねるよりも楽だと思い、タンバリンをリズムに合わせて叩くことにした。圭子の方を見ると、笑顔で飛び跳ねていた。僕の視線に気づき、目が合った。他の人たちはこの飛び跳ねに没頭していた。「ちょっとトイレ行ってくるね」と圭子に言って部屋を出た。

廊下は静かだった。扉からはわずかに音が漏れていた。僕はこの扉の中の世界にどうにか入ろうとして、声をかけ始めたのではなかったか。今はこの扉の中に戻らなければいけないことが嫌で、どうすれば失礼にならずに帰れるかを考えていた。

廊下の壁は黒く塗装されており、下には赤の分厚い絨毯が敷かれていた。個室の照明と音で疲れた目と耳が、休まっていくのを感じた。廊下でぼんやりしていると、店員が通った。僕と目が合うと、彼はニコリと笑った。

「圭子ちゃん、彼氏できたんだって喜んでましたよ。」

「そうですか。この前はありがとうございました。」

「いえいえ。ちょっと失礼しますね。」

そう言って、彼は、彼らのいる部屋に入り、少ししたら空になったグラスを持って出てきた。

「ごゆっくり。」

そう言って、彼は一階に行った。圭子が部屋から出てきた。

「大丈夫?」

「うん。大丈夫だよ。でも、なんかご馳走になるの悪いし、今日は帰ろうかな。」

「そうね。じゃあ一緒に帰ろう。ユウちゃんに挨拶だけしよう。」

僕は部屋に入り、申し訳なさから少しまた飛び跳ねた。カラオケの曲の合間に圭子が男性に帰ることを告げた。

「えー、もう帰るの⁉」

彼は、驚いていない人間が驚いた様子を見せる、社交上の振る舞いをした。

「すいません、またゆっくりお話しさせてください。」

僕もまたその社交上の振る舞いに合わせて言った。


店を出ると彼女が言った。

「ごめんね、付き合わせちゃって。」

「そんなことないよ。楽しかったし。いつもあんなことしてるんだね。」

「うん。ユウちゃんが会社の人を連れてくることもあるよ。」

「へぇ。」

「それでダーツ大会とかもするの。優勝したら賞金がもらえるんだよ。」

「賞金出るの⁉」

「うん。」

賞金は十万円だった。彼女はそれをなんとも思っていないかのように言ったが、それがかえって不自然だった。

「あのお店の支払いも、実は女の子に少しバックされるの。」

それらを聞いたとき、僕は腹が立ってしまった。

「なんかおかしくない？」

「なにが?」

「だって、それも今日のも、援助交際と変わらないじゃん。」

「そんなことないよ。ユウちゃんはみなと楽しみたいだけだよ。」

彼女の声は少し高くなった。その様子を見たとき、彼女への関心が薄れ始めていた。

＊

後日、その男性の恋人と圭子と三人で会ったとき、恋人が圭子に男性との仲を相談していた。男性には妻子がおり、彼女にも別のセフレがいて、そういう関係をやめて普通の恋愛がしたいと言っていた。

「圭ちゃんはいいよね。どうして落ち着けたの? 私、一度贅沢したから、もう戻れないの。」

「私はそういう贅沢にはあんまり興味がないんだよね。」

圭子はそう言った。あの男性の恋人は、彼女が元華族であることを知らず、彼女を普通に働くOLとしか思っていないのだ。圭子の友人たちが味わえる、成金とは異なる贅沢を圭子は知っている。圭子は、彼女たちの世界に別世界から冷酷に君臨しているのだ。

圭子は夜遊びを続けていた。それ自体を嫌だと思ったことはない。しかし、彼女が男性たちにアプローチされ、断った話を聞くたびに、その男性たちの気持ちを想像した。もし僕が彼女にアプローチして失敗していたら、僕も彼らと同じように誰かに言われただろう。

彼女にお金を使う男性たちは、彼女に振り回されていた。彼女を大切に扱い、その後に口説いて、「やだ、そんなつもりなかったのに」と言われる。彼らには、はじめに僕がそう思ったように、彼女がどこに止まるかわからない美しい蝶のように見えているのだろう。

彼女は彼女自身が輝くための養分を必要としているようだった。そして、その養分を得て輝きながら僕のもとに訪れた。僕もまたその輝きを愛でていた。しかしそれは、詩集を読んでいたときの彼女の美しさとは違っていた。他人から得た養分で輝く彼女は、単純な動きをくり返す虫のような彼女の友人たちに似ていた。

百合子さんのことを思い出すことが多くなっていた。彼女に会いたいわけでも、寂しいわけでもない。いつの間にか、圭子と過ごしているときに自分を偽っているような気がし始めていた。圭子から逃げるきっかけを探すように、見知らぬ女性を目で追うことが多くなっていた。

街で声をかけ始めていた。女性たちは僕を無視したり、拒絶したり、ときには受け容れたりした。圭子と過ごすことよりも、知らない女性たちに拒まれ、ときに受け容れられることの方を僕は選んでいた。

次第に圭子と連絡を取ったり、会ったりする頻度が少なくなっていた。そのことについて非難されることが多くなってきた。それを計算して行っていたわけではないが、僕が逃げようとすればするほど、彼女は追ってきた。ある日、彼女から電話がかかってきた。

「私はこんなに好きなのに、どうしてちゃんと連絡してくれないの。」

それを聞いて僕は、自分が好きなら好かれるはずだという彼女の考えに怒りが湧き、これまで思っていたことが口を突いて出てしまった。

「そんなに好きになって欲しいなら、そうさせてみろよ。自分だっていろんな人のこと、口説いてくるけど惹かれないいって言って振り回してるじゃん。同じことだよ。」

「酷い……」

弱々しく訴えるような彼女の声が聞こえた。そのとき、僕に思い浮かんでいたのは圭子ではなく、圭子の周りの人々、さらにいえば、六本木で見かける人々だった。別れ際にならなければ、人は本心を打ち明けることができないのだろうか。これまでも、僕の胸に突き刺さった他人の言葉は、いつも別れ際に伝えられたものだった。

「酷い？　そういうものだってよくわかってるんでしょ。自分だってしているんだから。」

「違う！　私の思ってることちゃんと聞いてよ！」

僕は聞く耳を持てなかった。返事をせずに電話を切った。はじめの頃に彼女に対して見出していた美しさを、このときはすっかり忘れてしまっていた。

興奮で胸の辺りが震えていた。取り返しのつかない悲しいことをした気がしたが、涙が出そうになるのを、彼女を一方的に責める気持ちで蓋をしていた。

誰かの代わり

圭子と別れてから、僕はまた街で声をかけ続けていた。

その日は渋谷に行った。誰かに声をかけるために来たはずなのに、声をかけることができずに、駅の周りをただ歩き回っていた。以前ならなにも考えずに声をかけていた。「こんにちは」でもなんでもいい。声をかければ、相手の反応次第で会話は自ずと始まる。今日初めてやることじゃない。もう何度もうまくいっている。だから、自分がそれなりに人に関心を持たれることも知っている。躊躇することにはまったく意味がないはずだ。

しかし、踏み出せない。誰かに声をかけることを決意しようとすると、体の芯から硬直した。声をかけられずに街に佇み続ける自分は、初めて声をかけたときの自分と変わらなかった。

歩くのをやめ、ハチ公前の広場の壁を背にしながら、待ち合わせをしている人たちの後ろにひっそりと身を潜めるように混じった。落ち着くために、目を閉じてしばらく一人きりの気分を味わった。

目を開けると、一人の女性が目に入った。彼女は一見綺麗だが、目が強調され過ぎたメイクをしているからだろうか、どこか不安定な印象があった。そのせいか、伸びた背筋からは芯の強さと同時に、無理に姿勢を律して自分を守っている弱さも感じられた。本当のところはどうなのだろう。その印象の中に入り込み始めた刹那、体が動いた。

「こんにちは。」

彼女は眼球だけ動かしてチラリと僕を見て、また前を向いた。僕のことは気にしていないかのような涼しげな顔をしているが、表情が一瞬固まった。さっき抱いた印象は大きくは外れていなさそうだった。

彼女を見つめたまま、一緒に数歩進んだ。彼女はゆっくりとまばたきをし、息を吸い、吐きながら目を開け、少し鋭い視線を僕に向けた。その目を見ても嫌な気持ちにはならなかった。彼女が僕との関わりを持とうとしているように思えたからだ。

彼女の目を冷静に見据えて言った。

「なんか雰囲気が硬そうなのに、本当は柔らかそうで……どんな人かなと思ったから、声をかけただけですよ。お話ししてみたくて。」

「変なの。」

「なんでですか？」

「ナンパって、お姉さんすいません、綺麗ですねとか、どこ行くんですかとか、冗談とか、そんなこと言うもんやろ。なに言ってんの？」

彼女は関西弁だった。柔らかいが、少し強い口調で、面白がって僕を攻撃しているのがわかった。

「雰囲気を見てなんとなく話がしたいだけ、っていうのじゃダメですか？」

彼女が言っていることの方がおかしいことであるように僕は言った。

「いや、ダメちゃうけど。」

彼女が少し口ごもった。

「実際そういう感じですよね？　ツンデレっていうの？　話し方がそんな感じだし。」

「なに？　わかったような口利いて。」

そう言いながら彼女は笑った。彼女の反応を得て、反射的に僕も笑った。

「ちょっとだけコーヒーでも飲んでくれませんか？」

「まぁ、ちょっとだけならええよ。」

彼女と近くの喫茶店に入って話した。彼女は二十五歳。六本木でホステスをやっている。歌手になるために東京に出てきたばかりだった。それまでは高校を出てからずっと北新地でホステスをやっていたという。いろいろな人と接してきた経験だろうか、互いに思ったことを話し合おうとする、年の割にしっかりとした話し方だった。


「あんたは違うやろうけど、ナンパする奴ってしつこいやろ？　連絡先教えたら毎晩連絡してきたり。こっちはそんな暇ちゃうしな。」

「そうなんだ。せっかく連絡先聞いたから、どうにかして落としたいって思うのかな。」

「そんなんされても無理なもんは無理やからな。強引なんとか、よくわからんおっさんとかと、話したないし……」

彼女は話しながら僕に向けていた目を少し下に向け目を細め、話を続けた。

「関係ないけど、東京の人って冷たない？　東京来てから感じるねん。でも、私がナンパを無視するのもそれと同じなんかなってふと思ったから今付き合ってるっていうのもあるんかもな。」

彼女が初対面の僕にそんなことを言うのが意外だった。それが顔に出ていたのだろうか、彼女が言った。

「どうしたん？」

「そんなこと考えるんだと思って。」

「それは考えるよ。人に優しくしたいやん。」

「そう。人のせいにしない考え方で、すごいなと思った。」

「うん、まぁな……」

彼女は少し下を向いて考えているようだった。沈黙が続いたので、僕は言った。

「話が合うって難しいよね。誰とどんな話をしたいのかって、自分でもわからないこともあるし。寂しくなればなるほど。」

彼女はまた視線を下に向けて目を細めていた。

「あんたと話してたらしんみりしてきたわ！」

彼女は笑って突っ込みを入れた。僕も笑った。

「ごめんね、そんなつもりはなかったんだけど。」

「いや、冗談やって。でも、声かけてきたときは勢いあったのに、話すとほんまに静かやな。」

「話すの苦手だから。」

「よう言うわ。」

「いや、本当に。」

「わかってるよ。そんなんでよく声かけてるわ。あんたなんかより、私の方が上手くナンパできると思うわ。」

「まぁ、そうかもね。」

そう言われると、急に暗い気持ちになった。彼女に初めて言われたわけではない。男女問わず、誰にでもそう言われる。自分が話すことが下手であるような気もするし、一方で誰よりも上手いような気もしていた。この言葉を言われると、やはりそうかと思う一方、悔しくも感じるのだった。

「どうしたん？　落ち込んでるんか？」

「いや、はっきり言うなぁと思って。」

「ふーん、おとなしくて優しい人がよかったん？」

そうして彼女は俯いた僕の方を覗き込むようにして言った。彼女のその言い方の色気に、さっきまでの暗い気持ちが溶かされてなくなっていきそうだった。

しかし、これが彼女の僕への関心から出た動きなのか、ホステスとして身についている習慣的な動きなのかわからなかった。このままだと彼女に好意を抱いてしまいそうで怖かった。

「そろそろ帰ろうかな。長いこと付き合わしたら悪いし。」

「あっそ。どうせまたナンパするんやろ。がんばってな。」

彼女は少し拗ねたように言った。

「しないよ。がんばってなんて思ってないくせに。じゃあ一緒に駅まで行く？」

「え？　送ってくれるん？」

彼女は上目遣いで言った。

「うん。送らせてよ。誰彼構わず声かけてるなんて思われたくないし。」

彼女が僕に関心を持っていたとしても、いなかったとしても、持っていないと判断していた方がいい。それが彼女の慣れた話し方なのだとしたら、引いたほうがいい。もし彼女が僕に関心を持っているのであれば、引いた方が彼女の関心は高まるだろう。どちらにせよ、受け取らない方が得策だ。これは、嫌われることを恐れ続けた卑怯者の知恵だった。


彼女と連絡先を交換して、駅まで送った。既に日は落ちていた。駅の付近はさっき声をかけたときよりも、さらに人が多くなっていた。

人々は、自分自身の歩くリズムを他人に崩されまいと守っている。リズムが変わるのは、他人にぶつかりそうになったとき、あるいはぶつかってしまったときだけだ。ぶつかりそうになった相手を避けたり、むすっとその相手に威圧的に構えたり、ほんの少しぶつかった相手には不機嫌で攻撃的な視線を向けたり。それとは打って変わって、待ち合わせで出会った人に対しては、大げさに喜んで見せる。

さっきまでは人々のそういう排他的な様子と仲間意識に虫酸が走っていた。僕がそれらを穏やかに見つめることができたのは、彼女と話ができたからだろう。人々を見ることをやめ、帰路に着いた。電車の中で、彼女との会話で味わった感触を、電車の揺れに身を委ねるようにしながら思い返していた。

＊

渋谷で会った次の日の深夜一時に彼女からメールがあった。

「今なにしてるん？　起きてる？」

「起きてるよ。家にいる。なにしてるの？」

「スタバにおるねん。朝まで本読んでようかなと思って。」

「へぇ。本なんて読むんだ。」

「読むよ。」

「それで本読んでたら会いたくなったってこと？」

「またそんな言い方して。」

「会いたいなら行くけど。」

「ふーん。来たいならおいでや。」

「じゃあ会いたいから行こうかな。」

「素直やん。」

「そうだよ。佐紀ちゃんと違うでしょ。」

「はいはい。」

わかりやすいメールのやりとりだった。

すぐにタクシーに乗り、彼女のところへ向かった。

一階の席に彼女がいた。体にぴったりとついた白と黒のボーダーのワンピースで髪の毛も仕事のためにアップにしていた。明らかに水商売の女性であるその姿は、周りに彼女の商品としての価値を示していた。この前に会ったときよりも色っぽいが、それはとってつけたもので、彼女本来のものとは言い難かった。

彼女は座って文庫本を読んでいた。本に注がれた彼女の眼差しはすっきりとしていて美しかった。彼女の斜め前から近づいた。静かに、彼女の邪魔をしないように。しかし、驚かせないように。彼女はそのまま読んでいたが、もしかしたら途中で少し気がついたかもしれない。目がほんの少しだけピクリと動いた。

「来たよ。さっきまで仕事してたの？」

彼女が顔を上げた。装いが違うだけで、彼女の声も動きも渋谷で会ったときと変わらなかった。

「そうやで。変な格好やろ。」

「変かな……綺麗だよ。変っていうのもわからないでもないけど。」

「男はこういうのが好きやからな。」

「僕も好きじゃないとは言わないけど……苦手かも。」

「苦手？」

彼女は怪訝な表情をした。

「格好が気になってちゃんと話せないから。」

「へぇ、ケッタイなこと考えるんやな。来てくれると思わんかったわ。」

「じゃあなんでメールしたの？　ちょっと期待して？」

「意地悪いなぁ。そんななんでも言葉にしたらつまらんわ。」

僕は言い過ぎた。他人に自分を理解されたいと思っている人ほど、感情を指摘されて喜ぶ。それをするのは趣味が悪く、好ましいものではなかったが、手っ取り早く女性の気を惹くことのできる方法でもあった。

「この前もそうやけど、すぐぺしゃんなるよな。」

「いやまぁ……ぺしゃんもなってるけど、佐紀ちゃんの言う通りだなと思って。」

「そうやろ。」

彼女は笑った。

「なぁ、聞いてや。今日のお客さんな、会ったときからずっとタイプやって言ってくるねん。私のことなんて見てないくせに。ああいう奴って、なに見てんのやろ。」

「顔とその服？」

「そうやんな。そういうのの相手って疲れるねん。流せばいいだけやけどな。まぁお金使ってもらったし、ええんやけど。」

彼女の目は本に注がれていたものではなくなっていた。目は見開かれて、口の端には蔑みの笑みが浮かんでいた。彼女に引き寄せられてしまう客を愚かで哀れだと思った。しかし、その客もまた寂しいのだとしたら、僕自身も同じようなものだ。

「そっか、大変な仕事だね。」

「ま、自分で選んだ仕事やけどな。」

彼女はそう呟き、仕事の愚痴を続けた。もう少しこの前のように話し合えると思っていたので、こんな展開になったことが少し残念だった。

幼い頃から、人と話しているときに、もしテーブルにある飲み物を相手にかけたらどうなるだろうかと想像が浮かんだ。学校の先生、友だち、親が話しているのを聞きながら。それらがどのような道筋を辿るかが想像のできる話は退屈だった。自分が予期していない話が展開していくときには、飲み物を相手にかける想像は自然と止んだ。しかし、そうではないとき、コップに手を触れてしまったら相手に飲み物をかけてしまうのではないかと怖くなった。怖くなると余計に触れたくなった。佐紀の話を聞きながら、自分を試すために恐る恐る目の前のコーヒーカップに手を伸ばした。カップを両手で包むと、気持ちは落ち着いた。結局僕はこれまで誰にも飲み物をかけることなく生きてきた。

「ナンパじゃなかったら、僕は華麗な食い逃げがしたいんです。」

ふと、以前Sがこう言ったのを思い出した。こうして思ったことを言わずに他人と話すのも、食い逃げみたいなものかもしれない。でも、違うと思いたい。僕は人を欺きたいわけじゃない。

ぼんやりとそんなことを思いながら聞いていると、彼女が僕に質問をした。「なぁ、私のこと、どう思ってるん？」

「酔ってるの？　今日は結構飲んだ？」

「ちょっとな。」

「そう……」

彼女も東京での生活に寂しさを感じているのだろう。しかし、ここで好きだというのは彼女を騙すことにしかならないのは明らかだった。

「はぁ、私のことなんてなんとも思ってへんのやろ。」

「うーん、どうかな。」

彼女はなにも言わずに僕を見つめた。彼女との関係は、互いの寂しさによってしか成り立っていないことを僕はよくわかっている。そうではない関係があるとも思えないが、僕には佐紀との関係は必然性を欠いたものに感じられていた。

「せっかちだね……。深夜にわざわざ会いに来てるんだから嫌いじゃないよ。」

「ふーん。」

彼女はどっちでもいいような感じでそう言った。

「渋谷ではじめて会った日、話してくれたでしょ。僕はすごく感謝してるよ。ナンパなんて寂しいからするものだっていうのは自分でもわかっているから。それに応えてくれたっていうのは本当にありがたいことだし、恩を感じていて……」

彼女はなにも言わずに聞いていた。さっきとは変わり、彼女が少し冷めた顔をしているのを見て僕は沈黙した。

「それで？」

「それで……なにが言いたいってわけではないんだけど、そんな気分で佐紀ちゃんと話しているってこと。」

「あんた、ほんまに真面目やな。」

「まぁ、そうだろうね。そういう性格なんだよね。」

「それがあんたのええとこなんやろな。」

「そう？　まぁ普通にもうちょっと話そうよ。」

そんな会話をしてほっとしたせいか、彼女の体の線を強調するワンピース、そこから伸びる彼女の太腿が目につき始めていた。今彼女の目には僕が彼女ときちんと向き合おうとしている人間として映っており、誘えばうまくいくだろうという考えが浮かんでいた。

「散歩しない？」

僕は彼女に提案した。

「ええな、それ。」

外に出ると彼女が近づいてきて腕を組んできたので、すぐにキスをした。

彼女の舌に僕の舌を添わせていると、シャンパンとウイスキーの香りが混ざった吐息が立ち上ってきた。寂しさのせいか、その匂いに嫌悪を覚えるどころか、彼女が僕に気持ちを寄せているような感じがして陶然とした。他人がそばにいることは僕を安心させる。

彼女を欺きたいとは少しも思っていなかった。他人を欺きたいと思って欺く人間などいるのだろうか。みんな、ただ寂しくてそうしてしまうだけではないか。

しばらく歩いたあと、彼女とタクシーに乗った。

「なぁ、なに考えてるん？」

「え？　家、汚いけど大丈夫かなって。」

「掃除したろか。」

「いや、いいよ。自分でするから。掃除好きなの？」

「私、得意やで。一人暮らし長いもん。」

そんな会話をしながら、家に向かった。

＊

佐紀と家に帰りセックスをした。

ワンピースを脱がした。その生地は僕が想像していた以上によく伸びた。触れて、脱がせてしまえば、そこにあるのは普通の体だった。胸はヌーブラで寄せ上げられていて、服の下で実際以上に大きく見せられていた。下着を脱がすと、首の上だけが派手なまま残っていた。

「私だけ脱いで恥ずかしいわ。」

「そう？」

僕は彼女を抱きしめ、手で背中や尻、脚を触った。セックスしている人の演技をしているようだった。

街へ出て女性に声をかけ始めたときは、初めてのことばかりだった。声をかければかけるほど、新たな発見があり、さらに他人を知ろうとする喜びがあった。しかし今はもう、それを繰り返してもその先には特になにもないと半ばわかり始めていた。

ペニスを入れた。彼女は目を閉じて、声を漏らしていた。激しく突けばその声は大きくなったが、どこか白々しい気がした。僕の腰の動かし方はこれであっているのだろうか。ゆっくりしたり、止まったりしたが、どれもあっていないような感じがした。どのようにセックスをすれば上手いのか、下手なのかはわからないが、クラブや街で初めて声をかけたとき、愛理さんのヴァギナを一心不乱に舐めていたときや、百合子さんと会話をしていたときの方が僕は充実していたのではないか。そう思い始めると、射精できそうになかった。

「ごめん、初めてで緊張して出ないみたい。」

「無理せんでええよ。あんた、気難しいもんね。」

「うん……ありがとう。」

彼女は僕を抱き寄せ、頭を撫でた。それは優しい行為のはずだった。しかし、その手の僕の頭に与える感触は、圧が足りなかった。手のひらは木のように硬かった。その手はもっと僕の頭に吸い付いてくるはずのものだった。その足りなさを補うために、彼女の体に抱きつき、彼女の胸に顔を埋めた。

百合子さんのことが浮かんだ。彼女にこうしていたとき、僕はなんの違和感も覚えなかった。佐紀の体を借りながら、百合子さんの質感を空想した。頭に触れている手は僕の頭に溶け込んでいき、それがあることを僕は忘れていくはずだ。その接触が、あの日のように二度目はないものであったとしても、その接触の中に身を浸したい。その空想が次第に現実のように感じられてきたとき、僕は眠っていた。

朝起きると、佐紀は眠ったままだった。化粧がところどころ薄くなっている彼女の寝顔を見つめた。彼女とはすぐに会いたくなくなるだろう。寂しさが募って、必然性のない出会いをしてしまったと後悔した。

布団を出てシャワーを浴びた。シャワーを浴びて出ると彼女は起きていた。

「おはよー。」

彼女はなつき始めた子どものような笑顔で言った。そのとき、僕は生きている人間を相手にしているのだと我に返った。

「おはよう。寝れた?」

彼女に優しくしなければいけないような気がした。

＊

それからというもの、夜中になると彼女からメールがあった。「仕事おわったー。」という些細なメールに「おつかれさま」と返すと、この前のようなその日の仕事の愚痴を僕に送ってきた。メールで返すのは楽でいいが、愚痴を直接聞かされると思うと、僕の家に呼ぶのは、気が進まなかった。

僕はいつも早く寝るということにして、互いに休みの日に彼女の家に行く約束をした。知らない街のことと彼女がどんな暮らしをしているかが気になって、彼女に会うことに決めた。

彼女の家は西武池袋線で池袋から数駅行ったところにあった。駅を降りると商店街があった。彼女は駅まで迎えに来てくれた。「どうする?」と聞く彼女に「この辺を散歩したい」と答えた。「知らない町歩くの好きなんだ」と言うと「えぇよ、変わったもんないけどな」と彼女が言った。彼女は黙っていた。僕はまた愚痴を聞かされるのではないかと恐れていたが、仕事が休みだったせいか、そんな様子はなかった。そのとき、僕は愚痴を嫌っているのではなく、恐れているのだということに気がついた。愚痴を聞くとき、相手の機嫌を損ねないために僕は嘘をつかなければならず、そうしていることがばれるのが恐かったのだった。

商店街の中に小汚い中華料理屋があった。道に面したところはガラス窓になっていて、中の様子を簡単に見渡すことができた。客はまばらに入っていた。照明もそんなに明るくなく、それでいて外とは大きなガラス窓で仕切られているから開放感がある。気になって、店内を見渡していた。その店に来慣れているような人たちがのんびりと食べていた。

「どうしたん?」

「なんか、ここよさそうな店だね。」

「そう? 入ったことないわ。」

「へぇ。」

店内を見ながら、もし入るとしたらなにを食べるだろうかと想像していた。

「なぁ、いつもそうなん? 入りたいんやろ?」

「あ、うん。いいの?」

「行こう。ちゃんと言いたいこと、言わなあかんで。」

「あぁ、うん……なんかさ、優しいんだね。」

「そうやで。知らんかったん？」

「うん。知らなかった……」

そう言いながら、渋谷で彼女が僕を覗き込んで言ったときのこと、セックスで射精できないことを伝えたときのことを思い出して、続けて言った。

「あ……知ってたかも。」

「どっちやねん。」

彼女は笑っていた。


瓶ビールと餃子を頼んだ。二人で飲みながら、僕は店の様子をぼんやりと見ていた。すると彼女が言った。

「なぁ……あんた見てると父親思い出すねん。」

「へぇ、どんなお父さん？」

「どんな……うーん、嫌いやねん。」

「え!?　嫌いなの？　どうして？」

軽い気持ちで聞いていたので、それは予想外の展開だった。

「私が中学になって化粧とかしだしたら、汚いとかだらしないとか言ってきて、結局私のこと、家から追い出してん。それで高校卒業するまで近所のおばあちゃんの家にいてん。」

「そうなんだ……」

それを聞いて、どこか彼女を受け容れきれず、愚痴を聞くたびに嫌になっていくことに、はっきりとはわからないが、この話がなんとなく関係があるような気がした。

「でも、僕はそんなこと言ったりしてないよね。」

「言ってないけどな。思い出すねん。なんか似てて。」

「へぇ。」

「ほら、それ。しらっとして、聞いてるか聞いてへんかわからへんような態度とるやろ。」

「ちゃんと聞いてるって。お父さんはどんな人なのかなって想像してたんだよ。お父さんとは会ってないの？」

「会ってへん。」

彼女の父親は新興宗教に入っていた。元々はサラリーマンだったが、彼女が小学生のときから万病に効くということになっている水を売る仕事を始め、朝晩お祈りをするようになった。

餃子が来た。彼女の話を聞きながら、なにもつけずに一齧りした。分厚い皮をかりっと焼いた、悪くないものだった。餡は普通だった。特別に味わいたいというものではないが、餃子が食べたいという気持ちを満足させてくれるものだった。タレ皿に酢とたくさんの胡椒を入れて、そこに餃子をつけて食べた。家の近所の中華料理屋ですすめられた食べ方だった。餃子の餡と皮の味わいが、酢と胡椒によって余韻が引き延ばされる。一口食べて味わい、味の余韻が消えかかる頃にビールを少し飲み、また餃子に手をつけた。

食べながら彼女の話を聞いていると、映画を観ているかのように、断片的なイメージが浮かんでは消えていった。

小学生のときは優しかったのに、彼女が化粧をしたり、女の子っぽい服装をしたりし始めた頃から父親は暴力を振るうようになった。母親はそれをどうにもできず、彼女は近所の祖母の家に引き取られていった。祖母は優しかったが、家から離れたくて、高校を出てすぐに一人暮らしをして水商売を始めた。話を聞きながら、僕は虐げられた中学生のときの彼女になったり、幼かった娘が若い女性になり始めたことを恐れる父親になったりした。

「お父さん、怖かったのかな?」

「なにが?」

「佐紀ちゃんのことが。」

「え? そうなの?」

「わかんないけど、なんとなく。」

「いや、それはないわ。怖かったんは私やからな。」

「そう……」

この意見をこれ以上言うべきではないと思った。

彼女は僕の様子をじっと見つめていた。なんだか目を合わせてはいけない気がして、気づかないふりをしながら、僕は最後の餃子を食べた。食べている間も彼女は僕を見ていたので、彼女に優しく聞いた。

「どうしたの?」

「ううん。なんでもない。」

明らかになにか言いたいことがあることを思わせる、甘えた言い方だった。勝手に父親を重ね合わされていることを鬱陶しく感じて、気づいていないふりをした。

「餃子だけでお腹いっぱいになっちゃった。出てちょっと散歩しない？　もうちょっとこの辺見てみたい。」

「いいよ。」

彼女の表情からは、さっきのなにかを乞い願うようなものが消えていた。


店を出た。もう日はほとんど落ちていた。濃紺の空の縁に、茜色の光が滲んでいた。商店街には街灯と店の灯りがあったが、まだ真っ暗にはなっていない空の明るみが灯りを押し戻していた。その光景に一日の終わりを示されているようで、少し寂しくなった。完全に夜になれば、灯りは夜の町の賑わいを表すだろう。

彼女の背中をポンポンと優しく叩いた。さっきの償いのつもりだった。

「なんやねん。」

「なんかしょんぼりしてる？」

「してへんし。」

「お父さんの話をして、しょんぼりしたのかなって。」

彼女の肩を抱いて歩いた。手のひらで肩をポンポンと小さく叩きながら。彼女は黙っていた。なにか懐かしいリズムだった。それは祖母が僕を寝かしつけるときに僕のお腹に触れていたときのやり方だったことを思い出した。

少し歩いている間に空は真っ暗になっていた。煌々としている町の灯りの中では、さっきの夕暮れどきの虚しさを感じようとしても感じることはできなくなっていた。


彼女の家に行き、二人で酒を飲んだ。小綺麗なワンルームマンションだった。

よくも悪くも、特徴のない部屋だった。目を引く家具はない。しかし、どこか違和感がある。本棚には漫画やベストセラー本が並び、ドレスや洋服も一緒に並べられて、食器にも一定のセンスが見出せない。そこかしこに、お菓子の袋、タバコ、化粧品、ボールペンなどが置かれている。ふと、これは子どもの部屋だと思った。この統一感のない様子が子ども部屋を思い起こさせるのだ。それが違和感の正体だった。飲んでいると、彼女がまた深夜の六本木でのときと同じように言ってきた。

「なぁ、私のこと、好きなん？」

「うん。好きだよ。」

「ほんまに？」

「うん。」

「私のこと、アホやと思ってるんやろ？」

「なんで？　思ってないよ……僕なんかより、いろんなことわかってると思うよ。」

「またそんな思ってないこと言って。」

「いや、ほんとに。僕より苦労していると思うし……。なんでそう思うの？」

「なに考えてるかわからんから。」

彼女のその感覚は正しいと思った。

「お父さん、佐紀ちゃんが怖かったのかな？」という僕の質問に対して、彼女が「どうしてそう思うの？」と聞けば、あるいは僕がどうしてそう思うのかを言ったら、なにを考えているかわからないとは思わなかっただろう。

こうなると、なにを言えばいいかわからない。他にすることがないから、彼女を抱きしめた。性欲はなかった。なかったというよりも、湧いてくるはずのものが、なにかに抑え込まれているようだった。彼女は拒まない。しなだれかかってきた。

僕は胸に触れた。そして洋服を脱がし、単純作業に没頭して現実逃避をするように彼女の乳首を舐めたり、吸ったりし続けた。そうしていると気持ちが落ち着いた。彼女は声を漏らし、僕の頭に触れてきた。彼女の僕への積極性を自分の中で打ち消すように、彼女の両方の二の腕を摑んで、腕を動かせないようにした。それは乳首というよりも、僕が平静を取り戻すためのおしゃぶりのようなものだった。

彼女の父親が勝手に想像された。顔は見えない。新興宗教にはまった冴えない男。この男は自分の殻に閉じ籠っていて、若い女性、佐紀を怖がっている。ふと、父親が佐紀に性的な暴力を振るっていたような気がした。自分の中にも攻撃的な性的欲求が芽生えていた。

彼女とセックスをした。恋人同士が当たり前にするようにそれを始めた。正常位で僕は彼女の様子を見ていた。彼女は目を閉じていた。彼女の無防備さによってか、僕には二十代半ばの女性というよりも、もっと幼く見えた。

「僕ってお父さんと似てる？」

「え？」

「似てる？」

「そんなこと今聞かんといてよ。」

彼女は横を向いて、目を瞑った。

「どんなとこが似てるの？」

「おとなしくて、なに考えてるかわからんくて怖いとこ。」

「それだけ？」

「もうなんなん？　ねぇ、優しくして。」

そう言うと、彼女は僕を見て、抱きしめて欲しそうに手を広げた。僕は彼女と胸を合わせ、上を向いた彼女の横に、彼女の方を向いて顔を枕に埋めた。彼女の呼吸が感じられた。腰を動かしながら、耳元で囁くように聞いた。

「それだけじゃないでしょ？　本当はもっとあるんじゃない？　おとなしくて、なに考えてるかわからんくて、怖くて……なにが怖い？」

「私のこと、バカにしてるとこ。」

「バカにしてるって？　どうバカにしてる？」

「アホで、汚いって思ってる。」

「アホで汚い……そう思われてるのが嫌なんだ？」

「嫌……」

「本当はどうして欲しい？」

「優しくして……」

「こんな風に？」

僕は彼女の呼吸と膣内の感触を頼りに、腰をゆっくりと動かした。

「こんな風にお父さんにしてもらいたい？」

「嫌……」

彼女の声は、悲痛な泣き声のような微かな音だった。

「優しいのやめる？」

「やめんといて。」

僕はなにかに動かされているように、この行為に没頭していた。腰は自動的に彼女のリズムに重なって動いていた。


その間、ふと一つの出来事を思い出した。小学生のとき、交通事故に遭った。救急車に乗せられたところに母親が駆けつけた瞬間のことだった。事故のショックで痛みも感じず道に寝かされて呆然としていたが、母親が泣いているのを見て、急に現実に引き戻された。そのとき、鋭い足の痛みが急に感じられたが、そのことよりも、母親が僕のことを大切に思っているということにびっくりしていた。というのも、その当時、母親には受験勉強を毎日強いられていて、子どもとして大切にされているとは思えていなかったからかもしれない。

「出してもいい？」

そう佐紀に聞いた自分の声を、少し母親に甘えているような声だと思った。

「うん。ええよ。」

彼女は優しい声で答えた。

その緩やかな動きのまま、僕は射精した。精子が流れ出るとき、僕は目をぎゅっと閉じていて、目を開けると急に彼女の部屋の灯りが目に飛び込んできた。そこはただの一人の女性の部屋だった。

「今のなんやったん？　なんか変なことしたやろ？」

「なにが？」

「やってるとき、あんなこと話さんやろ、普通。」

「そうだよね。なんだったんだろうね。」

僕は誤魔化すように、彼女の腕に顔を埋めた。佐紀はそれ以上は聞かなかった。

＊

佐紀のマンションに行った日から、彼女は仕事終わりにほとんど毎晩、僕の家に来るようになった。

「ただいまー。」

「いや、ここ、佐紀ちゃんの家じゃないよ。間違えてるんじゃない？」

「つれないなぁ、なんでそんなこと言うん？」

そう言って、彼女は近づいてきて、僕の体にピタリと体を合わせてきた。それからいつもの通りなら、彼女は仕事の愚痴を僕に言うだろう。

「疲れたわぁ。」

「大変だったの？」

僕はそう言いながら、彼女の背中を撫でた。すると、顔を僕の方へと見上げながら彼女は言った。

「そう、今日のお客さんな……」

彼女は甘えるような声で仕事の話をし始めた。一方的に甘えられ続けて、その声の甘ったるさに嫌気を通りこして怒りが湧いた。店や客のことを非難しながら、彼女は、また次の日も同じように仕事に行き、同じように僕に愚痴を言いに帰って来るだろう。

余裕があるときは「大変だね」と聞き流せたが、余裕がないときに「その店がそんなに嫌なのに、別の店で働こうとは思わないの？」と質問をしてしまったこともあった。そういうときに彼女は、周りに対する非難で歪めた口を一層歪ませて「そんなの考えるよ。でも、他の店でもどうせ一緒やし」と答えた。

「でも、その仕事を選んだのは自分でしょ？」と言ってしまうと、彼女は「なんもわかってない癖に偉そうなこと言わんといてよ」と言った。僕は気まずくなって謝るのだったが、彼女はそんなことは覚えていないのか、また次の日も連絡をしてくるのだった。

しかし、結局は僕も彼女と一緒なのだ。自分を変えようとしない愚かな人間だと彼女のことを思いながら、また彼女と会うことを選択している。薄々とは感じていたそのことを、僕ははっきりと認めざるを得なかった。認めると、彼女がシステマチックに動く物のように感じられ始めた。僕はその動きに翻弄され続け、同じように動きを強制されている。

彼女と話しているとき、どうしたらこの繰り返される会話から脱することができるだろうかと考えながら、僕はなんとなく彼女の尻の方へと手を滑らせていた。それから、丈の短いスカートの裾から手を入れながら聞いた。

「どんな人だったの？」

Tバックに沿って手をゆっくりと性器の方へ滑らせ、また反対に肛門の方から腰の方へと滑らせ、その間を行ったり来たりさせた。彼女は答えた。

「前から来てくれてる人なんやけどな……」

「うん。」

「私にはしないんやけど、ヘルプの女の子に意地悪すんねん。」

「そう。」

それから手を前に回し、彼女のヴァギナの表面を下着越しに撫で続けた。彼女は身を少し捩らせた。

「ちょっと……なにしてんの？」

それを遮るように聞いた。

「それで、そのおっさんはどうしたの？」

彼女が話をやめたので、先を話すように促した。

「聞いてないやん。」

「聞いてるよ。話して。そのおっさんはどんな顔してるの？」

「え？　にやついてて、自分が言うことは正しいと思ってて、気に入らないことがあったらすぐ怒る、ムカつく顔してんねん。」

彼女は気を取り直して、その人物を嘲笑いながら描写した。

「そのおっさんってどんな手だった？」

「なんで？」

「グラスを持ってたでしょ？　汚い手？」

「なんか平べったい手。それで爪伸びてて、爪が少し黄色くなってて、それがまた汚いねん。」

僕は少しだけ強く、下着越しに中指を割れているところに押し込み、少し声を低くして言った。

「もし、その手に触られたらどんな感じすると思う？」

彼女はビクッとして、僕の手を抑えた。

「いやっ。気持ち悪い。」

「うん。そうだよね。」

「そうだよね、ちゃうわ。気持ち悪いって！」

「気持ち悪いよね。そうされている佐紀ちゃんが見たい。」

「なに言ってんの？」

彼女は少し怒りを含んだ声で言った。僕はその怒りを掻き消すために、中指を押し入れながら、正面から後ろに周り、彼女の胸の谷間からもう一方の手を入れ、乳首を触った。そして、彼女が逃げられないように両肘で体を抑えた。彼女は乳首を少し触られるだけで身悶えするほど感じる質《たち》だった。もぞもぞと動いていたが、十分には抵抗できていなかった。

「少しだけでいいから。目を閉じて。そのにやついているおっさんの、爪の伸びた汚い手があったでしょ。それに触られたらどんな感じする？」

そう言って、僕は下着越しに彼女のヴァギナをなぞっていた中指を、直接ヴァギナの方へと入れた。

「どう？　おっさんの指。」

「いや、気持ち悪い。」

「我慢してる？」

「してるに決まっとるやろ！」

嫌なものほど受け容れると高揚してくる。今の僕がそうだった。彼女の愚痴を聞くことを我慢するのをやめた途端に、こんな遊びが思いついたのだ。彼女にもそうさせてみたかった。

「一瞬だけ我慢やめてみて。一瞬だけでいいから。」

「えぇ!?　どういうこと？」

「いい？　ちょっとだけ言うこと聞いて。ゆっくり呼吸して……。そうそう。」

彼女の僕に抗おうとする力が抜けた。それから僕は続けて言った。

「それで、おっさんの汚い指先、あるでしょ。それが自分のあそこに触っていて。でも、まぁいいやって思ってみて。それからおっさんの指を膣で食べてやるように想像してみて。」

彼女の膣がわずかに動いた。

「そう。それで、そのおっさんはヘルプの子をどういじめてるの？」

「なにも知らんくて頭悪いっていじめてるねん。」

彼女の声は少し落ち着いていた。

「へぇ、わざわざ金払ってそんなことしてるんだ。」

「そう、くだらないねん。」

「でも、おっさんはこうやって佐紀ちゃんの中に指を入れたら、ちょっとおとなしくなって、喜んでるんじゃない？　どう？　目を閉じたまま、おっさんの顔見てみて。」

「うれしそう。」

「どんな気分？」

「アホみたい。でも、よくわからんけど……なんか気持ちよくなってきたんやけど……」

「もっとしたい？」

「ええの？　私のこと、嫌いにならへん？」

「うん。ならないよ。」

それからしばらくして、セックスをした。彼女はいつになく声を出しているような気がした。そして「ええの？　嫌いにならへん？」とまた何度か聞いてきた。僕はただ「いいよ。大丈夫だよ。」と答えた。

＊

それから一週間ほど経ち、僕は彼女に聞いてみた。

「あのおっさんってお店来てるの?」

「来てるよ。」

「どう?」

「どうって?」

「いや、どうしてるかなと思って。」

「変わらんよ。」

「そっか。でも最近さ、おっさんの話しないよね。」

「なんか知らんけど、まぁええかなって思ってん。」

「そう……」

幾分か悪意を持って聞いた僕は、どこか取り残された気分になった。どうせ彼女の生活はなにも変わらないだろうと僕は思っていた。それなのに、彼女があまり愚痴を言わなくなっていた。

彼女が少し俯きながら、僕の目をちらと見て言った。

「怒らんといてくれる?」

「うん。なんかあったの?」

「それがな、ちょっと変な気持ちになってん。そのおっさんに対して。」

「どういうこと?」

「店に来るやろ。いつも通り、意地悪いねん。それ見るとイラっとするんやけど、ちょっと変な気持ちにもなるねん。」

「どういうこと?」

「エッチしたいわけじゃないけど、なんか興奮するっていうか……」

「そのおっさんとしたの？」

「いや、してないよ！　するわけないやん。でもな、ちょっとええかなとも思うのはほんと。」

「それ、したいんじゃないの？」

「どうやろなぁ。」

彼女が少し遠くを見つめながらそう言ったとき、どこか澄み切った微笑を浮かべていた。それは初めて出会ったときに僕を覗き込んだときの、わざとらしいものとは違っていて、もっと優しく、微かな味わいのあるものだった。それを見て、僕は取り残されたように寂しくなった。彼女はもう僕には関心がないような気がした。なぜなら、その表情は僕にではなく、明らかにその客に対して向けられていたからだ。

寝る前に彼女とセックスをしたが、気持ちの抑揚のない、平板なものだった。

それから、彼女からの連絡は徐々になくなっていった。かといって、僕から連絡してもそれを彼女が無視するわけでもなく、あっさりとした返事があった。僕も彼女と会う必然性はもうなくなった気がして、連絡をしなくなっていった。

子どものような叫び

女性に声をかけている中で、そのときどきの心情をブログに書いていた。出会った女性のことはほとんど書かなかった。声をかけてうまくいったときの高揚感と、女性とセックスをしたあとに訪れる落ち着きと閉塞感とを、自分の気持ちを整理するために書き続けていた。

深夜二時頃にメールが届いた。

「はじめまして。いつもブログを拝見しています。

感想を書きたくてついメッセージを送ってしまったことをお許しください。

私は今二十五歳で大学院生ですが、夜は六本木のクラブでアルバイトをしています。そのときは、お客さんが私になにを望んでいるのかがはっきりとわかります。しかし、本当は他人がなにを考えているのか、よくわかりません。自分が意図しないところで人を怒らせてしまったりすることもあります。

あなたの文章を読んでいると悲しくなるけれど、私にもまだやりようがあるのではないかと勇気をもらうこともあります。

でも、街でもし私が声をかけられても、互いにそんなことを思っていることもわからないまま終わってしまうのかもしれませんね。

なにを書きたいのかわからなくなりました。これからも更新されるのを楽しみにしています。」

深夜に一人で部屋にいる寂しさに促され、すぐに返事をした。

「はじめまして。感想をいただいてありがとうございます。

そうですね。歩いている中で出会っただけでは、互いになにを考えて生きているのかわからないまま終わってしまうことの方が多いかもしれませんね。もしよかったらですが、コーヒーを飲みながらでも、会って少しお話ししませんか?」

十分ほどあとに彼女から返事が来た。

「お返事をもらえるとは思っていなかったのでびっくりしました。明日の夜、仕事が終わったあとでもよろしければ、六本木のツタヤのスタバでお話しできますか? たぶん一時くらいになると思います。夜中に六本木にいらっしゃるイメージがあるので、非常識な時間ですけれども。もし難しかったらまた別の日にお願いします。」

それからも少しやりとりをして、次の日に彼女と会うことになった。

十二時過ぎに僕は六本木ツタヤの中のスターバックスに行った。平日だったので、人は週末ほどはおらず、席の三分の一ほどが空いていた。この辺りで仕事をしているのであろう人々と、この辺りで遊んでいそうな派手な格好をしている人々とがいた。僕はアイスコーヒーを買って、両方の椅子が窓に沿って並べられた二人席に座った。

彼女に会うのが怖かった。僕が一方的に心情を吐露した文章を彼女は読んでいる。偉そうに書いているものもたくさんあった。どんなに自分のことをよく書いていたところで、僕から会う提案をしているのだ。そのことから、自分の寂しさが彼女には伝わっているに違いなかった。


「もうすぐ着きます。上下とも黒い服を着ています。」

彼女のメールに対して、窓際の席に座っていることと、僕の服装を伝えた。


黒の丸首のセーターにスキニーのブラックデニム、それに白のコンバースを履いたショートカットの女の子が扉を開けて入ってきた。片方の腕には布地のトートバッグをかけていた。少しだけ茶色の髪は少し盛られていて、元々大きな目にアイシャドウと口元には真っ赤な口紅が引かれていたので、顔だけが目立った。背丈は小さめで、体全体が細いのに対して尻だけが少し大きい。そのせいだろうか、少し幼い印象があった。

周りの人々に比べて、自分を無理に主張するようなところがないだけに、かえってあっさりとした存在感があった。

彼女が僕を見つける前に席を立ち、彼女の方へと行った。

「はじめまして。悠さんですよね。」

「はい。そうです。」

僕は自分の名前を言った。

「はじめまして。」

彼女は口角を引きつらせて笑って言った。さっきまでの理知的な落ち着きはどこか嫌味なものに変わった。彼女の高い声は浮き上がったままか細く消えてしまいそうだった。顔だけが華やかなせいか、その顔と服装の対照は、周りに渋々合わせていることを暗に示しているようだった。

「何か買ってきますね。」

彼女は店のカウンターの方へと行った。僕は元の席に戻り、さっき聞いた彼女の不自然に高い声を何度も自分の中で再生した。その声とメールの文章が同じ人物から発されているようには思えなかった。

彼女は僕の方を見ずに前を向いたまま、まっすぐにアイスコーヒーを持って歩いてきた。カップをテーブルに置き、トートバッグを椅子にかけてから、彼女は座ったあと、初めて僕の方を向いて言った。

「もっと怖そうな人だと思っていました。」

「そうですよね。ああいうこと書いてると。こんな風にいたって普通ですよ。悠さんも首から上だけ水商売って感じで、他はシンプルですよね。六本木らしくない感じで。」

「バイトに合わせてるだけですからね。本当は化粧なんて面倒くさいし。」

「お客さんのことはわかるけど、普段他人がなにを考えているかわからないって書かれてましたよね。」

「えぇ。」

そう言ったきり、彼女は僕と目を合わせたまま黙っていた。そのことについて話をする気はないようだった。

「私って声をかけられたらついていくと思います？」

彼女の目は大きい。他の女性の目は化粧で大きく見せようとしているぶん、大きな目は威嚇的に感じられることが多かったが、彼女の目は大きく開いてしまった傷口のように痛々しい印象があった。僕は目を閉じ、彼女が声をかけられるところを思い浮かべた。無愛想なままだが、拒絶はしないだろう。

「さぁ……極端に拒絶したりはしないで相手をちゃんと見て、その人次第で決めるんじゃないですか。」

「どうでしょうね。」

彼女はまた少し引きつった笑みを浮かべた。

「どうですか？」

その笑みを消し去ろうとするように僕が聞くと、僕の方を強く見ながら答えた。

「ついていったことはありますよ。それでセックスしたこともありますし。」

「そうですか。」

動揺した。ブログに書いている手前、自分もまた彼女を誘わなければいけないような気がしたからだ。物思いに耽るように少し下を向いて、小さくひと呼吸した。

「それで、どうでした？」

「こんなもんかって感じ。」

彼女はなんでもないことのように答えた。

「そんな、こんなもんかって感じのことをしている人にどうして会おうと思ってくれたんですか？」

「え？　誘ったのはそっちですよね？」

彼女ははっきりと強い口調で言った。

「えぇ、まぁ……」

「どうして私のことを誘ったんですか？」

「どうして？」

「えぇ。」

「なんとなくですかね。」

彼女はつまらないとでも言いたそうな、軽蔑するような目を向けて来た。

「なんとなくはないですよね。そうですね。自分のことを知っている人と会って話してみたかったからですね。ブログには、思ったことを書いていますから。あそこに書いているようなことはあまり女性には話さないですし。」

僕はとっさに言った。そうすると、彼女はまた元の表情に戻った。僕の言ったことに頷いたり、否定的な表情を示したりするわけでもなかった。僕はその間を埋めるように言った。

「あんなことをしたり、思ったりしてるって知られたら嫌われるでしょうし。」

「そうですか？」

「そうでもないですか？」

「そんなことはないんじゃないですか。私は面白いと思って読んでますし。恋人が知らないところであんなことをしていたら嫌ですけど。」

「そうですよね。」

彼女の様子には終始、当たり前のことを言っているというような冷たさがあり、僕は自分がつまらない返答をしているのではないかと不安になった。コーヒーを飲むとその苦味をいつも以上に雑に感じたので、自分が彼女との会話に疲れているのだと思った。会話は双方の関心がなければ成り立たない。メールの文面から、彼女が僕にいくらかの関心があることを感じており、その文面のような会話を暗に望んでいたのだった。

「恋人はいますか?」

「はい。」

「ブログに書いてあるようなことをする人じゃないですよね。」

そう聞くと、彼女は突然、覚えた早口言葉を唱えるかのように言った。

「はい。TOEICの点数が高くて、外資系コンサルの就職が決まっているような、典型的な東大生です。」

「へぇ。悠さんはそういう典型的な東大生ではないんですか?」

「大学ですか?」

「はい。大学とか。今後とか。」

「大学はそうですけど、私はどうなるかわかりません。」

「わからないっていうと?」

「わかりません。」

「そうですか。」

彼女はコーヒーカップに手を伸ばした。彼女の手の動きは、生まれてから何度も繰り返されているそれを、改めて疑い直すことは死ぬまでないかのようなものだった。

「コップを持つのに慣れていますね。」

言ったあと、自分が無意識に皮肉を込めてしまっていることに気がついた。すると、彼女はまたさっきの早口で話し始めた。

「不器用ですよ。私、液体が入ったものを運ぶのが苦手なんです。こぼすなって言われるとこぼしてしまうんです。スープとか味噌汁とかは絶対にダメ。こぼさないようにって気をつけると必ずこぼしてしまうんです。」

そうであることはもう変わらないのだと強迫的に宣言しているようで、そのことを意識させてしまった僕をどこか責めているようでもあった。

「余計なことを言ってしまいましたね。すいません。」

「えぇ……でも大丈夫です。」

彼女の面持ちは硬く、重い沈黙が続いた。どうするべきかわからず、この場から逃げたくなった。

「そろそろ帰りますね。会って少しお話しできたし。悠さんは話せました？」

「えぇ、話せました。私はもう少しここにいます。」

彼女は、早いタイミングで別れることに残念な様子もほっとした様子も見せずに言った。

六本木から家の方へと三十分ほどかけて歩いて帰った。一人になって思い返すと、結局彼女のことはあまりよくわかったとは言えなかった。あの冷たく人を見つめたときと急に早口で話し始めたときに感じた、なにか拒絶されながら試されているような感じだけが体に染み付いていて、居心地が悪かった。彼女の謎めいた冷たさに惹きつけられるようにメールを打ってしまった。

「さっきはありがとうございました。会ったばかりで大したお話ができませんでしたが、会えてよかったです。またお話ししてください。」

そうすると、彼女からはすぐに返事が来た。

「こちらこそ。おそくに来ていただいてありがとうございました。またお願いします。」

*

それからというもの、彼女とどのように会話をしたらよかったのかと、ふと思い返しては考えるようになっていた。

彼女に会って三日ほど経ってから、もう一度昼間にメールを送った。

「こんにちは。よかったらまたお話ししませんか？　公園でも散歩しながら。」

「いいですよ。私もまたお会いしたいです。」

数時間後に返事が来た。メールの文章を読むだけだと、彼女は感じがいい。今度は夜七時から、彼女の家の近くの公園に行くことになった。

その日の彼女は化粧をしていなかった。この前会ったときのような、自分がしている水商売を否定するような毒々しさがなく彼女の肩書き通り、落ち着いた大学院生という印象だった。服装はこの前と同じだった。

「こんばんは。」

彼女はまた口角をぎこちなく上げ、か細く消え入るような高い声で言った。しかし、彼女がそのあからさまに社交を意識した言い方をするとき、疑わずにやっているというよりも、世の中をバカにするように、恨むようにやっているような雰囲気があった。「こうしたらいいんでしょ」という彼女の声が聞こえてきそうだった。

「また連絡くると思わなかった。」

彼女が言った。

「そう?」

「うん。」

「なんで?」

「なんとなく。」

「そう……もう会わなくていいかなと思ったんだけど、なんか気になってしまって。」

「そうなの?」

その声は密やかで、深い穴の底から聞こえてくるようだった。この前会ったときにこんな声を聞いたことはあっただろうかと自問した。おそらくなかったはずだが、しかし、初めて聞いたような気もしなかった。それは彼女のメールのときの語りの調子に似ていたからかもしれない。

「うん。まぁ。なにがってわけじゃないんだけど、もう少し話せることがあるような気がして。」

「そう。」

さっきの彼女の特別な様子はすぐに引っ込んでしまった。


公園内はすれ違う人の顔がかろうじて見える程度の明るさだった。真っ暗な中、ポッポッと街灯とベンチがあり、ベンチにはカップルが座っていたりした。砂利を踏みつける二人の足音が、生ぬるい空気の中に鳴り続けていた。彼女からなにかを話してくることはなかった。このまま話さないとどうなるのだろうと思い、なにも話さずに数分ほど歩いた。彼女はなにも言わず、前を向いて歩いていた。僕は再び話しかけた。

「そっちこそ、なんでまた会ってくれたの？」

「散歩したいって言われたから。」

そう言われれば誰とでも散歩をするというような言い方だった。

「そう……それだけ？」

「それ以外になにかある？」

「いや、どうなんだろうね。」

彼女の冷たい目を見ると言葉に詰まった。しばらく黙って歩いた。

「大学でなにしてるの？」

「え？」

彼女は嘲りからとも、不安からともとれる笑みを浮かべた。

それから早口でなにを研究しているのかを話した。専門的な単語を早口で、しかも語尾はほとんど聞き取れないように発話するので、なにを言っているのかはわからなかった。これまでの硬さから一転、急に彼女の柔らかく弱い部分が漏れ出していた。

聞いたことのない単語の意味を問うと、彼女は深く考え込んでから答えた。その様子は電車のことならなんでも知っている、鉄道博士と呼ばれるような小学生の男の子のようだった。

公園内は、目を凝らさなければ周りのものが見えないほど暗い場所もあれば、街灯で照らされた場所もあった。なにか話さなければという焦りを手放すと、二人が踏みつける砂利の音が心地好く聞こえた。

「結構歩いたね。足、大丈夫?」

「いつまで歩くのかと思った。」

彼女は責めるように言った。鉄道博士は、わがままな女に戻っていた。

「そうだよね。ごめんね。家、近所なんだよね?」

「うん。」

「行ってもいい?」

「なにしに?」

「お茶でも飲みに。」

「なんで?」

「なんでっていうことはないけど。どんな部屋に住んでるのかなと思って。」

「いいけど。」

「え、いいの？」

「いいよ。」

僕はそれを心の底から望んでいるわけではない。自分の文章を読んで心情を知っているのにまるで関心を示そうとしない彼女に、僕は不気味に惹きつけられていた。通るとは思っていなかった要求が通ったことでかえって不安になって言った。

「下心があるとかじゃないからなにもしないよ。」

「当たり前でしょ。」

僕を見ずに彼女はそう冷たく言い放った。


公園を出ると空気が変わった。さっきまでの草木の匂いが懐かしい。住宅街の中に入り込んでいくと、人々が住んでいるはずなのにその姿が見えないので、おどろおどろしい寂しさがあった。公園から十分ほど歩いたところに彼女のマンションがあった。

オートロックの入り口を開けると、共同の郵便受けのある場所の小さなゴミ箱はいっぱいになっており、周りにも入りきらなかったチラシが散乱していた。彼女の部屋は七階にあった。

必要なものだけがあるシンプルな部屋だった。蛍光灯の強い明るさの中、床には本やプリントが散乱していた。彼女は本とプリントの間の空いているところを渡って、ため息をつきながらベッドに座った。

「ベッド、座っていいの？」

「どうぞ。」

隣に座ったが、話すことが見つからなかった。さっきまでと変わらぬ沈黙が、部屋の中であるだけに余計に息苦しかった。部屋の中を見渡した。テレビ、本棚、炬燵があった。しばらく部屋を見渡している間、彼女は表情を硬くして前を向いているままだった。

彼女との距離は人の横幅半分くらいだった。なにをすればいいのかわからない圧迫感から逃れたくて、僕は彼女にキスをしようと近づいてしまった。

「なにもしないいんじゃないの？」

彼女はまったく動じずに言った。

「したくなったから。」

「ふぅん。」

「ダメ？」

「別にいいけど。」

他人の体はなんて神聖なのだろうか。この、ほんの少しの距離を初めて侵そうとするたびにそう思う。

キスをすると、彼女は拒まずに、マッサージを受けている人のようにただ僕の唇の動きを唇で受け、舌を口内に入れても、口を開いてそれを歯科医の診察かなにかのように受けていた。

他人の体は神聖であるのに、どうしてこうも簡単に触れること、触れさせることができてしまうのだろうか。そして、触れてしまうと、ついさっきまでの緊張感は途端に失われてしまう。

しかし、このときは違った。彼女は僕が触れても微動だにしない。触れても、さっきまでの会話と同様、応答のないことの圧迫感が増していった。こんなにも触れる場所がわからない体は初めてだった。僕はとりあえずそれらしく体のいくつかの部位を触った。

そうしている間中、彼女は意識を体の表面から引っ込ませて、奥の方から僕を冷たく監視しているような気がした。

「したくない？　やめるよ。」

「別にどっちでも。」

彼女の履いていたデニムと下着を脱がした。性器に触れると少し濡れていた。

「痛くない？」

途中でやめればよかったのかもしれないが、やめたところで他になにをすればいいのかわからない。

「大丈夫。」

彼女はこのセックスを続けてもいいようだった。しかし、僕はこの体にどう触ればいいのかわからなかった。とりあえず早く終わらせようと、僕も下着を脱いだ。

「ゴムつけてね。」

「うん。」

カバンの中のゴムを取り出した。勃起はしていなかった。どう勃起をすればいいかわからなかった。

彼女のヴァギナを舐めながら、勃起を促すような空想を必死でしながら、自分の手でしごいた。かろうじてゴムがつけられるほどになって顔を上げると、彼女はぼんやりと天井を見つめていた。

彼女の中に僕のペニスを入れた。本来収縮するはずの膣がかえって僕の性器に触れないように引いていっているようだった。どれだけ腰を動かしても摩擦の感覚がない。彼女はそうしていることを知っているのだろうか。

彼女と目が合った。僕は反射的に目をそらしてしまった。もう一度彼女を見ると、まだ僕の方を無表情に見ていた。

彼女の体に抱きついた。彼女の視線から逃れたかった。彼女の体は、人形のような活力のない柔らかさがあった。僕はいつもブログでは女性を観察し、非難するようなことを書いている。それが今は立場が逆転している。彼女は僕を冷静に観察しながら、滑稽な人間だと思っているに違いない。もし彼女がそう思っていなくとも、僕は自分の滑稽さが彼女に露わにされていくのを感じていた。

「出していい？」

「いいよ。」

僕は射精したふりをした。

「いったの？」

「あ、うん。」

無表情な目が僕を監視していた。彼女はなにも言わなかった。「ぼーっとしてないで、早く私の体を返せ」と彼女は思っているのだろうか。僕は自分の体をどけ、貸し出されたものを返す者の礼儀であるかのように、そばにあったティッシュで彼女の性器の表面をそっと拭いた。彼女はなにも言わない。それから、ティッシュで自分のコンドームをとった。

「ゴミはあそこに捨てて。」

彼女が指差した方にコンビニ袋が広げて置いてあった。

「シャワー浴びる?」

ゴミを捨てながらのこんな一言を発することでさえ重苦しい。

「先に使っていいよ。」

「じゃあ借りるね。」


シャワーの蛇口を捻ると冷たい水が出てきた。お湯が出るまでその水を足元にかけ、呆然とその冷たさを味わっていた。それから、温かいシャワーを肩からしばらく浴び続けていた。体を洗って風呂場を出ようと思ったとき、急いで入ったのでタオルがないことに気がついた。その場所を彼女に聞かなければいけないことに気が重くなった。気持ちを落ち着けるためにお湯を浴びながら目を閉じた。

「ごめん、タオルってある?」

「あるよー。」

予想に反して、その声はあまりに軽やか敵意のないものだった。


僕のあとに彼女もシャワーに入った。部屋の中はしんとしていて、シャワーの音だけが聞こえていた。ベッドのすぐそばには炬燵があった。その間には座布団が置かれており、ちょうどベッドを背もたれにして座れるようにしてあった。

炬燵の上にはクッキーモンスターの筆箱があった。それは必要なものしかない彩りのない部屋の中で違和感を放っていた。表面の毛が擦れて色褪せるほど使い込まれ、中には、筆記用具が入れられていた。

他人の生活を想像するとき、寂しくなるのはなぜだろうか。この筆箱とともに彼女が毎日を過ごしていることを思うと、さらに年月を遡り、彼女も誰かの子どもで、彼女を生み、育てた親がいるのだという当たり前のことにつきあたる。彼女と出会ってから初めて、彼女が過ごしたこれまでの年月のことを思った。


ドライヤーが床に転がっているのが見えたので、髪を乾かし始めた。ドライヤーの音の遠くに聞こえるシャワーの音が止まった。それから少しして彼女が出てきた。全裸で、頭の上にバスタオルがかかっている様は幼い子どものようだった。コンタクトをとったせいか、どこかに焦点を合わせているわけでもないぼんやりとした目は、少し目尻が垂れていて、余計に彼女を幼く見せていた。

僕はドライヤーを一旦止めた。

「ドライヤー勝手に使っちゃった。」

「私、ドライヤーの音嫌いなの。」

小さな声だった。

「え、普段使ってるんじゃないの？」

「使わない。」

「え、そうなの？　使ってごめんね。」

「うん。」

静かに苦手なことを訴える子どものような声の響きに、僕は申し訳ない気持ちになった。僕はドライヤーのコンセントを抜き、コードを巻いて、元あったベッドの下に置いた。これまで彼女を無反応で鈍いと思っていたが、神経質な人なのだ。それを察せられなかった自分を恥じた。これまでも、僕の雑さが彼女を脅かしてしまっていたのかもしれない。

散乱した紙や本を踏まないようにか、彼女は妖精のようにふわふわと僕の前を横切り、ベランダに干してあった下着をとって身につけた。

「本棚見ていい?」

「いいよ。」

本棚には、小説と漫画、彼女が研究している分野の専門書とがあった。その中には僕が好きな小説が一冊あった。

「あれ、これも読むんだ。」

「好きってブログに書いてたでしょ。」

「それで買って読んだの?」

「そう。」

「僕に興味あるんだ?」

「あるよ。」

「ないのかと思った。」

「ないなら会わないでしょ。」

彼女はそれがまた当たり前のことであるように言った。

「なに?」

呆気にとられて彼女を見つめていると、少し怒ったように言った。

「いや、ちょっと意外で驚いただけ。あの……さっきさ、セックスしたけどびっくりするほど気持ちよくなかったね。」

「私もびっくりした。」

「なんなんだろうって思ってた。責めてるわけじゃないよ。僕が悪かったなと思ってるくらいだから。」

「あら、意外。」

「そう?」

「もっと傲慢な人かと思ってた。」

「傲慢ではあるとは思うけどね。」

「そうよね。」

「なんでもわかってるんだね。」

「それくらいのこと、あなたの文章を読んでたらわかるでしょ。」

彼女の、私がわかることをわからない人間は愚かであるというような口振りには、僕はもう敵意も悪意も感じなかった。


ベッドに横になり本棚から抜き出した本を読んでいると、彼女も隣で同じことをし始めていた。さっきまでの緊張感はすっかりなくなり、もう長い年月、一緒にいるような気がした。しばらくして彼女に言った。

「ちょっと甘えていい?」

「なに?　どうしたらいいの?」

「どうしたらとかはないけど。」

僕は横向きになり、上を向いて寝ている彼女の肩に目と鼻の辺りをぴたりとつけて、目を閉じた。そうするとホッとして、これまで体にあった力みが抜けていった。クラブで初めて声をかけて知り合うことができた麻衣さんとのことを思い出した。彼女に甘えようとして拒絶されたことを。

悠は拒絶しない。僕もまた、あのときほどによくわからないままになにもかもを委ねたいというような気持ちはなかった。ただ、ちょっと自分のことを理解したいと思ってくれている人に少し体を預けたいだけなのだ。

「ありがとう。」

「もういいの?」

「だいぶホッとした。」

「そうなの?」

「そうだよ。する?」

「うん。」

「頭少しあげて。」

僕は片方の腕を彼女の首の下に通し、両腕で彼女を抱いた。彼女は、これからすることがなにか特別な効果のある儀式であるかのように、神妙に僕に身を近寄せた。

「それでどこに力が入ってるかなと思いつつ、気づいたところの力を抜いたら楽になるよ。」

「なに？　催眠とか、なにかの儀式？」

「そういうのじゃないよ。」

僕は笑って答えた。

彼女はそれからはなにも言わなかった。どうやらそれを続けているようだった。彼女が時折見せる子どものような素直さと貪欲さがここでも発揮されていることがおかしかった。しかし、そのとき、さっき彼女がセックスのときなにもしなかったことの意味がわかったような気がした。彼女は僕と会うことでなにかが変わると期待していたのかもしれない。しばらくして、彼女の体の力が抜けたとき、僕は彼女を見守り、愛おしく感じていることに気がついた。

＊

悠とはそれからも関係が続いた。彼女のメールの文面は、僕が時折垣間見た素直な彼女そのものだった。読んでいると心のうちに静けさが生まれた。

次に彼女の部屋に行ったとき、床に散らばっている紙や本が気になった。

「掃除はあんまりしないの？」

「うん。しない。」

「座れないから、少しだけ部屋片づけていい？」

「そんなことしてくれるの？　いいよ。」

散らかった本を本棚に入れ、プリントをただまとめるだけで、部屋は綺麗になった。彼女の部屋の水回りはすべて綺麗だった。風呂場にはカビ一つなく、キッチンには食べたものがそのまま置かれていることもない。ただ、紙と服と長く溜まりながら大きくなったと思われるホコリがあるだけだった。服も畳んでクローゼットに入れて、掃除機をかけた。

「あら、きれい。うちじゃないみたい。彼氏がなんて言うかしら。」

役者が舞台で独りごちるように彼女は言った。

「あ、ごめん。そうだった。片づけたらいけなかったね。」

「さぁ、気づかないんじゃない？　この前のドライヤーも気づいてなかったし。」

明らかに恋人を責めるように彼女は言った。

「ドライヤー？」

「私、あんな風にドライヤー片づけないのに。」

「あの、聞いていいかわからないんだけど、彼のことは好きなの？」

「さぁ。わからない。」

「彼は悠ちゃんのことは好きなの？」

「好きなんじゃない？」

「セックスしてるの？」

「しない。したそうにしてるけど。」

「そう……」

彼女は僕を静かに、突き刺すような目で見ていた。

「彼も大変だね。」

「なにが?」

「悠ちゃんと付き合ったら大変そう。いろいろわがままを聞かないといけないんだろうね。」

「あら、私、苺のショートケーキを買いに行かせて、ベランダから放り投げたりしないわよ。」

また芝居がかった声で彼女は言った。

「どういうこと?」

「知らない? 小説の。」

「うん。」

彼女は本棚から一冊の本を取り出し、女の子が男の子にケーキを買わせて、こんなものはもういらないとベランダから放り投げる話を見せた。その最後の一文、〝私、そうしてもらったぶんきちんと愛するの〟(『ノルウェイの森』)という文字が目に飛び込んできたとき、少し彼女のことがわかったような気がした。

「好きなの?」

「わからない。でも、何度も読んでる。」

「こんなことした?」

「ケーキはないけど、赤いボールペンのインクがなくなったから買って来てもらったことはある。」

「それで持って来てくれたの?」

「コンビニで買って、持って来たわよ。」

「それでどうしたの？」

「勉強するからって帰らせた。」

「そう……それはかわいそうに。」

「私はベランダから放り投げずにちゃんと使ったのよ。でもそうね。東大の院生なのにこんな女に振り回されて。本当に頭がいいのかしらね。」


またもや芝居がかった彼女の発言は恋人への非難というよりも、社会全体への恨み言として発されたようだった。僕が特にはっきりとした返事をせずにその余韻を感じていると、彼女もまた自分で発した言葉の余韻の中に取り込まれたのか、なにかを思っているようだった。

＊

彼女と他愛のないメールをする頻度も多くなり、深夜に電話をかけたりすることも多くなっていた。彼女は恋人とは別れてしまったようだった。付き合って二年は経っていると聞いていたが、彼女はそれを大したことではないかのようにさらっと言った。

あの芝居がかった話し方や、早口で語尾の消える、なにを言っているのかわからない話し方。それに彼女が思っていること。感じていることを問いかけても、彼女は「わからない」と言って黙って俯いてしまうこと。どれも決して心地好いものではなかった。

しかし、彼女と別れて一人になると、どうしてあげたらよかったのだろうかと、彼女との会話を省みている自分に気がつくのだった。

クラブで声をかけるよりももっと前、大学に入ったばかりの頃、僕は精神科に通院していた。あのときの自分の話し方は、彼女のものととてもよく似ていた。

当時住んでいた、大学入学時に上京したときに借りたワンルームの部屋は、まさに彼女の部屋のように、ただ必要なものだけが置かれた味気ないところだった。その部屋は一階で、線路のすぐそばにあったので、部屋にいると夜中まで電車の走る音が聞こえた。大学に友人がいなかったわけではない。しかし、付き合いたいと思えずに彼らの誘いを断っていると居づらくなって大学に通えなくなった。一人で部屋にいながら、その電車の中に乗っている知らない人々のことを思うと、こんなに人が集まる場所にいて、誰とも接点がないことを酷く惨めに感じるのだった。

夜になると、毎日死ぬことを考えていた。電車の音も聞こえなくなる頃に人気がなくなった住宅街をただただ一、二時間ほど歩いていると、母親に申し訳ない気持ちだけが胸に迫ってきて、涙を流しながら徘徊し続けていた。そんなときに一人で歩く自分より年上の、少し着飾った女性を見かけると、こんな人となにか互いの身の上話を少しでもできたらどれだけ救われるだろうかと思ったものだった。そのときには、実際に話しかけるなんて現実味のないことで、しようとも思わなかった。

悠と会っていると、そのときのことが思い出された。

入学して一、二ヶ月後にはもう大学には行かなくなり、昼間に起きて、おそい昼食を外に食べに出かけるのが日課になっていた。ある日、近所の洋食屋にハンバーグを食べに行った。人が多いのを避けて、一時過ぎに行ったつもりが、近所の主婦の集団が大声で話し続けていた。カウンターに座り、真後ろで彼女たちの大声を聞いていると、意識が朦朧とした。どういうわけか、彼女たちが繰り返す大きな笑い声がすべて僕への嘲笑であるような気がした。彼女たちの声が反響する中、息を吸おうとしても吸えなくなり、店を出ることも店の人に悪い気がしてできなかった。体が痺れたようになり、机にもたれかかろうとしたとき、椅子から転げ落ちてしまった。そのときの床の冷たい感触をはっきりと覚えている。恥ずかしくて意識を失いたかったが、それはかなわなかった。駆けつけた店の人が僕の背中をさすると、すぐに呼吸ができるようにはなったが、救急車が来るまで僕は呼吸ができないフリをすることにした。そのときをきっかけに、僕は通院するようになったのだった。

そんなことがあったからだろうか、彼女の様子がおかしくなったときも、なんだかそれがわかるような気がして、驚きはしなかった。

彼女が初めて僕の家に泊まったとき、朝方目を覚ますと僕を見下ろす彼女の顔があった。いつからそうしていたのかわからない。長い時間かもしれないし、今見始めたばかりなのかもしれない。どちらにせよ、僕は深く眠り込んでいたのでわからなかった。目は見開かれて動かず、積年の恨みを募らせた相手を見るようだったが、僕には身に覚えがなかった。僕はそのまま動かずに聞いた。

「なに？　どうしたの？」

「わからない。」

彼女はとても小さな掠れた声で呟いた。

「なにか悪いことした？」

「わからない。」

「演技してる？」

僕は明るい声で聞いてみたが、彼女はただ黙って僕を見下ろしたままでいた。

「なんかよくわからないから、もういいよ。」

そう言って僕が起き上がろうとすると、彼女は「いや！」と叫びながら僕を突き飛ばした。僕は起き上がるのをやめた。そして、僕はきっと、哀れなものを見つめるような目をしていたに違いない。それに気づいたからか、彼女が叫んだ。

「行かないで！」

「行ってないよ。いるでしょ。」

「行ったらダメ！」

僕は彼女と向き合う決意をするため、ゆっくりと瞼を閉じて深く息を吸い、吐きながら瞼を開いた。

彼女の目はさらにまん丸く見開かれ、まばたき一つせずに僕に向けられていた。それはどこか、いけないことをしてしまったあとに、怒られることに怯えて待ち構える子どものようだった。きっとその子どものことを叱ってはいけない。なにか理由があってのことだろうと、余裕のある大人なら考え、余裕のない大人はそんなことは思わずに叱りつけるだろう。

「わかったわかった。なにが嫌なの？」

そう聞くと、啜り泣きながら答えた。

「わからない！　わからないの！」

「そう、わからないんだね。理由はもう聞かないから、ちょっと一緒に落ち着こう。それは大丈夫？」

僕がそう聞くと、彼女は僕から目を離さずに小さく頷いた。僕は起き上がり、彼女の肩を抱いて、ベッドに一緒に腰掛けた。肩に置いた手で彼女の肩をゆっくりと、柔らかく、ポンポンと無意識に叩いていた。こうして女性を慰めるときのリズムはいつも、祖母が幼い頃に僕に触れてくれたときのことを思い出させるのだった。

しばらくすると彼女は元に戻っていた。

「さっきの……なにが嫌だったの？」

僕は恐る恐る聞いた。

「さぁ、あんまり覚えてない。」

彼女は何事もなかったかのように答えた。気にはなったが、もう一度あの場面を切り抜ける気力は残っておらず、僕もまたそのことはなかったかのように振る舞うことにした。そして、彼女は無事に帰っていった。

一人になると、気が抜けたようになり、彼女とも他の誰かとも会いたいとは思えなかった。鏡を見ると、目にはクマがはっきりとできていて、自分が疲れていることが急に感じられた。ベッドに横になり、なにをするのでもなくじっとしていた。

悠の目は以前声をかけた風俗嬢の女の子に似ている。なにを考えているのかわからない、真っ暗な穴の中から覗き込んでいるような目。しかし、悠の目の中には、それに加えて切実な叫びの力強さが見えた。僕はその叫びには応えられないと思い、悠と関わることをやめようと思った。

しかし、時間が経ち少し元気になると、その叫びに惹きつけられるように、僕はまた悠に会いたくなっていた。

＊

金曜日の夜、友人に誘われてクラブに行った。もう一人きりで行くということはなかったが、友人に誘われるとそれを自分への口実にして行くことがあった。

クラブはいつまでも慣れなかった。経験から、声をかければいいだけだとわかっていても、入り口の列に並ぶと気分が重くなった。その気分を無理にかき消すように、普段は飲まないテキーラやレッドブルウォッカをいつでも一気に二、三杯は飲んでいた。

クラブでも街中でも、誰かと一緒に声をかけるのは好きじゃない。友人にはその辺を散歩してくると言って、僕は一人になった。

他人に声をかけることは、いつからか、自分が他人に相手にされるかどうかを賭けることになってしまっていた。こういう人が多い場所に来ると相手にされるかどうか不安になり、自分はその賭けに身を投じなければいけないと強迫的に思った。

初めて六本木のクラブに行ったときは違った。あのときは、自分が知らないこと、体験したことがないことに身を投じていた。

こんなところにいる人間はそれぞれにそんなに違いはない。僕はそう思いたい。しかし、そうやって軽蔑的な眼差しを周りに向けると、急に周りが怖くなる。気持ちも頭も空っぽにして、早く声をかけなければ。時間が経つごとに、自分が内に篭っていってしまって、声がかけられなくなる。そして、他人が極度に怖くなってしまうのはわかっている。そうなってしまったら、もうその日に気分を立て直すことはできないどころか、数日間は自己嫌悪のまま過ごすことになる。そんなことがこれまで何度もあった。

普段聞こうとは思わない明るく騒々しい音の流れに身を任せることを僕の体は拒否している。拒否すれば自分が硬くなる。僕は視点をこの建物の外側に置き、ここはある限定された空間でしかないことを自分に言い聞かせる。動じる必要も、拒否する必要もないし、無理してこの空間になじむ必要もないのだと自分に言い聞かせる。


バーカウンターに一人で飲み物を片手に立っている女性が目に入った。大きめの白いシャツワンピースにデニム、ハイヒール、三十歳前後の大人っぽい人だった。

僕は彼女に近づき、妙な落ち着きをもって言った。

「いい雰囲気ですね。なんというか……知的な感じがする。」

「えー、なんで？　そんなことないわよ。」

彼女は少し身を近寄せて言った。

「なんとなくだけど……」

そう言って僕は彼女と目を合わせたまま、二、三秒の時間を過ごしてから言った。

「目の雰囲気からそう思ったのかも。」

話すことがないから、他人に印象を伝える。そうすれば、他人は喜ぶ。そういう単純な考えに従って僕は話していた。

「焦っていない感じがして。それが綺麗だったから。」

彼女の目は少し輝きを帯びた。僕はあたかも本当に言った通りに思っているかのように彼女を人懐っこく見つめていた。

「あなたはなにしてる人？」

彼女は社交をそれなりに弁えている人間があなたと会話したいという意思表示をするように、僕に質問をした。彼女の声は乱暴ではないが、丁寧でもない。

それからもしばらく彼女と話し、会話がひと段落したときに彼女と連絡先を交換して別れた。

うまく会話ができたことに気分をよくして、また数人に声をかけていった。無視されることもあれば、会話が弾まないこともあったし、会話がさっきのように成立することもあった。声をかけることに躊躇はなくなっていく。音は周囲に強く鳴り続けているのに、とても遠くに聞こえているようで、この場にいることに現実味が感じられなくなっていく。そうなってしまえば、声をかけるのが怖くなくなった。

＊

悠が仕事終わりに僕の家に来ると約束していたので、僕は一時までに家に帰った。悠は初めて会ったときと同じ、黒のデニムにセーターという格好だった。クラブにいた女性とは対照的な、色気のない服装を見ると安心した。

「ナンパしてたでしょ。」

「え？　なんで？」

「声が違う。」

「そう？」

「自分じゃわからないの？」

「そんな違う？」

「ベタベタして浅い感じ。」

「まぁいいじゃん、付き合いで行っただけだよ。」

そう言いながら、僕は軽い気持ちで彼女の肩に触った。

「いや。そんな状態で触らないで。気持ち悪い。」

「いいじゃん。」

「やめて。その辺の人と私を一緒にしないで。」

一文字ずつはっきりと強く発話された。そして、目は発話後もピタリと僕に合わされたままだった。僕は薄笑いを浮かべていた。どうしていいかわからなかった。そして、無性にわかってもらいたいという気持ちが走って、止まれなかった。セックスしたってわかってもらえるわけではない。しかし、嫌がる彼女のデニムを下ろし、無理にペニスを入れた。入れてしまいさえすればいい。そんな安直な考えに支配されていた。それはこれまでも女性に対してずっとそうだったのかもしれない。

彼女は諦めたのか、横を向いた。僕が腰を打ち付けると、彼女の体はふにゃりと揺れた。何度か繰り返していると、彼女の顔は打ち付けられる体のリズムとはまったく無縁に、ゆっくりと僕の方を向いた。

「もう許さない。こんなこと、私にして。」

僕は彼女の迫力に狼狽《うろた》えてふと冷静になり、性器を抜いた。彼女はそのままベッドに横たわったまま、僕を睨みつけていた。僕はベッドの端に小さく座って彼女に謝った。それまで僕に取り憑いていたものが急に消え去ったようだった。

「ごめん。」

「いつまでそんなことしてるつもりなの？　いい加減にしてよ。そんな人、私嫌い。同じことをずっと繰り返してるだけじゃない。」

僕は俯き黙り込んだ。ペニスを出したままの滑稽な姿だった。

「いや……」

絞り出すようにそう言うと涙が出た。

「僕も本当はしたくてしてるわけじゃない。やめたいのにやらなきゃいけない気がしてやめられないんだよ。」

彼女はなにも言わなかった。幻滅されているだろう。怖くて彼女の顔が見れなかった。

恐る恐る顔を上げると、彼女は不自然なほど穏やかな表情で言った。

「そう。早くやめられたらいいね。」

僕は唖然として、彼女の顔を見たままでいた。

「なに？」

「なにって……なんでそれだけで許してくれるの？」

「なんとなくわかる気がするの。あなたの書いたもの、何度も繰り返し読んでるもの。会ってからもはじめから全部読んだし。」

理解し合うことから最も遠いように見えていた彼女が、理解しようとしてくれていた。

「ありがとう。」

僕がそう言うと、彼女はいつものように、それはわかりきっていたことで別に大したことではないというような顔をしていた。

＊

そんなことがあったからといって、彼女との会話が弾むようになったというわけではなかった。彼女は勉強していることを専門用語を交えながらまったく聞き取れない早口で話すか、僕の話、たとえばその日にあったことや読んだ本のことなどには反応をせず、業を煮やして「どう思った？」

と質問をしても「わからない」と返すだけで、会話がうまく噛み合うということが少なかった。それに対してイライラして、こんなふうに聞いてしまうこともあった。

「いや、なにか思ってることくらいあるでしょ？」

「わからない。」

彼女は頑なだった。

「そう、じゃあなんか一方的に話してしまうし、会話にならないね。」

そう言うと、彼女は敵意を剝き出しにして僕を睨みつけていた。

「あ、いや、いいよ。ごめん。」

「じゃあバイトでするみたいに『すごーい』とか、『知らなかったぁ』とか言ったらいいかしら？」

彼女はまたあの芝居がかった口調で言った。

「いや、そんなことは望んでないんだけど。」

「そうでしょ。」

彼女は会話をシステマチックに捉えていた。だからか、バイト先のクラブでは会話ができているようだった。彼女に言わせれば「それはテストのように簡単」なのだ。そして「なにをすればいいかわかり切っていることだから、わざわざ頭を使う必要はない」ということだった。

僕は曖昧に「うん。そうかもね」と返事をした。僕の反応を彼女は一時も逃すまいと見ていた。彼女も本当はそれだけでいいとは思っていないのかもしれない。

朝、彼女の家を出るときも彼女はじっと僕を見つめるだけでなにも言わなかった。彼女は、自分がして欲しいことにしか関心がないように見えた。そのことが、彼女と会うたびに僕を苛つかせていた。

「行ってらっしゃいとか、気をつけてねとか、そういうのないの？」

「そう言えばいいのね。やれと言われたら、私、できるわよ。」

彼女はまた例の芝居がかった口調になった。

「しなくていいよ。悪かったよ。」

彼女をなだめるために肩を叩こうとした。

「いや！　やめて！」

彼女は叫び、僕の手を振り払った。

「余計なこと言って悪かったね。時間だし行くよ。」

「いや！」

彼女は強く叫び始めた。

「え？　どうしたらいいの？」

「いや！」

彼女は僕を恨み殺さんばかりの目で睨みつけていた。この場をおさめるために、僕は必死で自分の正直な気持ちを探した。

「いや、そう言わないといけないんじゃなくて……僕が言って欲しいだけだよ。言われたらうれしいけど、なにも言われずに出て行くってなると無視されている気がして悲しいから。」

「あぁ、そう。」

僕の言葉に満足したのか、さっきまでの怒りと恨みに満ちた表情が瞬く間に穏やかになった。そして、

「気をつけてね。行ってらっしゃい。」

と優しい声で言った。

同じ水商売をしていても、佐紀は違っていた。彼女は高校を出たときからその仕事をしていたからか、自分がしていることによくも悪くもプライドを持っていた。だから、彼女の客たちとの会話には客への善意が篭っていた。しかし、彼女にしつこく言い寄ってくる客については「わかってない」と文句を言うのだった。

悠はそこに善意などなく、システマチックにこなしているだけだと割り切っていたので、客が過度に言い寄ってくることについては、自分がさじ加減を間違えただけであると判断しているようだった。

悠と話していると、自分が他人になにを期待しているのかが徐々に浮き彫りになってくる。それはひどく惨めで辛いものだったが、僕は結局彼女と会い続けていた。

その一方で、彼女はポツリとこんなことを言うことがあった。

「夕方、家にいると死にたいと思うことがあるの。」

そのときの彼女の声はとても控えめで、小さく、しかしはっきりとした聞き取りやすいものだった。そのときの彼女はこの声を発したときと同じく、慎み深く、明晰であろうと努めているように

見えた。この美しさは、他の女性には見たことがないものだった。

「そんなこと思ってるんだね。」

「そう思うことない？」

「僕もあるよ。毎朝、今日は起きる意味があるのかなって考える。」

「そうなの？」

彼女は意外な様子で、微動だにせず僕を見つめていた。

「うん。でも、はっきりとどうすればいいのかはいつもわからないけど。」

彼女はしばらく僕をすっと見つめたままでいた。

「どうしなくてもいいのよ。」

どこか深くに潜って拾ってきた言葉を僕に手渡すように言った。このときの彼女は別の人間に変わったかのようで、神秘的なまでに大人びていた。

彼女の声

悠との付き合いは行きつ戻りつしていたが、彼女が修士論文を提出する時期が近づくにつれ、様子がおかしくなってきていた。論文が書けないのだと言う。大学院生というのはそういうものなのだろうと思った。しかし、彼女は見るからに憔悴し切っており、ちょっとしたことで叫んだりするようになっていた。

そんな状態で水商売に行くと、いつもは流せていた客の言葉も流せないようだった。彼女の学歴を知ると攻撃的になる男性は多かった。「社会を知らないのに社会学なんてやってなんの意味があるのか」というようなことを言われるようだった。そうすると、彼女は例の引きつった笑みを浮かべた早口になるのかもしれない。そうなると、客の神経を余計に逆撫でしてしまい、彼女はさらに攻撃され、疲れることになってしまうのだろう。

彼女は日を追うごとにやつれていった。このままおかしくなってしまうのではないかと心配になり、僕は彼女の家で過ごすようになった。

「もう死にたい。」

毎朝目が覚めて初めて聞くのは、彼女のその一言だった。どれだけ部屋に朝日が射し込もうとも、その言葉と、僕に助けを求めるような彼女の目が、一日を生きる気力を奪っていった。はじめこそ助けてあげたいと思っていたが、それが毎日になると僕も耐えられなくなり、あるとき思ったことを言ってしまった。

「なんかさすごく無理しているみたいだし……もしかしたらその論文って、やりたいことじゃないんじゃない？」

二人の間に凍りついた空白の時間が訪れたとき、僕は間違ったことを言ってしまったことに気がついた。そして、その時間は一瞬にして砕け散った。

「どうしてそんなこと言うの!?　そんなのわかってるわよ！」

「え？　そうなの？」

僕は拍子抜けした。

ある意味、彼女は僕のことを、僕よりもよく理解していたのかもしれない。僕が女性に声をかけなければいけないという強迫観念から逃れられないと言ったとき、「早くやめられたらいいね」と彼女は言った。それは彼女自身も逃れられないものに絡まっているからこそ、出てきた言葉だったのだろう。

「わかってるわよ！　わかってないふりして続けてたのに！　もう言われたからできない！　こんなのじゃママに認めてもらえない！」

僕は唐突に出てきた母親の存在に驚いた。

「ママのためにしてるの？」

彼女は泣き崩れていった。

「どうしたら認めてもらえるの？」

「なにしてもダメ。認めてくれることなんてないの。」

泣き崩れていた彼女は急に顔を上げて、攻撃的になった。

「私のこと、邪魔した！」

「いや、僕のせいにされても……」

「あなたのせいよ！」

「いや、自分のせいでしょ。そうやって生きてきたってだけの話じゃん。結局自分で考えないために勉強してんだよ。」

「勉強って言わないで！　研究なの！」

「あ、ごめん、研究ね。」

「いやぁぁ！」

彼女は泣き叫びながら立ち上がり、前にあったテレビを摑んで自分の方へと引いて倒した。僕は困惑して彼女の様子をただ見ていた。彼女はまたあの、いけないことをしてしまったあとに怒られることに怯えている子どもの顔をして、まばたきをせずに僕を凝視していた。

見返りは求めていないつもりだったが、彼女をどれだけ心配しても報われないことに緊張の糸が切れてしまい、彼女と目が合ったまま僕はぼんやりとしていた。そんな僕を引き戻すように、彼女は本棚を倒した。本が床の上に散らばり、もともと踏む場所の少なかった床の上にそれらが積み重なった。

「僕はもう帰るよ。」

「いや！　あなたのせいなのよ！」

彼女は出口を塞ぐためか、驚くほど俊敏に玄関に向かった。玄関へ行くまでにはキッチンがある。彼女はシンクの上に置かれた皿や、その上の棚にある調理器具や食器を床にぶちまけた。

「もういや！」

彼女は僕を恨むように強く睨みつけていた。僕の中では、その恨みは僕には関係がないはずだった。

彼女が座り込んでいるところを越え、玄関を出ようとした。

「僕は外に行くよ。」

「やだ！　私のこと捨てないで！」

そう叫びながら、彼女は僕の片脚を両手でしっかり摑んだ。その指を一本ずつ引き剝がして僕はドアを開けた。彼女は僕の脚をまた摑み、大声で叫び続けた。

目を大きく見開いたまま涙は流れ、鼻水も唇を通って顎から垂れ下がっていた。みっともないとか、醜いとか、そういったものを越えた切実さがあった。これまで、嫌になったらすぐに関係を持った女性から逃げていた。しかし、もし今彼女から逃げることができたとしても、僕は彼女から逃げたことを死ぬまで忘れることはできない気がした。扉を閉め、彼女の隣に座った。

「わかった。僕が悪かった。」

彼女は叫ぶのをやめ、か細い声で言った。

「悪かったの?」

「うん。悪かった。悪かったから、一緒に片付けよう。」

「片付けるの? いや……」

彼女はまるで四、五歳の子どものようなあどけない顔をしていた。

「じゃあ僕が片付けるね。」

「いや……きれいにしちゃいや……どうして綺麗にするの?」

「いろいろ落ちちゃってるから、踏んだら怪我するからね。怪我しないくらいにだけ片付けよう。このままだと歩いたら危ないからね。」

「そうなの?」

「そうだよ。足で踏んだら痛いでしょ。」

「うん、いたい。」

彼女は僕が片付ける様子を黙ってぼんやりと見つめていた。

「部屋に行こうか。」

「うん。」

「ベッドの上は座れるから、そこに座ってて。僕が片付けるから。」

「座ってたらいいの?」

彼女はまだ幼い子どもになったままだった。

彼女は体育座りでベッドに座ったまま、僕の様子を見続けていた。

「うん、いいよ。」

部屋はもともと荒れていた。足の踏み場がないほどに本や紙がそこら中に散乱していたから、その上に本棚の本やちゃぶ台に置いていた筆記用具、化粧品、少し水が入ったコップが落ちただけだった。

倒れていたテレビを台の上に戻すと、その下に、ここに初めて来たときに見たクッキーモンスターの筆箱が転がっているのを見つけた。彼女はそれを中学生のときから使っていた。クッキーモンスターは中学、高校、大学といつも彼女の傍らに居続けたのだと思うと、彼女がこれまでにしてきた努力のことを思わざるを得なかった。そのときどきには、誰もがよかれと思ってなにかに取り組んでいるのだ。

クッキーモンスターをテーブルの上に置いた。彼女はベッドの上でぼんやりとしたまま、その様子を見ていた。

僕は三、四歳の頃、テレビでセサミストリートをよく観ていた。あの頃、僕は焦っていなかったし、自分の人生がどうなってしまうか不安に思うことなんてなかった。ただ毎日、目の前の人、目の前のものに一生懸命になっていたような気がする。あの頃と違って、今は目移りばかりしている。自分が出会うべき人間、取り組むべきことはなんなのか、そんなことばかり考えている。

本棚を起こし、散らばった本をカテゴリー別、作家別に差し直した。それから床に散乱した紙も一つの場所にまとめて、ベッドからキッチン、玄関へと通りやすくした。

彼女は僕を見ているのかいないのかわからないような目で呆然とただ前を向いていた。僕は彼女の隣に座り、

「余計なこと言ってごめんね。」

と謝った。彼女はなにも言わなかったが、僕を拒絶しようとしているようでもなかったので、彼女の背中をゆっくりとさすった。

部屋には、どこにも向かうことのない虚しい時間が流れていた。窓からは日の光が射し込んでいたかと思うと、太陽は雲に遮られて、部屋は翳っていった。またしばらくすると、雲が流れ、光が射し込んできて、翳りは引いていった。太陽の光が部屋に射し込んでくるだけでも救いのように感じられた。しかし、それはただ太陽があり、雲があり、風が吹いているだけであって、彼女や僕に生きる意味を与えてくれるわけではないのだ。それでも、僕はその光に慰められた。

二十歳の頃、祖母の家で、テーブル越しに祖母と横並びで座り、床から天井まである大きなガラス戸の先に広がる庭を見ていた。その日もこんな風に庭に光が射し込んで、葉も少なくなった木々やそのそばに置かれた鉄製の小さな椅子とテーブルを白く照らしていたかと思うと、それらを翳りが覆って、その翳りはしばらくするとまた引いていった。僕の隣では、祖母が年賀状を書いていた。祖母は何百枚か出す年賀状すべてに手書きで干支の絵を描くため、十二月は大体毎日、暇を見つけては机に向かっていた。

昼にレストランで倒れたあと、僕は大学を休学して実家に引きこもっていた。祖母の家は実家のすぐ近くにあり、僕はよく祖母に会いに行っていた。

「あんた大学どうしたん？」

絵を描きながら、祖母はぽつりと呟いた。二人の間でそのことを話題にしたのは初めてだった。僕は驚いて、祖母の方を見ると、祖母は責める様子はないが、はっきりとした表情で僕を見つめていた。僕は目をそらし、庭の方を見た。

「うん……急に行きたくなくなって。」

「あんたは小さいときからあかんたれやったからなぁ。」

祖母に言われると、自分の弱さを指摘されても不思議と腹が立たなかった。むしろその一言を聞いてほっとするのだった。祖母は世間体を重視する人間であることを、彼女の子どもである僕の母親や他の人々に対する態度で知っていた。しかし、僕については世間体よりも僕のことを心配していることがわかった。

部屋に射す光を見ながら悠の背をさすっていると、静かで寂しく、それでいて焦りのない落ち着いた気分になっていた。しかし、さっきまでと変わらずにいる悠の顔を見ると、僕はこのまま悠と一緒にい続けなければいけないのかと不安になった。

僕は圭子のことを思い出した。圭子と仲よく過ごしていれば、こんなことを思わずに生きていけたのかもしれない。簡単なことだったはずだ。彼女の話を優しく聞き、彼女の交友関係に溶け込み、彼女たちの抱くような欲望は都会の人間にとって避けられないことだと認めさえすればよかったのだ。そうすれば毎日死にたいと言う悠と付き合うことになんてならなかったはずだ。

目の前の白い壁にまた光が射し込んだ。自分のそんな諦めの悪さが醜かった。


裕福な家庭に育った一人っ子の祖母は亡くなるまでわがままで、一人でいることが寂しくてできずに、いつも家に人を呼んでいた。交友関係は広かったが、その寂しさが癒えたり、彼女の中で昇華されることはないようだった。人を呼び、自分の期待通りに接してくれないと不機嫌を露わにした。そして、他の人にその人のことを悪く言ったりしていた。老舗のゴルフ場の創始者の一人娘であり、その社交場を仕切る祖母の周りには、彼女に取り入ろうとする人々が次々に現れた。彼らは彼女の気難しさに対処し切れずに、結局その社交場を去らなければいけなくなっていくのだった。

はじめはただ祖母が好きでなついていた。しかし、五、六歳になると、祖母の寂しそうな様子を見ると、胸が苦しくなって、放っておけなかった。そして、僕は黙って祖母の近くにいるのだった。しかし、祖母の周りに集まる人々がするように、祖母のご機嫌取りをする気にはなれなかった。


悠と向き合うことから逃げるのが怖い。祖母に対するのと同じように、彼女の寂しそうな様子が耐えられない。かといって、彼女を救うこともできない。これは祖母や悠の問題ではなく、僕自身の問題なのだ。

彼女は時間が経つと元に戻った。そしてまた、そのときのことなど覚えてもいないかのようだった。僕もなにもなかったかのように振る舞った。

＊

それから、彼女は僕の家で暮らすようになった。

彼女が「死にたい」と言って起きるのは変わらない。僕は自分の一日を始めるために工夫をし始めていた。彼女にこう聞くこともあった。

「コーヒーでも飲む？」

「うん。」

そうすると、コーヒーを淹れるためにベッドを離れることができる。その手も何度も繰り返してはいけない。それが僕が彼女から逃れるための方法だと勘づくや否や、コーヒーはいらないと言われてしまう。もし自分のためだけにコーヒーを淹れに行ってしまったら彼女は叫び出す。だから、試しにこう聞いてみる。

「紅茶にする？」

そうすると、僕が彼女のために試行錯誤していることに気をよくしたのか、彼女は言った。

「一緒にいて。」

幼い子どものようなか細い声だ。

「うん。」

こうして自分の時間を彼女に注ぐことには、気怠い快楽があった。しかし、この二人きりの関係の外に広がる世界のことを思うと息苦しくなるのだった。

そんなやりとりにも疲れて、彼女に気づかれないようにそっと起きようとすると、彼女は起きて僕を呼び止める。

「行っちゃイヤ。」

あのか細い声だ。もしそれを無視すれば、彼女は叫び出すだろう。「あ、起きたの？」と僕はベッドに戻り、彼女を子どものように抱きしめ頭を撫でた。

引きこもりの子どもと暮らす親の緊張感とはこういうものだろうか。構わなければ不貞腐れていき、間違った構い方をすれば怒る。常に相手の機嫌を損ねないようにしなければいけない。

引きこもりの場合は、そう育てた親に子どもが復讐をしているようなものかもしれない。悠がわがままを言いたい相手は本当は僕ではないのではないか。彼女のわがままを受け容れるたびに、僕はその誰かと同じ役割を演じ、演じているうちにその誰かになり始めているような気がしていた。

起きると、彼女は論文を書いたり、本を読んだりし始める。バイトに行くときもあるが、ないときはそのまま家にいる。

彼女が家にいるある晩、気分転換に餃子でも作ろうと思った。

「餃子作ったら食べる？」

そう聞くと、

「食べる！」

と彼女は元気よく言った。機嫌がいい彼女の姿にホッとして、僕はスーパーに買い物に行った。

もう日は沈んでいた。街の灯りの中ですれ違う、仕事帰りに数人で話しながらいる人々の姿が羨ましかった。彼らはいろいろな人たちと関わりながら世界を広げているように見えた。それに対して、僕は思わぬ沼地にはまってしまった。引きずり込まれるのに必死に抗いながらも、結局は着実に引きずり込まれている。

こんなときにキャリアウーマンらしき女性を見ると、目で追ってしまう。そういう人たちには、悠にはない堅実な生命力があるように見える。悠との生活の中で、僕は声をかけるのがどこか怖くなってしまっているようだった。街の人々を見るのが怖くなって、彼らを見ないようにしながら買い物を済ませて家に帰った。

餃子の餡を作ったところで彼女に声をかけた。

「一緒に包む？」

「うん。」

いくつか包まれた彼女の餃子は、どこか彼女のように脆く、ひ弱な形をしており、つなぎ目がしっかりとしていないせいか、少し時間が経つだけで開いてしまっていた。

「あ、開いちゃってるから、もう少しぎゅっと包んでみて。」

彼女に伝えるために自分で包んだあと、彼女の方を見ると俯いていた。僕は作業に夢中になっていたせいで、いつもより彼女への警戒心が欠けていた。彼女にダメ出しはしてはいけない。

「どうしたの？」

彼女は持っていた餃子を床に叩きつけて叫んだ。

「なんで私がこんなことしないといけないのよ！」

「ごめんね。やらせてしまって。気分転換にいいかなと思っただけだから。」

「こんなことしたくない……」

彼女は泣きながら床に崩れ落ちていった。

「いいよ、やらなくて。餃子は食べる?」

「食べる。」

彼女は泣きながらそう言った。

「じゃあ好きにして待っててね。」

そう言うと、彼女はリビングに行った。


餃子を淡々と包もうとした。皮の柔らかさが気持ちを落ち着かせてくれるはずだったが、包む気になれなかった。キッチンから出て彼女の方を見ると、彼女は本を読んでいた。

「できた?」

彼女にそう言われたとき、抑えていたものが暴れ出してしまった。

「あのさ……」

僕の声を聞いたときに怒りを感じたのだろう。彼女も待ち構えるような表情に変わった。

「毎日死にたい死にたいって鬱陶しいんだよ。ありふれた悩みだよ。やりたくないことをやるべきことだとバカみたいに思い込んでるだけでしょ。自分のことしか考えられないから、そんなことになってるんだよ。」

彼女は一瞬、時が止まったように動かなかった。そして、叫んだ。

「いや！　なんで私が本読めてるときにそんなこと言うのよ！」

「本を読んでるのは自分の勝手でしょ。自分のことしか考えてないじゃん。」

「あなただってそうでしょ！　あなたは餃子作りたいから作ってるんでしょ。それなのに私にも餃子なんか作らせて。それに、あのときもあなたがあんなこと言わなければ、私は続けられていたのに！　私が今書けないのはあなたのせいなんだからね！」

彼女は僕が「やりたいことじゃないんじゃない？」と言ったことをずっと恨んでいるようだった。

「もう付き合いきれないよ。」

「いや！　許さない。」

「許さなくていいよ。でももう僕には受け容れられないから、他の人にそのわけのわからないわがままを言いなよ。ちゃんと構ってくれる人がいるよ。」

彼女は僕を睨みつけていたが、急に僕を無視するように身支度を始めてなにも言わずに家を出て行った。


キッチンの床には、さっき彼女が投げた餃子が落ちていた。餡が飛び散ったかと思ったが、広がった皮の外へぽとりと落ちているだけだった。床を拭き、僕は再び餃子を作り始めた。彼女の包んだ、開いた餃子を包み直していると、あっさりとした心地好い寂しさが胸の辺りを通り抜けていった。

餃子を食べて、僕はなんとなく街を徘徊した。食材を買いにスーパーに行ったときの他人に対する恐怖は不思議と感じなかった。彼女といるとひどく寂しくなるのだ。でも、もう彼女とは関わらないと思った途端、その寂しさが消えていた。

喫茶店に入り、コーヒーを飲んだ。近くには女性同士で話をしている二人がいた。こういうとき、欲がないせいか、いつもより人の話や動きを落ち着いて聞いたり見たりすることができる。話をするとき、人はわかって欲しいことがある。それが受け取ってもらえないからか、隣の女性の一人は何度も同じ話をしていた。その女性の話し相手は、彼女の話を肯定すればいいものを、彼女に問題があるように答えるから、また同じ話が続く。悠と僕の関係もそうなのだろうか。

それから、なんとなく帰ることを避けるように、プラプラと家の近所を歩き、居酒屋で酒を飲み、そこでも一人で周りの人たちの会話をなんとはなしに聞いていた。


夜の十一時を過ぎた頃、悠から着信があった。店の外に出て、電話をとった。

「なに?」

「今、バーにいるんだけど。」

「そう、なにしてるの?」

「クラブで声かけてきた人に連れて来られた。」

「それでなに?」

「やりたいだけなんだろうけど、なかなか話が進まないの。どうでもいい話ばかりして。やらせてって言えばいいだけなのに。」

例の芝居がかった言い方だった。

その男性をバカにするように彼女は言った。

「そうなんだ。それでなに？」

「それだけ。いいのね？」

僕はほんの一瞬考えたが、

「勝手にしたらいいよ。」

と言って電話を切った。


悠が声をかけてきた男性とセックスする様子が思い浮かんだ。

好きでもない女性の性器を舐めるとき、僕は集中できる。どれだけ汚れているか、どういう臭いがあるかわからない場所に自分の舌をあてがう瞬間には自傷的な思い切りがある。なにか人間的な営みに取り組んでいるような気分になり、快楽がある。一方でそれが惨めだともわかっているから、その姿を見せつけるように、僕は立った女性に跪いて舐めていた。

もし悠がこれからセックスをするとしたら、そんなふうに相手のペニスを入れ、その姿を相手の男性に見下ろされ、自傷的な快楽に浸るのだろうか。その姿が思い浮かぶと、酔っていたせいだろうか、僕は自分で意識しないうちに彼女に電話をかけていた。彼女はすぐに出た。

「なに？」

「そういうのやめようよ。」

反射的に出た言葉だった。

「なんで？　勝手にしたらって言ったでしょ。それに、あなたがいつもやってることじゃない。」

「やっててわかってるから、そんなくだらないことやめて欲しいんだよ。」

「あなたが構ってくれる人のところに行けって言ったんじゃない。」

「言ったけど……」

彼女は電話を切らずに黙っていた。

「ごめん。僕が悪かったから、帰ってきて。」

「えー、面倒臭い。」

彼女の声が少し柔らかくなったのに気がついたとき、結局彼女に翻弄されていることから自分は逃れられないのだと思った。

「ごめん、お願いだから。」

「わかった。帰る。」

「家で待ってるよ。」

「わかった。」

電話を切った。彼女は帰ってくる。とっさに帰ってきて欲しいと言ったが、そうなったことに僕は後悔をしていた。彼女が帰ってくれば、また今まで通りの鬱屈した生活が始まるに違いない。


彼女は帰ってきた。何事もなかったかのような顔をしていた。

「はぁ。帰ろうとしたら、しつこくって大変だった。」

「どんな人だったの?」

「医大生なんだって。清潔そうだったし、まぁいっかと思って。」

「そう。」

「学歴があってそれなりに清潔感があったらまだマシでしょ。」

「まぁそうだけど……」

「そんなこと、よくわかってるんでしょ。」

そうやって割り切れる彼女を恨めしく思った。

女性と知り合うたび、初めてのことばかりだった。緊張していたせいか、多くのことをしているつもりでいたが、振り返ると相手のことも見ずに、自分の気持ちもわからずに、なんとか必死にうまくやろうとしていたに過ぎない。僕が黙っていると、彼女が続けて聞いてきた。

「あんなつまらないこと、今まで何人くらいとしたの？」

僕がその大体の数を言うと、

「それだけしてもわからなかったのね。」

とバカにするように彼女は言った。

「まぁ……そうなんだろうね。でも、何人としたとしても、いつも声かけるときは怖いし、なにかをわかってるとも思えないよ。」

「ふーん。」

彼女はしばらく黙っていた。

「私の場合は今は若いからいいけど、いつか誰にも構ってもらえなくなったときにどうなってしまうかと思うと怖いの。今みたいに誰かに構われてしか生きられないようなのは嫌だから。」

わかり切ったことを言っているような表情を見せる彼女とは反対に、僕は彼女にそのような自覚と恐れがあるとは思ってもいなかった。

「そんなこと思ってたんだ。」

「よほどのバカじゃない限り、女ならみんな思ってるわよ。」

彼女は澄ました表情で、さも当然のことと言わんばかりの口調で言った。

＊

ある日、彼女よりも先に目が覚めた。

これまでも、隣で女性が眠っているときには夜中にふと目が覚めることが多かった。そんなとき、彼女たちの寝顔を確認した。普段にこやかにしている人が眉間に皺を寄せていたり、歯ぎしりをしていたりするのを見て、目覚めているときには隠されていた彼女たちの疲れを見て、なんとなく安心するものだった。そういうときは、力の入っている部分にそっと触れたりすることがあった。触れるとその部分の力が抜けて、穏やかな表情に変わった。


僕は悠の表情を見て驚いた。眠っているときの彼女の表情は安らかで、満ち足りているるように見えた。僕は思わず彼女に小さな声で話しかけてしまった。

「今なにしてるの？」

「うん？」

静かな声の返事をしていた。眠りを邪魔しないように、僕も静かな声で語りかけた。

「なにしてるの？」

「マンボウ。」

彼女の声は子どものように屈託がなく、僕の胸の辺りにすっと抵抗なく滑り込んできた。

「マンボウ？」

「泳いでるの。」

「へぇ。」

彼女に、小さなときに母親と水族館によく行ったと聞いたことがあった。

彼女を見るのはやめ、仰向けになって目を閉じた。彼女の寝言につられたのか、五歳のとき祖母に動物園に連れて行ってもらったことを思い出した。うさぎの小屋に入った。キャベツの入った小さなアルミのボウルを持って。夏の暑い日で、小屋はうさぎとうさぎの排泄物と草の匂いで満たされていた。そこでキャベツをあげるのが動物園に行く中での一番の楽しみだった。振り返ると、祖母が僕を見守ってくれている。それを確かめるように何度も小屋の中から祖母の方を振り返った。それはいつのまにか記憶の想起から夢へと変わっていた。僕は知らないうちに深い眠りに入っていた。起きるときに遠い場所から現実に戻ってくるような感じがあった。


ふと目が開き、彼女の方を見ると、彼女の目もまた開いた。

彼女の目に僕が映ったせいだろうか、さっきの屈託のない彼女は徐々に昨日までの彼女になり始めていた。僕の中からも、祖母と動物園に行った五歳の自分が遠く離れて行きそうになっていた。彼女の世話をしなければいけないと思い込んでいるいつもの自分に戻りそうになる手前で、僕は彼女に、

「おはよう。」

と言った。

「おはよう。」

彼女の声も半ば目覚めかけていたが、さっきまでの水族館の彼女の響きがかすかに残っていた。彼女は起き上がり、トイレに向かった。彼女が水族館にいたまま、論文のことも、彼女がこうなるべきと思い込んでいるものもまだない状態のままであり続けてくれたらと願った。しかし、彼女の目には彼女のこの現実での役割を思い出させるものが映っていた。散乱した本やプリント、トイレに行くために彼女がいつも踏んでいるカーペット、それから夢の中にはいなかったはずの僕の存在も。彼女は理解したのだろうか。ここは水族館ではなく、そして自分は幼い子どもでもなく、やらなければいけないと思い込んでいるものに囲まれた生活の中であることを。

トイレから出てきたときには、彼女の顔は昨日までと変わらない憂鬱で満たされていた。

「さっき水族館にいた？」

「え？　なんで⁉」

彼女の顔はぱっと明るくなった。

「マンボウ見てた？」

「見てた！」

彼女の目は幼くなり、柔らかいものを湛えていた。しかし、すぐそばにある本やプリントが目に入った瞬間に、彼女の目からは活き活きとしたものが消え失せていった。

誰もがこうして瞬く間に変わっていく自分を無自覚に持っている。僕はこのとき、はっきりと自分が彼女を過保護に見守り、観察していることがわかった。もう一度目を閉じ、動物園のことを思い出そうとした。手元にはキャベツがあり、それを齧っているうさぎがいる。それから祖母もいる。そのとき、僕は他人に無理に関わろうとはしていなかった。悠がいるとき、僕は彼女がどう過ごしているかを監視するように見てしまう。そのとき、彼女を責めることを準備するかのように、目に力が入っていることを感じた。

彼女がなにかの牢獄に囚われているように、僕もなにかしらの牢獄に囚われているのだろう。しかし、それには気づかずに毎日を過ごしている。はたから見れば滑稽なことだが、本人は大真面目にその日々を過ごしているのだ。

それから数日後、悠と夜に水族館に行った。

客のほとんどはカップルだった。僕の視線はアクリルガラスを隔てた先で泳いでいる魚よりも、同じ空間にいる人々へと向かってしまう。彼らのほとんどがスマートフォンで魚を撮っていた。女性たちは高い声でここに来たことの楽しさを表現しようとしていた。距離を縮めようとしている男女もいれば、すでに仲よく身を寄せ合っている人たち、それから男性が女性に無理に連れて来られてつまらなそうにしている人たちもいた。

混雑した館内で周りを見ようとしない彼らにぶつからないようにと気をつけていると、徐々にこの場から逃げたくなっていく。気を取り直し、魚が動いている姿をガラスの前の人々の群れから離れて見ていた。

ここに来たのは、悠が水族館に行きたいと言ったのがきっかけだった。人混みが苦手で普段は行きたいとは思わなかったが、水族館の夢を見ていたときの彼女を見て、一緒に来てみたくなったのだ。彼女は周りには影響を受けず、僕のことも気にせず、ただ水槽を一心に見つめていた。水槽の中を照らしている淡く青白い光が彼女の顔に当たり、彼女の肌を透き通るほど真っ白に見せ、そして、光の色の効果なのか、その目は僕がこれまでに見たことのないほどの透明感を湛えていた。

その目は、僕が感じたことのないものを感じているような気がした。彼女に取り残された寂しさを感じたが、それは悪いものではなかった。彼女を追いかけようとも、僕の方へと呼んで引き寄せようとも思わなかった。拒まず、さりとて寄りかからない、悠の自立した姿は、ちょっとした僕の働きかけで失われてしまうような気がした。僕は彼女が見ているものに目を向けた。それはゆっくりと泳ぐマンボウだった。彼女に僕は必要がないのかもしれない。彼女はいつか僕から離れていくだろう。そうした方がお互いにとってもよいはずだ。はっきりとそう思った。

そのとき不意に彼女がこちらを向いて、僕の名前を呼んだ。穏やかな響きだった。それは僕の胸を通り、鳩尾を通り、体全体に滲み渡っていった。

「どうしたの?」

「呼んだだけよ。」

彼女は微笑んでいた。子どものようで、それでいて僕を包み込む成熟した女性のようでもあった。

彼女がいるのは、僕から遠く隔たった場所だった。微かな寂しさがあったが、そこで活き活きとしている彼女の姿を見た喜びが、その寂しさと混ざり合っていくと、そこには幸福と呼ぶには静か過ぎる感覚が生まれていた。他人をことさらに求めたり、拒もうとしたりすることは不自然なことに思われた。気がつかないうちに僕は複雑に歪んでいってしまい、恨みや欲望にまみれた体になってしまっている。このことを認められるまでに多くの時間や経験が必要だったのかもしれない。

魚たちが泳いでいた。それと同じように人々もまた魚を見ていた。魚たちがたまにアクリルガラスにぶつかるように、人々も気づかずに僕にぶつかることもあった。人々の高い声にも、スマートフォンのシャッター音、写真を撮る粗野な動作にも、この静けさは乱されることなく、いつもよりも細やかにそれらの現象が僕の中で響いていた。

逃れられない関係

元旦の朝の四時。僕は警察署の中のある部屋の入り口外に置かれたソファに座っていた。痩せた、メガネをかけた、少し神経質そうな五十代の女性が近づいてきた。初対面だったが、この人だとすぐにわかった。目を合わせて軽くお辞儀をすると、彼女もまた少し頭を下げた。それから僕は立ち上がり、自分の名前と、彼女の娘の恋人であることを告げた。

悠と知り合ってからもう一年は経っていた。その間、彼女から聞いていた母親の印象と実際に会ったその人はかなり違った。僕は母親が美人であることを聞かされていたので、その地味で活力のない様子に驚いた。それに彼女をあれだけ怖がらせているのだ。きつく、責めてくるような、攻撃的な印象かと思っていたが、彼女からはほんの些細な攻撃心も感じられなかった。それどころか、元旦の早朝の警察署で娘の恋人に初めて会うにしては、あまりに素っ気なかった。

「すみません、悠さんがどうしてもお家に帰れないと言うので、連絡がとりたくてこんな形になってしまいました。」

「はい、娘がご迷惑をおかけしました。すぐ連れて帰りますので。」

彼女の表情は崩れない。

「あの、少しだけお話ししていいですか？」

「え？　はい。」

僕が彼女に話したいことがあることが、意外なことであるように驚いた表情を見せた。

「さきほどまであったことと、悠さんについてずっと気になっていたことをお話しさせてください。悠さんがずっとお母様のことを怖がっているみたいで……。それで帰らないと言って聞かなかったんです。僕もどうすればいいかわからなくて。お母様のことになると話したがらないというか……。一度お会いしないといけない気がして、強引なことをしてしまいました。すみません。」

「そうですか。」

彼女の表情は変わらず、怒るわけでも、申し訳なさそうにするわけでもなかった。娘についてこれだけ言っても彼女は反応しない。これきりでもう会えないかもしれない。もっと感情を揺さぶるために、僕は遠慮を捨て去り、彼女の反応を促すための言葉を選ぶ決意をした。無感情な人間を揺さぶろうとするときのこのサディスティックな感覚は、悠と話をするときと似ていた。

「悠さんがたまに泣いて叫ぶこともあるんです。この前も、大学院の論文が書けないことを困っていて……毎日死にたいと言って弱っていくのを見兼ねて『本当はやりたいことじゃないんじゃないの？』と聞いたんです。そうしたら、彼女が泣き叫びながら暴れて、部屋中のものを倒してしまったんです。そのときに『こんなのじゃママが認めてくれない』って言うんです。『じゃあどうしたら認めてくれるの』って聞いても『わからない』って言うんです。」

彼女は、彼女自身とは関わりのない話を親身になって聞くような様子で聞いていたので、僕は彼女が悠の母親であることを忘れてしまいそうになった。

「初めてお会いしてこんな話をしてすみません。だけど、悠さんのことが僕にはどうしてもわからなくて……悠さんはなにを気にしているんでしょうか？」

「……私はなにも言っていないんですけどね。なぜかそう思ってしまっているみたいで。」

彼女は淡々とした口調で言った。

＊

その数時間前、僕は悠と初詣をしたあとに、喫茶店でコーヒーを飲んでいた。偶然二人の実家は地方都市の数駅離れたところにあったので、帰省先で落ち合っていた。

「そろそろ僕は帰ろうかな。」

「あんな家に帰りたくない。」

「そう……僕は明日の朝から予定があるから帰らないと。」

「いや。」

いつものか細く強く絞り出された声だった。それまではなにごともない恋人同士のように過ごしていたが、どうやら無事に帰ることはできなさそうだった。

「いやって言われても困るよ。」

もし僕が「わかった、じゃあ気が済むまで一緒にいようか」と言えれば問題は起こらないのだろう。自分の人生などどうでもよく、他人のために捨ててしまおうと思えれば簡単に言えるだろう。

しかし、彼女のわがままに付き合うことに僕はもう疲れていた。僕は薄ぼんやりとした倦怠感に包まれ、眠くなり、なにもかもがどうでもよくなりそうになってしまっていた。

店の中には他に客はおらず、レジカウンター越しに一人の三十歳くらいの女性の店員だけがいた。重い時間が流れていた。

「あなたがいなくなったら、私、その辺で死んでやるから。」

彼女がそう呟いた。

「そんなこと言われても……。自分の家族の問題だよね。僕はそれにはもう付き合っていられないよ。僕がどうこうできることじゃないからさ。」

「いや……」

その声はさっきよりもか細くなっていた。彼女は動きを止め、一瞬で攻撃に移るための準備を完了した、狂気を帯びた小動物のようになっていた。急に緊迫感が高まったせいか、時が止まっているように感じられた。その止まった時の中で、いつ彼女が叫び出し、コーヒーを僕にかけてもおかしくないと思った。僕はコーヒーカップを見つめており、そうなることを阻止するためにそれを彼女より先に摑んで止めた方がいいような気がした。しかし、体が動かなかった。この静止した時間は、十秒ほどのようにも、一秒にも満たないようにも感じられた。

僕より先に彼女がすでにコーヒーカップを摑み僕に投げつけていた。カップが宙を舞っているのがはっきりと見えた。コーヒーは僕の体に斜めにかかり、カップが地面に落ちて割れた音がした。

「いやー！」

彼女は恐ろしいものを見るように、目をまん丸く開いて僕を見ながら叫んだ。そのときにはもう、さっきまでの緊迫感はなくなっていた。

彼女の目は、カップを投げたことを後悔し、その後悔を誤魔化すために狂気にとどまろうと意図しているようにも見えた。

僕は、相手が僕を無視して自分勝手に話しているとき、相手に水をかけたいと思いながら生きてきた。しかし、一度も実行に移せたことはない。かけられる立場ではあるが、そのときがようやく訪れたのだ。コーヒーをかける理由も感覚もわかるような気がしたので、怒りも、驚きもしなかった。ただ一つ、自分がずっと入れずにいた世界に引き込まれたような感覚をじっと味わっていた。

店員はおそらくこちらを見ているだろう。そんなことは大した問題ではないような気がして、僕は少しの間座っていた。悠も店員も動かなかった。僕は椅子から立ち上がった。持っていたハンカチで椅子を拭き、割れたコップを手に取った。

それを見て店員は寄ってきて、

「そのままで結構ですので。」

と言った。

「すみません。カップは弁償します。」

「いえ、それも大丈夫ですので。」

「そうですか。すみません。お会計をさせてください。」

僕はコーヒー代を払った。座ったままでいる彼女に、

「出ようか。」

と言った。コーヒーをかけられたことに僕が無反応だったせいだろうか、彼女は僕を怖がってい

るようだった。

「散歩でもしようか。」

「一人にしないで……」

彼女は小さく縮まって、僕の腕にぎゅっと捕まっていた。

「しないよ。大丈夫だよ。」

僕は冷静であったと思う。すぐ近くの警察の派出所がある場所に向かって、散歩を始めていた。彼女はそれを知らない。僕の腕に捕まったまま、一緒に歩いている。彼女は自分で立つことをやめて、僕にぶら下がるように捕まっているので、二人の歩みはとてもゆっくりだった。

「もう大丈夫だから。とりあえず歩こう。僕も今夜は付き合うから。」

「ほんとに？」

「うん。ほんとに。」

それから、派出所の前をそれとなく通った瞬間、しがみついている彼女を掴んで離さないようにして、派出所に入ろうとした。彼女はすぐにわかったのだろう。叫び始めた。しかし、僕が彼女から逃れられないように、彼女ももう僕から逃れられないのだ。黙っていても、叫んでも、どちらにせよ警察の世話になる。僕は彼女の母親と会って話すつもりだった。派出所の中にいた警察官が僕たちを見つけて、姿勢のよい小走りで近づいてきた。彼がなにかを言う前に僕は言った。

「すいません、お願いしたいことがあるんです。」

「ちょっと君、女性を離しなさい。」

叫びながら逃げようとする彼女を僕は捕まえていた。警察官は、逃げようと泣き叫ぶ彼女ではなく、捕まえている僕を問題のある人間とみなしていた。

「大丈夫ですか？」

彼女に警察官が語りかけた。

「彼女は大丈夫じゃないんです。僕はなにもしませんし、彼女を離しますから、警察官さんが彼女を逃げないように止めてください。」

依然として僕のことをおかしな人間だと思っているようで、僕の前で堂々と胸を張りながら、意味がわからないという顔をしていた。

「お願いします！　彼女は自殺するって言っているんです！」

必死に訴えた。警察官は彼女に話しかけた。

「ちょっとだけ話を聞かせてもらえるかな？」

彼女は怒りに満ちた表情を警察官に向けていた。

「なにもしませんから、お話だけ聞かせてください。ね？」

「なにも話すことなんてありませんよ。」

彼女は急に落ち着き、普段の声に戻って答えた。むしろその急な変化が、警察官に違和感を与えていた。

「一応、ね。少しだけお願いします。」

警察官がそう言った。彼女はおとなしく派出所の中へ入った。僕と彼女が中に入り、彼女が逃げられないようにするために警察官が入り口を塞いだ。

「どうしたんですか？」

警察官が僕に聞いた。

「彼女が家に帰らないんです。恐らく、母親と仲が悪くて。帰るくらいなら自殺するって言うんです。僕は会ったことがないんですけど。どうしたらいいかわからないので、母親と連絡をとりたいんです。連絡先を僕は知りません。彼女のスマートフォンの中にはあります。だから、彼女からとって連絡をしてもらいたいんです。」

「いやぁぁぁ！」

それを聞いて彼女が金切り声を上げ、ぺたりと座り込んだ。体はぶるぶると震え、目は大きく見開いたままになっていた。警察官たちはなにも言わずに彼女を見ていた。

それから、警察官が彼女から母親の連絡先を聞こうとしていたが、彼女はそれを拒み続けていた。その光景を僕は数歩離れたところで見ていた。彼女が母親と会話をしようがしまいが、警察官にも、僕にも、本当はどうでもいいことのはずだ。悠に動かされていた。僕も、警察官も。僕は決断をして派出所に入ったつもりだった。しかし、自分でなにかを決断して行動をとっているなんていうのは思い違いだろう。これまでの僕のすべての行動は彼女によって導かれているのではないか。こうして悠と彼女の母親が対面することは、おそかれ早かれ、彼女自身か、誰かの手によってなされることだったのではないか。それがたまたま僕であったということに過ぎない。彼女の人生は最も避け続けている母親にのみ向かっているように僕には見えた。それとも、それは僕の考えで、すべて僕が起こした出来事なのだろうか。

悠も観念し、母親の連絡先を警察官に見せた。電話は警察官がした。そして、母親は最寄りの大きな警察署まで悠を迎えに来ることになった。彼女と僕は、派出所から警察署までパトカーで連れて行ってもらった。彼女と僕は後部座席に、間に一人の警察官を挟んで座った。

そして、警察官二人と彼女とで警察署の、百人は入れるくらいの机と椅子だけが置かれた大きな部屋で母親を待つことになった。古い建物だった。もとは白かったであろう黄色がかった壁で、鉄製の窓枠はほとんどペンキが剝げて錆びていた。室内は蛍光灯で白く照らされていた。

「警察来ちゃったね。」

僕が彼女に言った。

「来ちゃったねじゃないでしょ。あなたが連れて来たの。とんだ初詣よ。」

彼女の声は元に戻っていた。

「恋人の母親に警察署で会うのは初めてだよ。」

僕は笑った。

「そりゃそうでしょ。」

彼女も少し笑っていた。

警察官によって母親がもうすぐ到着することが知らされた。

「ちょっと話してくるよ。」

「うん。」

僕は事情を説明するために部屋の外に母親を迎えに行き、さっきの会話をしたのだった。

＊

母親と話したあと二人で彼女のいる部屋に入ると、悠は気が抜けたようにぼんやりと椅子に座っていた。しかし、母親へとゆっくりと視線を合わせるやいなや、大きく見開かれた目のまま、「いや……、いや……」と怯える子どものように小さく呟き始めた。それは彼女と付き合い始めてから、僕が何度も目にした姿だった。

いつもなら、彼女はこれから叫び始め、暴れ始めるだろう……しかし、母親が近づくと口を閉じた。そして、ひどい寒さの中にいるようにうずくまり、視線を下に向け、目を見開いたまま、じっとしていた。彼女の体は震え、歯は小さくガチガチと音を立てていた。

母親はうずくまった彼女に近づき、立ったまま頭を撫でた。

「どうしたの。」

「ごめんなさい……ごめんなさい……私、なににもなれないの……」

「あなたの好きなようにしたらいいじゃないの。どうしてそんな風に思うの。」

さっきと変わらず立ったまま頭を撫でながら、母親は悠を見ずにぼんやりと前を向いていた。母親の半ば諦めた、憂いを帯びた目があった。僕はとっさにおかしいのは悠ではなく、母親だと思った。

「あの、彼女が少し怖がっているみたいですけど……大丈夫でしょうか。」

「大丈夫よね。」

そのとき母親はようやく彼女の方を向いて言った。娘を心配する母親らしい声は悠のためというよりも、悠から僕を隔絶するために発されていた。

「いや、大丈夫じゃないんじゃないですか？　怖がっていますよ。」

「うちのことはうちのことなので。」

母親は初めて感情を露わにした。その語調は強く、僕を睨んでいた。悠は助けを請う視線を僕に向けていた。しばらく彼女の目に、自分の目を合わしていたが、どうすればいいかわからず、なんの目的もなかったが、なにか目的があるかのように母親の方へ目を向けた。そうしようと思ってしたのではない。体が勝手にそう動いていた。その動作の中に見つけた自分の本心にショックを受けた。


確かに僕はこれまでも彼女になにもできなかった。仮に母親も同じようにできることがなかったとしても、母親はずっと悠の母親であることから逃れられないのだ。どんなにここで僕がごもっともなことを言ったところで、母親が向き合ってきたもの、これからも向き合わなければいけないものとは重さが違う。もし母親がどんなに間違ったことをしていたとしてもだ。


目をそらしたあとも、悠が僕に目を向けているのはわかった。しかし、彼女が本当に目を向けるべき相手、話し合うべき相手は、悲しいが僕ではないと思った。そう思いたかっただけかもしれない。

「帰れそうですか？」

警察官が母親に聞いた。

「はい。帰ります。」

母親が答えた。

警察官とともに部屋を出て、警察署前の大道路に出た。警察官がタクシーを止めた。

「ご迷惑をおかけしました。」

母親は、警察官へなのか、僕へなのか、どちらともとれないような曖昧さで頭を下げた。そして二人はタクシーに乗った。彼女はもう僕を見ていなかった。さっきの目をそらしたときの罪悪感が自分の中で何度も蘇った。タクシーが早朝の道路を走り去っていくのをしばらく見つめていると、警察官が僕に言った。

「よくわからないけど、お兄さんも大変だったねぇ。」

彼は笑っていた。

「いえ……ご迷惑をおかけしました。」

僕は彼を無視するように頭を深く下げ、それから顔を上げながら彼の目を見た。顔を上げると、彼は拒絶されたのを理解したのか、無表情な目を僕に向けていた。

「ありがとうございました。」

そう言って僕は彼に背を向けた。


もうとっくに朝になっており、冷たい空気の中、街には爽やかな白い光が射していた。警察署から駅へと向かう道には、大晦日を朝まで飲み明かして帰る人々、これから初詣に向かおうとしている人々が歩いていた。彼らの和気《わき》藹々《あいあい》とした賑やかな歩みの中をそっと縫っていくように僕は抜けていった。

彼女は数日家から出してもらえなかったが、結局また僕の家に来た。

「お母さん、大丈夫?」

「なにが?」

「僕のことなにも言ってないの?」

「なにも。」

「え?　一言も?」

「うん、あの日のことも、あなたのこともなかったことになってるみたい。」

彼女は笑っていた。それは諦めとも、嘲りとも、どちらともとれないようなものだった。

＊

それから数日後、ベッドで眠りにつこうとしたときに、隣で悠が呟いた。

「幼稚園のとき、他の子と遊べなかったの。」

「どうして?」

「私、電話苦手でしょ。小さい頃からそうなの。友だちの家に電話できなくて。お母さんに泣いて頼んでも、遊びたいなら自分でしなさいって言われて、電話してくれなかったの。だから、幼稚園から帰ってもずっと部屋の中で一人で人形で遊んでたの。だから、今でも電話が嫌いだし、自分から人を誘えないの。」

それを聞いて、どこかのマンションの部屋の隅に四、五歳の女の子が一人で遊んでいる様子が思い浮かんだ。僕はその姿を見ると、一緒に遊んであげないといけないような気がして、近づいていこうとしていた。

僕の腕の中には月明かりで青白く浮かび上がる悠の顔があった。彼女の顔には、優しい弱さが浮き出しており、それはほんの少し触れるだけでも崩れてしまいそうなほどに繊細だった。その様子に誘われるように、僕は幼い頃のことを思い出した。

三歳のとき、日本からアメリカに引越しをした。そこで現地のプリスクールに入ることになった。初めての日、教室に入ると、周りの人たちが理解のできない言葉で話しかけてきて、どうしたらいいかわからずにいた。固まって挨拶もできずにいると、先生は僕に話しかけたが、それでも聞いたことのない言葉に困惑して固まっているとついに怒鳴られた。記憶の中では声は聞こえない。ただ、怒鳴っている顔をした白人の女性が僕に徐々に迫ってくるのが見え、僕はその場から動けずにいる。母親にそんなことがあったということも聞いていた。記憶というよりも、聞いた話が夢の中で構成されたものかもしれない。実際はどうであれ、この記憶の場面が夢にでてきた。この夢は、女性に外で声をかけるようになってしばらくしてから頻繁に見るようになっていた。

そのことを母に話したときに聞いたことも思い出した。

プリスクールに入った日から、家の前に迎えに来る黄色い大きなバスに母親が乗せようとすると僕は泣き叫ぶようになり、毎日大変だったらしい。しかし、一週間ほど経ったとき、同じように迎えのバスが来たときに母親を「もう大丈夫だから」と突き放した。その日を境に、バスが来ても泣き叫ばなくなったという。母親はそのときの話を、そうなってよかったというよりは、とても辛く寂しそうに話していた。そのときの母親の気持ちがなんとなくわかる。相手を心配しているほど、自立されたときには自分の身の一部が引きちぎられるような寂しさを感じるだろう。母親が実際にそう感じていたのかどうかはわからない。しかし、その話を母親から聞いたとき、そのときの自分の気持ちも母親の気持ちもわかるような気がした。二つの気持ちが重なって僕は胸が締めつけられるように苦しくて、涙が溢れそうになるのを必死に堪えていた。

その記憶の想起の背後には、僕の腕の中のゆったりとした悠の呼吸が流れていた。膨らんだり、萎んだりする彼女の体の動きも微かに感じられていた。

思い出しているというよりは、もうほとんど夢の中にいたに違いない。想起されるイメージは、僕の意図を離れて進んでいた。さっきの、女の子が一人で遊んでいる部屋の中にいた。僕は知っていた。彼女に声をかけてしまうと、いつまでも彼女と遊び続けなければいけなくなり、彼女から離れられなくなってしまうことを。しかし、寂しそうにしている姿を見るのが忍びなくて、元気を出して欲しくて声をかけたくなってしまう。彼女から去ることも声をかけることもできず、僕は立ち尽くしていた。

次の日の朝に起きたとき、彼女は昨日と変わらずに生きているように見えた。僕自身が変わらなかったからそう見えたというだけなのかもしれない。依然として、彼女の世話をしなければいけないという強迫観念は僕の中にあった。唯一変わったのは、近いうちに彼女と別れることになる気がしていて、そうなることを諦めていることだった。

悠から幼稚園の話を聞いたこの日からずっとあと、僕はあのプリスクールの写真を偶々見る機会があった。二十人ほどいる集合写真の中でアジア人は一人だけで、僕はみんなと笑顔で映っていた。プリスクールの友だちと家で遊んでいる写真、ハロウィーンの写真、それから母と二人で映っている写真……どれの中にも、あの夢の中で何度も経験した苦しさの片鱗は見当たらなかった。あれは僕の偽りの記憶なのではないかと疑ったが、母から僕が泣き叫んでいた事実を聞いている。

経験した苦しみはそれから何年、何十年も経ったときに、本人が思い出せるところにまで浮かび上がってくるのだろうか。

＊

悠と部屋にいるとき、スマートフォンの画面にメッセージの受信が表示された。そこには女性の名前と「元気だよ。」という文面が表示されていた。悠がそれを見た。

「これなに？」

自分がそもそもそれを隠そうとしていないどころか、見せようとしていることを半ば自覚していた。僕は悠から逃げるように、これまで出会った女性に手当たり次第にメールを送っていた。

「これなにしてんの？」

「女の人。もう一緒にいるの疲れた。」

僕は俯いて答えた。

「いや！」

彼女が僕のセーターの袖を引っ張った。買ったばかりの、七万円ほどするものだった。

「やめてくれ。」

彼女の手を抑えた。

「いや。」

セーターを握っている彼女の指の一本一本を開いて引き離し、彼女を振り払った。

「暴力振るった！」

「いや、払っただけだよ。」

「許さない！」

彼女が僕を打ってきた。打たれることは心地好かった。いくら打っても反応をしない僕を引っ張り出そうとするように、彼女は僕の手首に思い切り爪を立てた。それまでとは違う鋭い痛みが感じられた。

爪の鋭い痛みは爽やかな刺激に感じられ、僕は徐々に気が遠くなっていっていた。彼女の爪はさらに食い込んでいった。爪が食い込むほど、恍惚とした。いつも構ってもらうのを待っているだけなのに、こんなことになってようやく僕と関わろうとする彼女が許せなかった。僕は僕の手首に爪を食い込ませている彼女の親指をもう片方の手でとって、思い切り刃物を突き刺すように指を傷口により深く突き刺すようにねじ込んだ。

そうしていると、彼女はさっと手を引いた。

「もっとやったらいいじゃん。毎日毎日、死にたい、母親のせい、僕のせいって言い続ける奴となんで一緒にいないといけないんだよ。」

「浮気したくせに！」

「うるさい。なんでも人のせいにしやがって。」

「DV野郎！　殺される！」

彼女は目を丸く見開いてそう叫んだ。

「いつも暴力振るってくるのはお前だろ。そんなに殺されたいならそうしてやるよ。」

僕は立ち上がって、座りながら「殺される！」と叫び続ける彼女を思い切り蹴り続けた。

「自分のことばかり考えて、他人のことに注意を払おうとしない奴なんかもうどうでもいいんだよ！」

身勝手な叫びだった。

「痛い！　殺される！」

彼女は叫んだ。

「痛い……」

彼女の声が僕を非難するものから、僕とは無縁の、ただの呟きのようなものに変わった。そう言ったときの彼女はまた幼い子どもに戻っていた。興奮して荒くなった呼吸が自分の胸を持ち上げるたびに、切なく、悲しくなった。僕への敵意を失い、うずくまっている彼女を見ていると取り残されたような気持ちになった。

「ごめんね……ごめん……」

彼女にしゃがんで近づき、背中をさすった。

「いや！　殺される！」

彼女は怯えた目で僕を見ながら必死に叫んだ。

「もうなにもしないよ。本当にごめん。でも、もう無理だ。別れよう。」

「いや！」

彼女の目は僕に殴りかかってきたときと同じものに戻った。

「申し訳ないけど……僕は悠ちゃんのことを受け容れられるほどの人間じゃないんだよ。今のでわかったでしょ。」

そのとき、インターホンが鳴った。深夜二時に鳴らされた、聞き慣れた呼び出し音はこの二人だけの世界を壊した。

インターホンの受話器をとった。

「はい。」

「警察です。女性の叫び声が聞こえたと通報があったのですが、大丈夫ですか？」

「はい、叫んでいました。」

「ちょっとお邪魔していいですか？」

「はい。」

警察官が三人、部屋の中に入ってきた。彼らは僕を警戒していた。大晦日のときと同じだ。

「大丈夫ですか？」

警察官の一人が彼女に尋ねた。

「はい、大丈夫です。」

彼女はこれまでのことがなかったかのように答えた。

「それならいいんですけど。」

「いや、大丈夫じゃないです。」

僕は遮って言った。

「え、そうなの？　彼女さんは大丈夫って言ってるけど。」

「いや、大丈夫じゃないんです。彼女が暴力を振るってきて、そのあとに僕が暴力を振るいました。それが事実です。だから、大丈夫じゃないんです。彼女を保護して、彼女の家族に迎えに来てもらいたいんです。」

「彼氏さん、そう言ってるけど。」

「いえ、それはいいです。もう大丈夫なので。」

彼女は平然と答えた。

「大丈夫じゃないので、彼女の家族に連絡をしてください。」

「彼氏さん、そう言ってるけど。」

「いえ、その必要はありません。」

彼女はしっかりとした態度でそう答えると、警察官が言った。

「ご本人が大丈夫だと言ってるから、こっちが勝手に連絡はできないんだよね。」

「そうですか。でも、これから僕が彼女を殴るかもしれないし、僕が寝ている間に彼女に刺されて死んでしまうかもしれません。だから、本当に大丈夫じゃないんです。助けてください。」

警察官たちは僕を見ていた。彼女の方を見ると、彼らの視線を浴びていない間、彼女は恨みのこもった目で僕を睨みつけていた。僕は彼女の親の連絡先を知らなかった。なす術がない。

「いや、そういう事態が起きないと我々は動けないんですよ。今はもう落ち着いてますよね。」

「……わかりました。なにかが起こらないと動けないってことですよね。」

「そうなんですよ。またなにか困ったことがあったら生活安全課まで来ていただいたら話を伺いますからね。」

「いや、大丈夫じゃないんですけど……なにもしてもらえないことはわかりました。」

「はい。なにかあったら、そのときは一一〇番してくださいね。」

警察官は仕事をきちんとやり切ったというようなすっきりした顔をしていた。

「ありがとうございます。」

そう言って、僕は扉を閉めた。


「警察来たね。」

「もう許さない。ＤＶ野郎。」

「いや、今までも手を上げてたのはそっちでしょ。」

「知らない。」

「これまでもずっとそうだったじゃん。知らないはずがない。」

「さぁ、忘れた。」

理不尽さに対する怒りが湧き、再び彼女への攻撃心が芽生えた。

「DVなのはわかったから、それなら親に連絡するよ。」

「いや。」

「じゃあどうするんだよ。」

「知らない。」

彼女はもうさっきまでのことはなかったかのようにリビングに座り込み、いつものようにスマートフォンを見ていた。これからもずっと自分は彼女とのこんな生活に縛りつけられてしまうのだろうか。

「警察行ってくる。」

「行ってきたら。」

彼女はスマートフォンを見たまま顔を上げずにそう言った。僕は家を出た。警察でなにをするのか、まったく考えていないことに気がついた。「困ったときはまた相談してください」と言われたから、なんとなく向かってしまっただけだった。


マンションを出て、外の空気に当たると、さっきまでのことが本当にあったことだったのだろうかと思うくらいに遠くに感じられた。深夜の住宅街には誰も歩いていなかったが、立ち並ぶマンションの玄関や、駐車場の灯りが人知れず道を照らし続けていて、人の生活の気配だけが感じられた。警察署は歩いて十分ほどのところにある。しかし、行ったところでどうにもならないだろう。それでも行くあてがなかったので、警察署に向かった。

その途中、彼女が見せてくれたことのある妹のツイッターを思い出した。おぼろげな記憶を頼りにアカウント名を検索し、見つけることができたので、リプライをした。

「急にすみません。お姉さんの件で緊急でお話ししたいことがあります。このリプライを見たらすぐにメッセージをください。」

このとき、僕には彼女の母親に対する怒りがはっきりとあった。「お前がなかったことにしている過ちを延々と僕が肩代わりしているんだよ」と叫びたかった。母親に連絡をするのは、もはや悠のためではなかった。

数分後に妹からのメッセージがあった。電話で話をさせて欲しいと伝え、承諾してもらい、電話をかけた。

「もしもし。」

「はじめまして。こんな夜中にすみません。」

「いえ。」

距離を置こうとしていることを示す抑えられた声だった。

「ご家族に連絡をとる方法がなくて、こんな形になってしまってすいません。お姉さんが暴れてしまって、僕も手を出してしまい、警察沙汰になってしまいました。それで、これ以上変なことにならないうちにご家族に迎えに来てもらいたいんです。それをお母様に伝えてもらえますか？」

「わかりました。母に伝えてくるので、折り返し連絡してもいいですか？」

「はい。お願いします。」

少しして電話がかかってきた。

「母に伝えました。明日の朝にもう一度ご連絡してもいいでしょうか？」

「え？　伝えてくださったんですよね？　なんて仰ってたんですか？」

「今日はおそいから明日に連絡しますって言っていました。」

自分の娘が暴力を振るわれたということが、また明日にするようなことなのだろうか。

「わかりました。ちょっと伺いたいんですが、お姉さんは前から、なんというか……気難しい感じなんですか？」

「……はい。私もどうしていいかわからず、なるべく明るく接するようにしてはいるのですが。」

彼女の声が少しくぐもったものに変わった。妹も同じ家族の中にいて、母と姉とに挟まれているのだ。自分が妹の苦労に思いが至っていなかったことに気がつき、はじめの淡々とした彼女の様子の中に彼女のこれまでの苦労の跡を想像した。

「お母様のことをすごく怖がっているのですが、そんななにか酷いことをしたという感じなのですか？」

「いえ、私の知る限り母はおとなしい人ですし、そういうことはないとは思うのですが……」

「そうですか。突っ込んだことを聞いてしまってすみません。どうしても気になっていたので。」

「いえ。」

「それじゃ、こんな深夜にありがとうございました。」

「いえ、こちらこそ姉がご迷惑をおかけしました。」

「ご迷惑をおかけしたのは僕の方なので。それでは。」

「はい。」

悠の妹と連絡がとれると少し落ち着いたが、悠が僕の家にいることには変わりなく、僕は家に帰る気にはなれなかった。

いつも行く近所のコンビニの灯りが道に漏れていた。その灯りは早朝のうっすらと白み始めたばかりの外の光に侵食されつつあった。どういうわけか、そこはよく知っている場所であるはずなのに、初めて来た知らない街で偶然見つけたコンビニのようだった。

コンビニの中に入り、なんの目的もないまま陳列された商品を見ながら店内を一周して出た。そのときには、目の前の道はいつもと同じ場所に戻っていた。


家に帰ると彼女は変わらずリビングに座ってスマートフォンを見ていた。

「妹に連絡したよ。お母さんに僕が暴力を振るったことも伝えてもらった。」

「そう。なんて?」

「わかりましたって。」

「そう。」

どうということでもないように彼女は言った。

「寝ようか。」

「うん。」

疲れて切っていて、もうなにも考えられなかった。いつもと同じように彼女とベッドに入るとすぐに眠っていた。

＊

インターホンが鳴った。まだ朝の八時だった。僕は昨夜のことでまだ疲れて眠っていたが、びっくりして飛び起きて、受話器を取った。

「はい。」

「悠の父です。」

急なことに驚いたが、もうこういうことに慣れてしまったのか、すぐに落ち着きを取り戻すことができた。

「え、はい。一度二人でお話しさせていただきたいので、すぐ行きますので玄関でお待ちいただけますか？」

「わかりました。」

悠の父親は東京で働いており、彼の母親と二人で暮らしていると聞いたことがあったが、付き合ってから彼女が父親に会いに行ったことは僕の知る限りなかった。

マンションの玄関にいたのは、お腹が出た感じのいい五十代のスーツ姿の男性だった。優しい顔をしているときののんびりとした悠に似ていた。

「はじめまして。こんなことになってしまい、すみません。」

僕は頭を下げた。

「いえ、私たちも難しい子だとわかっていたのに、すっかりあなたに任せてしまっていたんです。」

「いえ……それは好きになって付き合っていたことですから。」

すると、なんとも言えぬ短い沈黙があった。それがどんな状況であろうとも、一人の女性の父親と、恋人との出会いであるには変わりなかった。

「近くに喫茶店があるので、そこで少しお話ししていただけませんか？　悠さんはまだ家で寝ています。」

「えぇ、そうしましょう。」

喫茶店は歩いて数分のところにあった。悠の父親の歩調は優しく、注意深さもあった。僕は少し歩いたあとに口を開いた。

「お付き合いさせていただいてから二年、今回のようなことがいろいろありました。」

父親は僕の言葉を遮る様子はなく、ただ静かに見ていた。仕事場にもし部下がいるとしたら、話を聞いてくれる穏やかな上司なのだろうと思った。

「大晦日のこともご存知ですか？」

「えぇ。」

「彼女はすごく優しい人だと思います。だけど、繊細過ぎて、どうしたらいいかわからなくなることがあります。」

父親を前にしたせいか、僕は彼女のことも、彼女の家族のことも悪く言えなかった。あるいはそれは、冷静な自分の本心だったのかもしれない。

「そうですか。」

「それで必ずいき当たるのがお母様のことです。『こんなのじゃママに認めてもらえない』という言葉を今まで何度も聞いてきました。大晦日にもお母様に直接なにがあったのかを聞いたのですが、身に覚えがないと仰いました。」

「そうですか。うん……」

「ここです。」

二人で喫茶店に入って向きあった。

二人とも飲み物を一口飲み、一息ついた。父親は無理に話をしようとする人ではなかったが、なにも考えずに僕任せに待つというような様子でもなかった。明らかに僕の話を待とうとしてくれているのがわかった。

「昨日のことなんですが、もうご存知ですよね？」

「少しだけ。」

「大晦日にも同じようなことがあったんですがそれもご存知ですか？」

「それも少しだけ聞きました。」

僕は昨日あったことと、大晦日にあったことを父親に話した。

「それで、そういうときいつも、悠さんはお母さんに酷いことをされたと言うんです。そういうことはご存知ですか？」

「いえ、それはわからないんですが、しかし……母親、私の妻ですが、彼女も難しくて、もうご存知だと思うのですが、私も別居していますから。」

そう聞くと、この穏やかだが、どこか諦めたような控えめ過ぎる男性が未来の自分の姿に見えてくるのだった。

「そうですか……お家のことを詮索したいというわけではないんです。悠さんにどう接したらいいかわからなくて。でも、今回のことで僕はもう付き合う資格はないと思っています。彼女もたぶん、僕のもとを去っていくと思いますし、そうなった方がいいと思っています。ご迷惑をおかけしました。」

「いいえ、娘のことであなたにご迷惑をおかけしたのはよくわかりました。」

父親と彼女の元に戻った。彼女はベッドで眠っていた。その寝顔を見ると、こういう状況で起こすことが忍びなかった。

「悠ちゃん。」

彼女をさすった。

「お父さん来たよ。」

彼女はぱちっと目を開いた。そして驚く様子もなく、

「そう。」

と答えた。

「今、リビングで待ってもらってるから。」

彼女は眠たそうに起き上がり、一緒にリビングにいった。

「あぁ。」

父親を見ると彼女は言い、三人がけソファの、父親と反対側の端に座った。

「迎えに来たぞ。」

父親がそう言うと、彼女はぼんやりと前を見つめていた。そして、父親を存在しないかのように扱っていた。

「おい、帰るぞ。いつまでも迷惑かけてられないだろう。彼も困ってるじゃないか。」

「私に帰る家なんてない。」

「なに言ってるんだ。お母さんの家があるだろう。」

「あんなとこ、帰りたいはずないでしょ。自分だって同じなくせに。」

「じゃあ父さんの家に行こう。おばあちゃんもいるし、な。」

「いや。私に帰る家なんてない。」

僕はソファから少し離れ、床に正座をして座った。二人の中に入らないよう、どこを見るというのでもなく、床に視線を落としていた。彼女への執着が自分の中に湧き上がるのを感じた。こんなにまでここにい続けようとする人を僕は拒んでいいものだろうか。後悔をしないだろうか。そして、父親を遮って彼女を僕のものにしようとしてしまう自分の欲を押し留め続けた。

悠が人々に争奪されている図が思い浮かんだ。母親、父親、僕、その前には他の恋人たちや、水商売の客たち。彼女は、彼女を奪い合う人たちの中心にいた。母親は彼女と対話しないことによって悠に執着させている。僕は彼女を構い、決定的なところでは拒絶していることで悠に執着させている。そういう点で同じなのだ。

「もう出て行けって言われてるんだぞ。こんな男のとこにいたって仕方ないじゃないか。」

父親はそう言い続けたが、彼女は動かなかった。母親とは違い、彼女に影響を与える言葉を持たない父親に、優しさと、鋭利なものを持たない弱さを感じた。それが悪いものだとは思わなかった。

むしろ、それが悠にはよいものであるように思われた。二人のやりとりを見ていると、彼女に以前聞いた両親のことを思い出した。

「お父さんとお母さんって仲いいの？」

「さぁ。どうかしら。単身赴任から久しぶりに帰ってくるときに、父が『ご飯いる』って言ったの。それで家に帰ったらあんぱんがテーブルに一つ置いてあったんだって。それくらいには仲がいいかしら。」

「お父さん怒らないの？」

「そのときにはさすがに頭にきたって言ってたけど、たぶん怒らなかったんじゃない？」

「なんで？」

「お母さんのことが好きなのよ。お父さんが若いときに何年もかけて必死に口説いた人だから。お母さんも、同窓会に行くときにわざとお父さんに連絡するの。それでみんなにちやほやされたって報告するの。」

「それなのに、久しぶりに帰ってきた食事はあんぱん一つなの？」

「そう。」

今の父と娘のやりとりが、どこかその話に似た趣があった。ここでもし僕が彼女を僕の元に留めようとしたら、僕は父親とその役割を交代することになり、いつかテーブルにあんぱんを置かれる日がくるのだろう。巡り続けるどうしようもないものに出口はないように感じられた。

親子のやりとりはすでに一時間ほど経っていた。父親は僕の方を向いて言った。

「出て行かないと言うので、娘をお願いします」

「わかりました。」

と僕は言った。

父親を玄関まで送った。そして、「また連絡を取らせてください」と言うと、父親は「こちらこそお願いします」と言った。彼女はソファに座ったままだった。

「いいお父さんだね。」

僕がそう言うと、彼女はパッと顔を上げた。

「そう?」

「うん。優しい人。僕を怒ったっていいのに。悠ちゃんのことをちゃんと思ってるのがわかるよ。」

彼女はなにを思っているのか、ただ目を僕の方に向けたまま黙っていた。

＊

それからしばらく経って、彼女は父親の家にときどき晩御飯を食べに行くようになった。行くたびに「おばあちゃんの料理が脂っこくて食べにくい」と言っていたが、そうして食事をしたことをどうとでもないことのように語ろうと努めているように見えた。その姿から、彼女にとって僕は以前ほどは必要のない存在になりつつあるように感じられた。

＊

それからは彼女を蹴ったときのことをよく思い出した。思い出すと、胸が痛み、悪寒が走った。そのときはいつも体を硬くして、その記憶が開けていくのを押し留めていた。

ある夕方、カフェで本を読んでいるときにもまたそれが訪れた。いつも通りに体をじっと止めたまま、荒く深呼吸をし、あの記憶へ入ることを拒んだ。周りには僕以外の客たちがおしゃべりをしていた。どこか現実味がなく、映画を見ているときのように一方的に人々の様子を見ていた。彼らより先には、木々が見える。その木の生い繁る枝葉の間には、夕暮れになる少し前の柔らかい水色の空がある。それらをぼんやりと眺めながら落ち着きを取り戻しても、さっきの記憶が促す重い刺すような胸の痛みは消えなかった。

周りの喧騒と空の柔らかい水色のせいだろうか。いつもは感じないようにする痛みを感じていると、呼吸するごとに記憶の中へと落下するように入っていってしまった。いつからか目を閉じており、あのときの悠の顔に出会った。彼女は怒っていた。僕は悲しい。そして、怖い。このまま、彼女の人生の慰めのために、自分が利用され続けるような気がした。

僕は足を押しつけるようにして彼女を蹴った。彼女が胴をかばう腕に当たった。二度目はその腕を思い切り蹴った。そのとき、彼女への気持ちを表現したようで晴れ晴れとした感じがあった。しかしその感覚はすぐに後悔へと変わった。蹴られた彼女はさらに僕に怒りを向けていた。その目を見たときに僕はたじろいだ。怯えながら、もう一度蹴った。

それからは、その蹴ったときの記憶が押し寄せたり、引いたりする波のように、徐々に形を変えながらも繰り返し訪れ続けた。現実に戻ることもできただろう。しかし、この気まずさ、後悔から来る気持ちの痛みを感じることは、妙に心地好くもあった。僕はさらにそれを味わおうとした。

彼女はうずくまりながら喚いていた。そのうずくまっている彼女は姿を変えていった。僕自身に、それから幼い頃の僕に。幼い頃の僕は喚かずに無気力に蹴られ続けていた。訴えても意味がないというように。そんな彼になにかを言わせるべく、僕は彼を蹴り続けた。蹴るごとに、悲しみが募っていくが、僕は蹴ることをやめられなかった。それには自傷的な快楽があった。そして、僕はいつの間にか、蹴られている方の自分になっていた。

蹴られても痛みはなく、その打撃が僕の体を揺さぶっていることだけが感じられた。どうして自分はこんなに蹴られなければいけないのだろうか。その意味のわからないことへの恐怖心が蹴られるたびに募っていった。

蹴られる中、蹴り続ける僕の方へと目を上げると、目を見開いて怒っている僕の姿があった。怒りと、それから訴えを聞き入れてもらえない寂しさが感じられた。しかし、蹴り続ける僕は怒っていて、自分が寂しさを滲み出させていることなど思ってもいないようだった。

彼は必死だった。受け容れてもらうことを強く求めているのに、それが得られないことに怒っている。

「誰もあなたのお母さんにはなれないのよ」

彼にぴったりの言葉だ。そのことを僕はようやく諦めて納得できそうだった。

悠はどうなのだろう？　そう思うと、再び蹴られてうずくまっている彼女を見下ろしている場面に戻った。彼女は怒りをあらわにしていた。僕はその怒りを宥めることも、受け容れることもできない。受け容れられないのなら、僕は去らなければいけない。

人々は同じようなことを繰り返しながら学んでいくように見える。悠はナンパを繰り返した僕に「そんなにしてもわからなかったのね」と言った。そして僕は、悠のことを、自分がうまくいかないことを他人のせい、母親のせいにし続けていると思っている。

百合子さんは「誰もあなたのお母さんにはなれないのよ」と僕が誰かに甘えようとしていることを言い当てた。僕がもし賢明な人間なら、あのときにもう他の人に無闇に話しかけるのをやめられただろうか。あるいは悠と知り合っても惹きつけられることはなく、彼女を蹴るようなことにならなかっただろうか。僕は余計なことを繰り返し、悲惨な結末に誤って至ってしまったのだろうか。自分ではそうは思いたくない。他に方法があったのかどうかもわかりようがない。しかし、僕のすべての行動は百合子さんのあの言葉によって鋭く串刺しにされて束ねられてはいた。

人が他人になにかを言うとき、それは自分自身に言い聞かせているのではないか。百合子さんがそう言ったとき、彼女は彼女自身に「誰も私のお母さんになることはできないし、私は誰のお母さんになることもできない」と言い聞かせていたのではないか。今僕に想起されるのは、あのときの彼女の諦めたような力ない笑みだ。僕の頬にもあのときの彼女のような笑みが浮かんだ。そして、あのとき僕が彼女に「百合子さんもそんな関係を人に求めることはないの？」と聞けたら、もっと彼女と話ができたのかもしれない。

　僕を現実に呼び戻すように、急に周りの人々の話し声が猥雑に聞こえ始めた。

「お得なケーキセットはいかがですかぁ？」

「いかがですかぁ？」

　並んでいる客たちに空々しく向けられたカフェの店員の声があった。それと同じくらいの大きさで周りの客たちは話をしている。僕はそれらの人々の営みの中で動く気になれずじっとしていた。近くを通る人の足音、飲み物を温めるためにカップの底にまで突っ込まれたスチームの管から発される、激しいボコボコ音。いつもは厭わしく感じられるそれらの音が、むしろ心地好く細部にいたるまで聞こえていた。目を開けると、木々の間から見える空の薄いピンク色がすっと目に飛び込んできた。

＊

　悠とはあまり話をしなくなった。彼女が愚痴を言っても、「そう、大変だね」と返事をするくらいに留めていた。そんな返事をするときにも、これまでなら、彼女を責める気持ちがあったのだろう。しかし、もう彼女を責める気持ちはなかった。僕が彼女を救えるとはもう思っていないどころか、それが彼女をダメにしていることがわかったからだ。

彼女とは何事もないかのように過ごし、寝るときは同じベッドで眠っていたが、互いにもう体に触れることはなかった。

隣で眠る彼女の顔を見た。このまま互いの関心は失われていくだろう。眠っている彼女の顔は以前と同じように子どものようだった。以前はそれを、彼女が素直になってくれる可能性として喜んで見ていたが、それは僕にとって都合のよい解決に過ぎなかったことを自覚していた。

*

ある日、明け方に彼女が帰ってきた。その日は、彼女に好意があるのであろう男性と食事に行くと聞いていた。どうしているのだろうと気になりつつ、半分起きているように眠っていた。

「起きてる?」

彼女は静かにそろりと聞いた。

「半分。おかえり。」

「ただいま。」

僕が再び目を閉じると、

「なにも言わないの?」

と彼女ははっきりとした声で聞いた。

「なにもって?」

僕はそう答えた。

「私、この家出て行く。」

彼女ははっきりと言った。その声は僕の中にすっと入り込んできた。

「そう。それもいいかもね。」

そう言えたとき、彼女を引き止めようと思わなかったことにほっとした。

「明日出て行くから。」

「うん。」

僕は目を閉じ、また半分の眠りの中に戻った。

シャワーを浴びて布団に入ってきた彼女に対して、背を向けようかと思ったが、それがまた彼女を刺激してしまう行動なのだと思い直し、僕はいつも通りに仰向けに寝た。しばらくして彼女は横に寝に来た。彼女の息遣いが聞こえる。僕は彼女の存在をないものとして扱うことに決めた。そのとき、他人を無視することの苦しさが生まれたが、それもなかったことにした。眠ったふりは、いつしか眠りに変わっていた。

＊

その日の朝、僕は起きてすぐに雪平鍋で、前の晩から水に浸けておいた米を炊いた。

食べ終えたときに彼女が起きてきた。

「私も欲しい。」

「冷蔵庫の米、使っていいよ。」

「私がやり方わからないの知ってるでしょ。」

彼女は僕を睨みつけた。最後の日まで同じやりとりをしてしまうのかと絶望的な気持ちになり、胸の奥から、彼女をまた蹴ってしまいたいという衝動も突き上がってきた。でも最後なのだ。そう思い直した。

わがままを言う女と、それを受け容れられずに暴力を振るう男、そしてまたその男にわがままを言う女……この単純な繰り返しから結局逃れられなかった。

嫌な顔をせずに静かに米を炊く以外にできることはなかった。そうすれば、彼女は穏便にこの家を出ていくだろう。

「そうだよね。僕がやるね。」

鍋に水に浸けておいた米を一合、それより少なめの水を入れて強火にかけた。沸騰し始める水とわずかに揺れる米を見つめていると、これまでの悠とのことが思い出され、自分が頑なになり過ぎてなにかを間違えているのではないかという思いに耐え切れなくなりそうだった。そのことを考えないでいるために、鍋の中の様子を詳細に至るまでじっと見つめ続けた。

水のかさはどんどん減っていき、水面がなくなり、米と米の間から泡がポッポッと膨れあがっては消えていった。ガラスの蓋をして、しばらく強火のままを続け、鍋肌から焦げ始めのパチパチという音が聞こえたときに弱火にすると、蓋の隙間から白い湯気が立ち上った。気持ちが乱れれば、それが彼女が僕に突っかかるきっかけとなるだろう。気持ちを極めて平静に保ち続けた。

タイマーの表示が九分を過ぎた。横を向くと、彼女はいなかった。いつからか、僕のそばを離れていたのだ。

蓋を開けると、米には艶があり、一粒一粒がいきいきとして立っていた。スプーンで数粒すくって味見をした。こんなときにうまく炊けていたことが意外だったが、そういうものかもしれないと思い直した。茶碗によそい、小皿に梅干しを一つ置き、余っていた味噌汁をつけてリビングにいる彼女に持って行った。彼女はいつものようにスマートフォンを見ていた。

「できたよ。どうぞ。」

「おいしそう。」

彼女の表情は見なかった。さっと出る支度をして、

「それじゃあね。」

そう言ってすぐに家を出た。扉をそっと閉めて外に出たとき、無事に外に出られたことにほっとした。

夜、家に帰ると彼女はいなかった。彼女が使った茶碗と箸、それから米を炊いた鍋が洗ってあった。それらをしばらく見つめた。どれだけ見つめていたかはわからない。そのまま立ち尽くしたままになっている自分にハッとした。なにかを考えたり、思い浮かべたりしているわけでもなかった。目が覚めて、夢を見たのか見ていないのかわからないが、少しおぼろげになにかを見ていたような気がするときのように、頭の中には知覚し得ない印象が残っていた。

＊

いつもなら別れたことを清々しく感じ、すぐ別の女性に連絡をしたり、また声をかけたりしていたが、他の女性に気持ちがいかなかった。

それから一週間も経たない頃、深夜に眠りにつこうとすると、胸の辺りに引っかかるものがあることに気がついた。目を閉じても眠ることができず、その引っかかりから目をそらせない。眠ることができないので、家の近くの大通りを散歩しに出かけた。六車線もある道にはタクシーがときどき走っているだけだった。

人気のない深夜の大通りを歩きながら、部屋の隅で一人でいる幼い女の子がまた思い浮かんだ。悠から聞いた、幼稚園の頃の彼女のイメージだ。女の子は恨めしそうにこちらを睨み続けている。僕はどうしたらいいかわからない。

ずっとこの視線から逃げたかった。自分のことをわかって欲しいという視線。この視線は僕の前に繰り返し現れ続ける。祖母の視線、母の視線、妹の視線、他の女性の視線。そして、僕自身も気づかぬうちにクラブで、街で、そして百合子さんに、悠にも送っていたに違いない視線。

警察署で見た彼女の母親の姿を思い出した。僕は彼女に対して、母親と同じようなことをしてしまったのだろうか。

彼女の母親に会ったときに驚いた。彼女の会話の仕方がどこから発生したものなのか、はっきりとわかった。人は扱われたように他人を扱う。親であればなおさらだ。彼女が人を半ば無視しているように扱うのは悪意からではなく、母親との会話から与えられた習慣からで、そこには彼女の意図はないかのように思われた。そんなときに対になって思い浮かぶのは、水族館で見た彼女の透明感のある横顔と僕を呼んだときの声だった。そのときの彼女は警察署で母親と対面したときの彼女や初めて出会ったときの彼女のように傷ついていたり、苦しんでいたりしていなかった。

彼女を受け容れられず、彼女の存在を無視するように扱ってしまった僕は、あの日見た彼女の母親と同じなのだろうか。部屋の隅で僕を呪うように睨み続ける幼い女の子の目は、僕が蹴ったときの悠、コーヒーをかけてきたときの悠の目と同じだった。僕は、この目をする人間のわがままに付き合う必要などないようにも思いながらも、そう思い切ることができない。そうやって他人を求める人間を、無視し切ることも嘲笑うこともできない。呪いのように、それらの目に睨まれたときの居心地の悪さが僕には貼りついている。

＊

数日後に夢を見た。

その中であの幼い女の子が僕を睨んでいた。その目から逃れることができないでいると、いつも彼女の言葉を聞き入れる一歩手前のところで頑なに聞こうとせずに留まっている自分がいたことがわかった。

「どうしたの？　なにか言いたいことがあるの？」

もしそう言えたらいいのだろう。これまで、そう言えずに他人を蔑ろにし続けてきた。なにか言いたそうな人々の言えなさ、不器用さの前で、僕は自分の言葉や一方的な拒絶を押しつけてきた。その頑なさを自覚したとき、彼女が口を開いた。

「あなただって私と変わらないでしょ。人に言いたいことが言えないくせに。自分はそうじゃないみたいな顔しないで。」

夢の中の、自分のものに過ぎないはずの言葉が他人の言葉であるかのように響いてきた途端に、僕は彼女との付き合いの中で、彼女に見られ続けていたのだということを思い至った。そして、彼女が見ていたであろう僕自身姿が目の前に浮かび上がった。

僕は目の前の自分自身に「なにか言いたいことがあるの?」と問いかけた。彼は黙り込み、お前にはわからないというような目で僕を睨んだ。彼がそう思っていることはわかっている。だから、僕は落ち着いて彼から目をそらさずにいた。そうすると彼は叫び出した。僕はその叫びに驚き、ハッとした。その叫びは悠が僕に何度も向けた叫びに似ていたからだ。彼女ははじめから、僕がしたくてもできないことをし続けていたのだ。いつしか僕は叫んでいる彼そのものになり、叫び終えると、鳩尾の辺りがすっきりとしていた。僕は涙を流しながら、目を覚ましていた。

そこがいつもの寝室であることに違和感を覚えた。どこか遠い場所に運ばれてきたような気がしていた。まだ朝の四時だった。妙に興奮していて、目が冴えていて、悠を失ったことへのどうしようもない悲しみがあった。彼女がどれだけ僕に身を投げ出してくれていたのかがわかった気がしていた。

悠を食事に誘うためにメールをした。今しなければもうできないだろうと思った。

それから眠り、起きると、彼女からは「いいよ」とあまりにもあっさりとした返事があった。そしてその日の夕方に会った。

食事中、彼女とは近況を話し合った。恋人ができたかどうかを聞くと、微妙な笑みを浮かべたあと頷いた。「あのデートしてた人でしょ？」と言うと、もう一度頷いた。どこか気まずそうだった。

食事を終えて外に出て、彼女を駅に送った。

「あのさ……」

「なに？」

彼女は僕をじっと見ていた。

「もう一度付き合えないかな。これからはもっとちゃんと話せる気がするから。」

彼女はしばらく俯いていた。それから、顔を上げて決然と言った。

「私のこと、なにもわかってないのね。悪いけど、もうあなたのこと好きじゃないの。」

「そう……そうだよね。」

わずかに期待はしていたが、身を投げ出すのがあまりにも遅過ぎることもわかっていたのかもしれない。鳩尾に痛みがじわりと生まれた。それは淡く優しく広がり、目を薄く覆う涙に変わり、視界がほんのわずかにぼやけていった。

「それじゃ次の用事があるから。」

と彼女が言った。彼女の笑みには、緊張した引きつりと、彼女に好意を向けてくるが、彼女にとっては関心のない人間のことを話すときの軽蔑とが混在していた。それは彼女と初めて会ったときに見たものだった。

結局、悠も僕も変わらない。それと同じように人が変わることなんてない。そう思って皮肉な笑みを浮かべかけた刹那、彼女の顔の下にある、僕が初めて見た、すっきりとしたシルエットのワンピースのエメラルドグリーンが目に飛び込んできた。その色はそこから露わになっている彼女の肩の肌の白さを一層際立たせていた。それらの色の鮮やかさが、彼女が出会ったときとは別人であることを僕に教えていた。

「うん。じゃあ。」

僕は呟いた。彼女は背を向けて歩いていった。その振り返ることはないであろう後ろ姿を見ながら、彼女が触れたくても触れられない一人の他人へと姿を変えていったことを認めて、長い夢から目が覚めたような気持ちになった。

高石宏輔（たかいし・ひろすけ）

一九八〇年生まれ。慶応義塾大学文学部仏文学専攻中退。初の著書『あなたは、なぜ、つながれないのか――ラポールと身体知』（春秋社）がロングセラーとなる。他に宮台真司らとの共著『「絶望の時代」の希望の恋愛学』（KADOKAWA／中経出版）がある。

声《こえ》をかける

二〇一七年七月三〇日　初版

著　　者＝高石宏輔

発　行　者＝株式会社晶文社
東京都千代田区神田神保町一ノ一一　〒一〇一ノ〇〇五一
電話＝〇三・三五一八・四九四〇（代表）・四九四二（編集）
http://www.shobunsha.co.jp

印刷・製本＝中央精版印刷株式会社

ISBN978-4-7949-6969-9 Printed in Japan